Cantecleer Kunst-Reisgidsen

INDONESIË

Hans Helfritz

INDONESIË
Kunst en kultuur van Java, Sumatra, Bali en Sulawesi (Celebes)

Cantecleer bv de Bilt

Afb. tegenover titelpagina:
Boeddha-figuur van de Borobudur

Oorspr. titel: Indonesien
© 1977 by DuMont Buchverlag, Köln
Vertaling: Ruth Breunis-Cohen

© Nederlandse editie 1979 bij Uitgeverij Cantecleer bv, de Bilt
Omslagontwerp: Cor Wijtemans
Typografie: Studio Combo

Eerste druk 1979
ISBN 90 213 0310 8

Verspreiding voor België: Uitgeverij Westland nv, Schoten

Inhoud

I De Indonesische archipel

1 Milieu en leefgebied

Begrensd door de Indische Oceaan, het Aziatische vasteland en Australië en zich aan beide zijden van de evenaar uitstrekkend over een oppervlakte van meer dan 2 miljoen km^2 bevindt zich het grootste eilandenrijk ter wereld. De duizenden eilanden en eilandjes noemt men de Maleise of Indonesische archipel. Dit gebied kan men in drie groepen verdelen en wel: de Sunda-eilanden, de Molukken en de Filippijnen. Onder de naam Maleise archipel verstaat men het gehele gebied zoals het begrensd wordt door de Maleise taal en kultuur. Nu is de naam Indonesië tot een politiek begrip geworden; in de jaren '60 van de vorige eeuw gebruikte de Duitse etnoloog Adolph Bastian deze naam voor het eerst voor alle eilanden tussen Azië en Australië, met inbegrip van de Filippijnen. Ten tijde van het Nederlandse koloniale bewind werd deze term ingevoerd voor het hele Maleise eilandenrijk. Toen in 1949 Nederlands-Indië onafhankelijk werd, noemde de nieuwe republiek zich 'Indonesia Raya' of 'Groot-Indonesië'. Indonesië alleen al, dus zonder de Filippijnen, telt 13.677 eilanden, het kleinste atol meegerekend. Hiervan zijn er ongeveer 3000 bewoond.

De Indonesische archipel wordt in vier hoofdgroepen onderverdeeld: (1) De grote Sunda-eilanden, waartoe Sumatra met de daarbij gelegen eilanden Simeulué, Nias, de Mentawei-eilanden en Enggano behoren; Java en Madura, Kalimantan (Borneo) en Sulawesi (Celebes); (2) de kleine Sunda-eilanden, van Bali tot en met Timor; (3) de Molukken, en tenslotte (4) Irian Barat, het westelijke deel van Nieuw-Guinea, dat pas in 1962 aan Indonesië werd toegekend.

Landschappelijk wordt de Indonesische archipel door een dubbele bergketen gevormd, die beschouwd kan worden als een uitloper van het Arakan Gebergte van West-Burma. Twee evenwijdige bergketens beheersen het eilandenrijk: de zich grotendeels onder water uitstrekkende buitenste keten loopt over de Andamanen en de Nicobaren, over de eerdergenoemde eilanden voor de Sumatraanse kust om daarna weer bij Sumbawa te verschijnen, een grote boog te maken langs Timor, de Tanimbar-eilanden en Seran, om dan uiteindelijk te eindigen op het eiland Buru.

Deze keten is niet vulkanisch en ontstond al halverwege het Mioceen, terwijl de andere, wél vulkanische keten pas in het laat-Plioceen (10 – 2 miljoen jaar geleden) gevormd werd. Als de wervelkolom van een voorwereldlijk monster kronkelt hij zich langs de grote Sunda-eilanden en rond de eilanden in de Banda Zee tot aan de Filippijnen. Uit deze keten steken meer dan 300 vulkanen omhoog, die alleen al in Indonesië in de afgelopen 150 jaar meer dan 70 uitbarstingen hebben veroorzaakt.

Oorspronkelijk bestond er een verbinding tussen de Sunda-eilanden en het Zuidaziatische vasteland. De voortzetting hiervan is nog te zien in het oosten van Thailand, Khmerland, Laos en Vietnam. Hiertussen ligt het centrale Sunda-plat, een onder de waterspiegel liggend plateau zelden dieper dan 100 m. Met zijn oppervlakte van 1.850.000 km^2 is het het grootste vastelandplateau ter wereld. Het behoort tot een van de oudste gedeelten van Zuidoost-Azië en maakte vroeger deel uit van het Aziatische vasteland. Aan het einde van de laatste ijstijd was het Sunda-plat een laagvlakte; toen door het smelten van het ijs de zeespiegel steeg werd het gehele plateau hierdoor overspoeld. Dat het Sunda-plat inderdaad eens deel uitmaakte van het vasteland bewijzen zeer markante geulen in de zeebodem; men vermoedt dat het verdronken rivierbeddingen zijn. 30 miljoen jaar geleden lag de hele Maleise archipel nog onder water, en pas aan het einde van het Mioceen (15 miljoen jaar geleden) begonnen de eilanden boven de waterspiegel uit te rijzen. Dit werd niet alleen veroorzaakt door het dalen van de zeespiegel (het stijgen en dalen van het wateroppervlak vond niet één- maar viermaal plaats, d.w.z. voor en na de verschillende ijstijden), maar ook door het langzaam omhoogkomen van het Aziatische vasteland en door het sterke scheuren van de aardkorst – een uiterst ingewikkeld proces.

De twee parallel lopende bergketens hangen samen met geosynklinalen of plooidalen. Men vindt ze ten zuiden van Java in open zee en in het diepzeebekken bij Timor, de zgn. Timor-trog. Deze plooidalen bereiken bij Java een diepte tot 7450 m, in de Bali Zee tot 1500 m, in de Flores Zee tot 5140 m en in de Banda Zee tot 5400 m. Sulawesi (Celebes) staat niet in verbinding met het Sunda-plat, waarvan het door de diepe Straat Makasar wordt gescheiden. Hier begint het Sahul-plat, waarop ook de Molukken, het eiland Seran en West-Irian rusten. Eens vormde deze sokkel samen met Australië een kontinent.

Jong-tertiaire vulkanen ontstonden op de horstranden bij de breukplaatsen van het tektonische bekken tussen de dubbele boog, die komend van Zuid-Sumatra vervolgens Java van west naar oost doorkruist, om dan van Bali via Lombok en Sumbawa zich uit te strekken tot Timor. Ook de zeestraten tussen de kleine Sunda-eilanden zijn plooidalen, die zeer grillige kustvormen hebben veroorzaakt.

Op alle eilanden zijn de vlakten bedekt met alluviale grond of met lava, en dus buitengewoon vruchtbaar. Voor rijstvelden is dit de beste grond; overdadige regenwouden daarentegen bedekken vaak de vulkaanhellingen tot aan de begroeiingsgrens. Deze vulkanen beheersen het beeld op Sumatra, Java, Bali en de meeste kleine Sunda-eilanden. Een kontrast hiermee vormen de niet-vulkanische, uit kalk of zandsteen bestaande bergen, die zich aan de zuidkant van de eilanden in vaak schilderachtige formaties als een soort karstgebergte verheffen. Op Java, het dichtstbevolkte eiland van Indonesië, zijn dit uitgesproken probleemgebieden. Niet alleen op Java, ook op Sumatra, Madura, Kalimantan (Borneo) vindt men uitgestrekte karstgebieden, die door hun poreuze kalk- en mergelbodem een geringe opbrengst bieden. Hierbij komt dan ook nog dat de kleine Sunda-eilanden zoals Sumba, Flores en Timor in een droog gebied liggen. Hun uiterlijk vormt een schril kontrast met de uitgestrekte wouden, die 63% van het land bedekken; vooral op Kalimantan, West-Irian en in bepaalde delen van Sumatra worden zij alleen langs de oevers van de grote rivieren bewoond. Op deze eilanden loopt de bebossing zelfs op tot 80%, rijk aan bruikbare houtsoorten, maar ontoegankelijk en daardoor tot nu toe niet geëxploiteerd. Het woud is volgegroeid met tropische slingerplanten, bromelia's en andere epifyten en vormt met de dichte onderbebossing een tot op grote hoogte (1000 m) ondoordringbaar geheel. Bouwland kan er alleen door brandkultuur verkregen worden; deze *ladang-* of brandkultuurgronden zijn slechts enkele jaren bruikbaar, omdat de bodem daarna uitgeput is. Dan wordt weer nieuwe grond ontgonnen, terwijl de oude velden snel overwoekerd worden door een secundaire bebossing met kwalitatief mindere boomsoorten. Als het biologisch evenwicht eenmaal verstoord is duurt het tientallen jaren voordat dit door de natuur weer hersteld is. Vele zeldzame planten zijn daardoor uitgestorven; bovendien werd door erosie de voedingsstof voor de secundaire bebossing, *blukar,* steeds kariger, zodat momenteel 8 miljoen hektaren alleen nog maar met *alang-alang* bedekt zijn.

Grote gedeelten van de archipel werden gevormd door aanslibbing, afkomstig van de moerassige vlakke kusten van de tot het Sunda-plat behorende eilanden. Dit aangeslibde laagland ligt vaak tussen de brede delta's van de oerwoudrivieren, omzoomd door mangroven; deze moerasgebieden heten *bendjar* en worden regelmatig door de vloed overstroomd. Aan de kust vindt men vaak palmbossen. Dit zijn dan meestal kokospalmen, die al sinds de oertijd in dit gebied tussen de beide keerkringen voorkomen. Toen de Portugezen de bruine noten met de drie gaten ontdekten en hen de overeenkomst met een apekop opviel, noemden ze deze palm 'coquero'. Uit het vruchtvlees wordt kopra en kokosolie gewonnen en sinds mensenheugenis wordt het blad als dakbedekking gebruikt. Naast de kokospalm verbouwt men in Indonesië de suiker- en de sagopalm; de suikerpalm levert palmwijn en uit het merg van de sagopalm (die hoofdzakelijk in Oost-Indonesië op plantages verbouwd wordt) wint men het sagomeel, een van de belangrijkste voedingsmiddelen.

Van de grootste betekenis voor Indonesië zijn de vulkanen; altijd al brachten zij zowel onheil als zegen over het land. Het verweerde vulkanische gesteente vormt de beste, buitengewoon vruchtbare ondergrond voor de terrasvormige rijstvelden *(sawahs)*, de zgn. natte rijstkultuur. Ondanks de talrijke verschrikkelijke natuur-rampen hebben de mensen zich dan ook steeds weer op de vulkaanhellingen gevestigd. Door de naar de vulkaantoppen opstijgende luchtstromingen ontstaat vrij veel neerslag. Het water dringt snel en diep door in het poreuze gesteente aan de top, zodat reeds na een half jaar bronnen ontstaan, van waaruit door middel van vernuftige irrigatiesystemen de velden langs de zacht glooiende hellingen van water worden voorzien.

De meeste uit verschillende lagen opgebouwde Indonesische vulkanen stammen uit het Tertiair of Pleistoceen; gedeeltelijk zijn ze ook nu nog aktief, op Java alleen al zevenentwintig. De Indonesische archipel wordt gerekend tot een van de gebie-den waar de meeste vulkanen ter wereld voorkomen; het land kende sinds 1600 zo'n 72 uitbarstingen met rampzalige gevolgen. Bij zwakke erupties komt het meestal slechts tot een asregen, maar bij een ernstige uitbarsting kunnen hele stukken van de kegel exploderen; hierdoor ontstaan reusachtige kraters met steile wanden, de zgn. 'caldeira's'. Deze caldeira's hebben vaak enorme afmetingen: die van Ijen op Oost-Java heeft een doorsnee van 16 km, die van de Tambora op Sumbawa 17 km. Een van de ernstigste vulkaanuitbarstingen in Indonesië was wel die van de Tambo-ra in 1815. Volgens verhalen van overlevenden zou de hele bovenste vulkaanhelft uiteengespat zijn; later bleek dat nog maar een derde van de oorspronkelijke hoogte over was. Door deze uitbarsting schudde de hele archipel op zijn grondvesten en werden vele delen ervan door zijn rook- en aswolken in diepe duisternis gehuld. De ontploffingen waren zo hevig dat zelfs huizen op verre afstand van de vulkaan instortten. Deze vulkanische kanonnade werd op het grootste gedeelte van Suma-tra, op de Molukken, op Sulawesi, op Nieuw-Guinea en in het noordwesten van Australië waargenomen, dus over een afstand die gelijk is aan die van de Vesuvius tot aan de Noordkaap. Langs de hellingen van de vulkaan stroomde de gloeiende lava de zee in; rond het eiland Sumbawa was deze bedekt met een 1 à 2 m hoge laag puimsteen, waardoor schepen zelfs nog lang na de uitbarsting zich met moeite een weg konden banen. Door het vuur werd een deel van de lucht overmatig verhit, zodat het evenwicht boven de hele oceaan verstoord werd en hele dorpen en bossen door wervelstormen werden verwoest. Alleen al op Sumbawa vonden 12.000 mensen de dood, terwijl op het dichter bevolkte buureiland Lombok 44.000 mensen van de honger omkwamen, omdat een verschrikkelijke asregen er alle bouwland had verwoest en van Java niet tijdig levensmiddelen konden worden aangevoerd.

Nog ernstiger en rampzaliger was de uitbarsting van de Krakatau (1883) in Straat Sunda, de zeeëngte tussen Java en Sumatra. De 882 m hoge vulkaan explodeerde geheel; de helft van het 32,5 km² grote vulkaaneiland verzonk in zee, waarbij de aszuil een hoogte van 30 km bereikte. De aswolken cirkelden nog heel lang na de uitbarsting door de stratosfeer en waren in de schemering duidelijk aan het firma-ment zichtbaar. Ook bij deze natuurramp kwamen door de indirekte gevolgen meer mensen om het leven dan door de uitbarsting zelf. Een 30 m hoge vloedgolf plantte

1, 2 *Twee van de zeven indrukwekkende kraters van de vulkaan Tangkuban Prahu vlakbij Bandung (Java). De top is 2084 m hoog*

zich met enorme snelheid voort en eiste 30.000 mensenlevens. Ook van deze uitbarsting was het vulkanisch gerommel in de wijde omtrek te horen, van Ceylon tot aan de Filippijnen; de asregen bereikte zelfs Europa.

De geologische opvattingen over de opbouw van de archipel worden door het biologisch onderzoek geheel en al gedekt. De geografisch betrekkelijk homogene Sunda-boog vormt zo een overgangsgebied tussen de oostelijke en Australische faunagebieden. Waarschijnlijk kreeg deze archipel pas in het Mesoliticum (10.000-2000 jaar v.Chr.) zijn uiteindelijke vorm. De oudere landverbindingen met Azië en Australië tonen nu ook nog twee duidelijk verschillende flora- en faunagebieden, gescheiden door de naar zijn ontdekker genoemde Wallace-lijn (voor elke bioloog een begrip). Deze denkbeeldige lijn loopt door de zeestraat tussen Bali en Lombok en verder door naar het noorden tussen Kalimantan en Sulawesi; heel lang hield men deze lijn voor de grens tussen de Indische en de Australische wereld, totdat enkele geleerden o.a. Max Weber en J. Elbert het biologisch-geografisch bestaansrecht hiervan betwistten. Omdat er ook op vele eilanden ver ten oosten van deze grens nog Indische dier- en plantvormen voorkomen, geloven nu de meeste onderzoekers dat de Indische en Australische flora en fauna hier geleidelijk in elkaar overgaan. De grote dieren van Azië komen niet verder dan de denkbeeldige Wallace-lijn. Zo bereikte de olifant nog Sumatra, de neushoorn Sumatra, Java en Kalimantan, terwijl de tijger op Sumatra, Java en Bali voorkomt; niet verder dan Sumatra en Kalimantan kwamen de tapir en orang-oetan. Aan de andere kant van deze Wallace-lijn vinden we de vertegenwoordigers van de Australische fauna, bijv. twee soorten buideldieren op Sulawesi, terwijl men op Lombok nog zwermen witte kakatoe's tegenkomt, die op Bali al niet meer voorkomen. Weber trok een nieuwe scheidslijn, de zgn. Weber-lijn, die de grens van het Sahul-plat praktisch volgt; maar ook deze werd verworpen of tenminste gewijzigd. De Molukken worden hierbij niet meer tot de Australische zone gerekend, omdat de lijn direct langs de westkust van Nieuw-Guinea om de Vogelkop heen loopt, vervolgens naar het zuiden buigt en langs de Australische kust verloopt. Tussen de lijnen van Wallace en Weber strekt zich nu een gebied uit, dat zowel voor zoölogen als botanici bijzonder interessant is. Hier bleven bepaalde plant- en diersoorten voortbestaan nadat Australië zich miljoenen jaren geleden had losgemaakt van het Aziatische vasteland. Op het eiland Komodo bijv. leeft als enige vertegenwoordiger van zijn soort de uit het Eoceen (60 miljoen jaar geleden) afkomstige reuzehagedis, de *Varanus Komodoensis,* die soms tot 3 m lang kan worden.

2 De oude volkeren en hun kultuurhistorische ontwikkeling

Etnisch gezien is Indonesië een van de meest gekompliceerde gebieden ter wereld. Maleise volkeren drongen eeuwenlang onophoudelijk op in oostelijke richting en overstroomden zo het land. Door de Hollandse kolonisatie en ook door de invloed van de Islam werd het oude kultuurpatroon sterk gewijzigd en op sommige punten zelfs volkomen verwoest. Hoewel ook Indonesië thans niet meer ontkomt aan de vervlakking van het moderne internationalisme, blijft het toch – en dat geldt vooral voor de niet zo gemakkelijk toegankelijke gebieden – innerlijk ondoorgrondelijk. Voor de mensen zijn bijv. natuurlijke gebeurtenissen van het allergrootste belang gebleven. Volgens hen hebben bomen, stenen, bergen en rivieren, de hemel en de lucht een ziel; daar wonen geesten, die men bovenmenselijke machten toedicht.

Over het eerste optreden van de oermens in Indonesië hebben we enige belangrijke aanknopingspunten. Op Java immers vond men sporen van de *pithecanthropus,* die vermoedelijk verwant was aan de oermens van het Aziatische vasteland en stamde uit de periode dat de grote Sunda-Eilanden nog door het toen droogliggende Sunda-Plat met het vasteland verbonden waren; dit was omstreeks het midden-Pleistoceen (400.000 – 120.000 v.Chr.). Sinds de vondst van het schedeldak van de pithecanthropus erectus bij Trinil aan de oever van de Bengawan Solo in het jaar 1891 door de Nederlander Eugène Dubois rekent men Indonesië tot een van de gebieden waar al zeer vroeg menselijk leven voorkwam. De resten van deze 'rechtop lopende aapmens', die men nu *homo erectus erectus* noemt, vertonen grote overeenkomst met die van de in China gevonden *sinanthropus pekinensis.*

Sindsdien werden op Java nog meer resten van de pithecanthropus opgegraven. Tussen 1936 en 1939 groef R. von Koenigswald bij het dorp Sangiran (12 km ten noorden van Surakarta) fossiele beenderresten op, die zonder twijfel menselijke karakteristieken vertoonden. Daaronder bevonden zich een bovenkaak en het achterste gedeelte van het schedeldak van een volgens Von Koenigswald 'rechtop lopend wezen'. Hij deed dergelijke vondsten in de buurt van Mojokerto, dus noemde hij dit de *pithecanthropus mojokertensis*. De vondsten van Dubois bij Trinil duiden op een veel eerder voorkomen van de 'aapmens' dan die van Von Koenigswald. Vermoedelijk gaat het hier zelfs om een verschil van enige tienduizenden jaren.

De teorie dat de bakermat van de mens in Zuidoost-Azië gezocht moest worden (omdat men meende dat de op Java gevonden pithecanthropus-vormen werkelijk resten van het oudste menselijke leven waren) heeft men weer moeten verwerpen toen ook in Oost-Afrika en Europa pithecanthropus-vondsten werden gedaan.

Nieuwe vondsten in Oost-Afrika duiden erop dat de evolutie van de *archanthropinen* (eerste mensachtigen) tot *homo sapiens* daar sneller verliep dan in Zuidoost-Azië. Toch werden de oudste resten van de homo sapiens op Java gevonden; weer was het Eugène Dubois die in een grot in de buurt van Wajak op Zuid-Java deze ontdekking deed. Deze vondst stamt uit het einde van de laatste ijstijd. Hierbij laten we in het midden of het misschien de overblijfselen van proto-Australiden betreft, die komende uit het noorden op weg naar Australië op Java achtergebleven zijn. In die periode waren Australië en Oceanië nog niet door mensen bewoond. Daar waar de landverbinding van het Sunda-Plat het toeliet kwam de pithecanthropus voor. Dit blijkt duidelijk uit de vindplaatsen van 'de oud-Paleolitische industrie', namelijk de vondst van stenen gereedschap. Pas nadat dit door mensenhanden bewerkte stenen gereedschap gevonden was, konden prehistorici een verband leggen tussen de kultuurstromingen en de migraties. Deze migraties vonden slechts langzaam en in kleine groepen plaats.

In de omgeving van Pacitan en Dunung op Midden-Java vond men gedurende vele jaren talrijke werktuigen uit de vroege steentijd. Men vond ze in de bedding van een drooggevallen rivier en ook in de hoger gelegen formaties rolgesteenten. De exacte ouderdom kon nergens op verantwoorde wijze worden vastgesteld, zodat alle indelingen van deze zgn. Pacitan-industrie slechts onder voorbehoud kunnen worden aanvaard.

Het in Indonesië gevonden stenen gereedschap uit het Mesoliticum (10.000 – 2000 v.Chr.) duidt op Indochinese en Maleise invloeden. In een grot in het zuidwesten van Sulawesi vond men het oudste bekende kunstwerk van Indonesië, een uit het Mesoliticum stammende afbeelding van een springend wild zwijn, uitgevoerd in rode arceertechniek. Deze primitieve nomadenkultuur treft men ook tegenwoordig, zij het op bescheiden schaal, nog aan bij de Kubu's op Sumatra, de Punans op Kalimantan en bij de Toala's op Sulawesi. Door een zekere mate van kontakt met hun hoger ontwikkelde buurvolkeren hebben zij een hoger beschavingspeil bereikt dan hun voorouders uit de steentijd; de meest karakteristieke levenswijze van hun stam – het nomadenbestaan – hebben zij echter behouden. Eenvoudige windschermen dienen nog steeds als onderdak en hun kleding bestaat uit een lendendoek van boombast. In kleine groepen van twintig tot dertig families trekken zij door het oerwoud en jagen met speren, pijl en boog en in sommige streken ook met de blaaspijp op vogels en apen; soms zetten ze ook vallen. Voor de visvangst gebruiken ze netten en speren of zij vergiftigen het water met bepaalde planten.

Tijdens de overgang van Paleoliticum naar Neoliticum begon in Yunnan in het zuiden van China een Mongoolse volksverhuizing, die meer dan duizend jaar duurde en zich ook tot Indonesië uitstrekte. De prehistoricus R. von Heine-Geldern plaatst deze volksverhuizing in de periode van 2500 tot 1500 v.Chr. De route die deze volkeren vanuit Azië gevolgd hebben is nu nog duidelijk te volgen: waar zij voorbij kwamen en zich tijdelijk vestigden, lieten zij sporen achter. Deze sporen worden gevormd door hun rechthoekige bijlen (afb. 3). Voor zij zich over de archipel verspreidden trokken zij vanuit Yunnan door Laos en verder over het Maleise schiereiland.

3 Vuistbijl uit het Neoliticum

In het Neoliticum bedreven de Indonesiërs reeds akkerbouw. Eén van de eerste planten die zij invoerden was de keladi *(caladium escalentum),* een plant die zowel in Indonesië als in Oceanië bekend staat als *taro;* hiervan worden de knol en de grote sappige bladeren gegeten. Ook vele andere groente- en fruitsoorten zoals yams, bananen en broodvruchten moeten toen reeds bekend geweest zijn. Als huisdieren had men toen geiten, buffels, varkens, kippen en honden. Meestal werden deze dieren gegeten in verband met rituele offers. De Sjamanen gebruikten de ingewanden van de geslachte kippen toen ook al voor het doen van voorspellingen.

De Indonesiërs van het Neoliticum vulden hun voeding aan met vlees en vis. Zij waren en bleven grote zeevaarders en beschikten evenals de Polynesiërs over katamarans, waarmee zij verre reizen ondernamen. Ze kwamen zelfs tot aan Madagascar. Von Heine-Geldern neemt aan dat alle volkeren die de vuistbijl gebruikten in dit gebied, een gemeenschappelijke taal hadden. Hij spreekt over het Maleis-Polynesisch en veronderstelt dat het Malagasi, de taal van Madagascar, ook hiertoe behoort.

Pater Wilhelm Schmidt (1868-1954) schetste een beeld van de kolonisatie van Zuidoost-Azië, dat op taalkundige onderzoekingen berust. Ook volgens hem behoren de talen van de volkeren van Indonesië, Melanesië en Polynesië tot dezelfde taalfamilie. Ook Wilhelm von Humboldt (1767-1835) kwam tot deze konklusie. Hij zei dat het 'hoog-Neoliticum' zich sinds het einde van het derde millennium v.Chr.

15

over heel Zuidoost-Azië had verbreid; een stelling die wel is bestreden, maar nooit echt weerlegd is.

Op Java en Zuid-Sumatra vond men behalve vuistbijlen ook bijlen met een gat, waardoor men een steel kon steken; hiervan zijn zelfs exemplaren in verschillende maten gevonden. Ongetwijfeld werden sommige gebruikt voor het bewerken van hout, zodat men gevoeglijk kan aannemen dat de mensen in het Neoliticum al zeer vaardig waren in de houtbewerking. Natuurlijk zijn voorwerpen uit een zo vergankelijk materiaal als hout uit die vroege periodes niet bewaard gebleven.

Op Java werden bij opgravingen grote hoeveelheden stenen werktuigen gevonden, die slechts ruw bewerkt waren; steeds bevonden ze zich in de buurt van vindplaatsen van o.a. kwartsiet. Daarom vermoedt men dat op deze plaatsen de voorwerpen slechts ruw uitgehakt werden. Later kwamen ze dan bijv. via ruilhandel op ver afgelegen plaatsen terecht, waar ze door de nieuwe eigenaren hun definitieve bewerking ondergingen. Sommige vuistbijlen werden uit zeer zeldzame en kostbare gesteenten vervaardigd. Waarschijnlijk waren deze bijlen bestemd voor godsdienstige riten; het waren ceremoniële bijlen, die men een bovennatuurlijke kracht toedichtte, zoals later met de heilige krissen in het bezit van de Indonesische vorsten.

Ook een ander basistype kwam in deze periode voor: de ovale bijl met twee snijkanten en een spits toelopende, afgeronde handgreep; dit in grote tegenstelling

4 De verspreiding van de rechthoekige vuistbijl vanuit Yunnan, naar R. von Heine-Geldern

tot de vuistbijl, die rechthoekig was en slechts één snijkant had. De ovale bijl volgde een andere weg: via vroege Mongoolse stammen kwamen ze van Japan naar China over Taiwan en de Filippijnen; van hieruit weer naar Noord-Sulawesi en de Molukken en dan weer via Nieuw-Guinea naar Melanesië. Doch ook hierover zijn de geleerden het nog niet met elkaar eens. Omdat de duizenden zeer fraaie neolitische stenen bijlen bijna aan de oppervlakte lagen, is het niet mogelijk om ze chronologisch te katalogiseren. Desondanks stemmen alle geleerden thans in met de essentie van de teorie van Von Heine-Geldern, nl. dat de volkeren uit het Neoliticum door heel Oost-Azië getrokken zijn.

Ook het pottenbakken speelde in Indonesië in het Neoliticum al een rol. Met behulp van een plat stuk hout en een gladde steen werd uit een tevoren geprepareerde klomp klei een pot gevormd die bij open vuur werd gedroogd; deze techniek wordt tegenwoordig nog door de Toraja's op Sulawesi toegepast. De vervaardiging van stoffen uit boombast was een techniek, die niet alleen door de Toraja's op Sulawesi maar ook door de Dayaks op Kalimantan en de bevolking van het noordelijke deel van de Molukken gebruikt werd.

Tegen het einde van het Neoliticum begon men in Indonesië ook aan de bouw van monolitische monumenten zoals menhirs, trappiramiden en verzamelplaatsen met stenen zetels voor de zielen der voorvaderen. Deze periode noemt men het Megaliticum. Monumenten uit het prehistorische Megaliticum vindt men verspreid over een ongelofelijk groot gebied; men ziet ze o.a. bij de Nagas in Assam, op de grote en kleine Sunda-eilanden, op vele plaatsen in Oceanië tot zelfs op het meest oostelijke punt van Polynesië, nl. het Paaseiland. In Indonesië treft men de meeste megalitische monumenten aan op Sumatra. Ook vandaag nog speelt bij de Bataks, en in het bijzonder op het eiland Samosir in het Toba-meer en op het eiland Nias, het oprichten van stenen in de godsdienst een grote rol. Na de komst van het Christendom echter raken de oude gebruiken en de voorouderkultuur steeds meer op de achtergrond.

In Zuidoost-Azië treft men evenals elders ter wereld veel megalieten aan; men kan ze weliswaar niet met die van Stonehenge vergelijken, maar zij zijn zeker even raadselachtig. De belangstelling voor dit soort monumenten is van recente datum; de eerste pan-Aziatische studie over megalieten werd gepubliceerd door Perry in 1918. De eerste werkelijk gedegen studie was een artikel van Von Heine-Geldern in *Anthropos* (1928). Hij raakte er steeds meer van overtuigd dat de megalieten over de hele wereld tot in details zo op elkaar leken, dat er geen twijfel meer kon bestaan aan een duidelijke samenhang. Hiermee is natuurlijk bij lange na nog niet het probleem van de herkomst opgelost. Het staat echter wel vast dat megalitische invloeden en stromingen op verschillende tijdstippen en langs verschillende wegen naar Azië zijn gekomen.

De talrijke vondsten in Indonesië uit de prehistorie tonen aan dat er ook sprake geweest is van mengvormen van verschillende kultuurstromingen. Ook hier weer is de grootste moeilijkheid het bepalen van de chronologie. Het Neoliticum bracht geheel Zuidoost-Azië niet met één ruk op een hoger peil. Integendeel, met het opnemen van ieder nieuw kultuurelement werd de situatie ingewikkelder omdat er steeds weer verschillen ontstonden tussen afzonderlijke bevolkingsgroepen. Dit proces voltrok zich ononderbroken en leidde tot voortdurend schommelende ontwikkelingen.

De mongoloïde volkeren, die tijdens het Neoliticum Indonesië binnendrongen, vermengden zich niet altijd met de Austro-Melanesische bevolking die zij hier aantroffen; soms verdreven zij hen ook. Mongoloïde landverhuizers drongen nog tijdens de vroege bronstijd op en dreven toen de reeds aanwezige stammen het binnenland in, waar ze geïsoleerd verder leefden. De bekendste voorbeelden hiervan zijn de Dayaks op Kalimantan, de Bataks op Sumatra en de Toraja's op Sulawesi.

Hiermee begon dus een nieuw tijdperk, het bronzen tijdperk of beter gezegd het metalen tijdperk. Deze periode zou men kunnen beschouwen als een technologische ontwikkelingsperiode, want de bestaande leefpatronen werden niet ingrijpend veranderd. In het begin van dit tijdperk werden wapens en gereedschappen nog uit steen gemaakt. Ze werden echter ook nagemaakt in metaal en in die vorm vermoedelijk nog lange tijd als luxe beschouwd. Later ontdekte men pas, dat men uit brons ook zeer goed andere voorwerpen kon maken, zoals bijv. de grote rituele trommels, die men nu op allerlei manieren kon versieren.

Zowel bronzen als ijzeren voorwerpen uit deze periode werden in Indonesië gevonden. Natuurlijk is deze ontwikkeling, zoals bij alle metaalkulturen, op de eerste plaats afhankelijk van de aanwezigheid van het betreffende metaal. Voor brons wordt gewoonlijk 85% koper en 15% tin gebruikt. Beide metalen komen echter in Indonesië niet in voldoende mate voor; maar op het schiereiland Maleisië wordt tin echter in grote hoeveelheden gewonnen en wij weten ook dat dit metaal al zeer vroeg naar China geëxporteerd werd (ook lood werd vanuit Burma naar Tonkin vervoerd). Toen in de buurt van het plaatsje Dongson in Annam(nu Vietnam) in de jaren '30 een grote hoeveelheid bronzen voorwerpen werd opgegraven en men kon vaststellen dat de kultuur van het bronzen tijdperk zich van hieruit over geheel Zuidoost-Azië had verspreid, sprak men voortaan van de Dongson-kultuur. Dongson was het belangrijkste centrum van de ijzersmeedkunst, waarvan in de derde en tweede eeuw voor Chr. een enorme invloed op de megalitische kultuur uitstraalde. Men vindt zelfs nu nog bepaalde motieven in Dongson-stijl en de hiermee verwante Chou-stijl in de Indonesische kunst terug. Zij worden nog toegepast in de beschildering van de Batak-huizen en in de weefselmotieven van de Dayaks. Deze stijl van een monumentale symboliek en fantastische ornamentiek heeft ook gedurende een lange periode invloed gehad op de kunstuitingen van andere volkeren in Zuidoost-Azië. Wetenschappers uit de hele wereld hebben een opvallende overeenkomst ontdekt tussen de gereedschappen, de wapens, de dekoratiemotieven, ja zelfs in de muziek en de myten van Europa en Azië. Dat is geen toeval. Inderdaad was er in de negende en achtste eeuw v.Chr. een direkt kontakt tussen Europa en Azië en wel door de grote trek in oostelijke richting van de volkeren uit de Donaulanden, Zuid-Rusland en de Kaukasus. Aan deze volksverhuizing hebben behalve de Kimmeriërs ook de Illiërs, de Thraciërs en vermoedelijk ook kleine groepjes Germanen deelgenomen. Niet al deze groepen hebben Indonesië bereikt, maar zij hebben wel de Dongson-kultuur en de gelijktijdig voorkomende kultuurpatronen van bijv. Zuid-China zeer sterk beïnvloed. Ook de recente opgravingen van een grafveld uit het Tien-rijk (tweede eeuw v.Chr.) in Yunnan schijnt de hypotese van deze volksverhuizing te onderschrijven. Ondanks de kritiek is er tot nu echter geen betere en totaal onweerlegbare teorie gevonden. Wat vermoedelijk wel vaststaat is dat de oorsprong van de brons-kultuur in Zuidoost-Azië in Tonkin en Noord-Annam ligt. Terecht spreekt men dus over de Dongson-kultuur; het hoogtepunt hiervan lag tussen de zevende en de eerste eeuw v.Chr. totdat de Chinezen dit gebied veroverden.

De derde en naast Dongson (symmetrie) en Chou (ritme) eigenlijk oudste stijl, die de kunst bij de oorspronkelijke volkeren van Indonesië beïnvloedde, noemt men de neolitische stijl. Deze stijl wordt hoofdzakelijk door magische symbolen bepaald. In de sierkunst komt dit bijv. duidelijk tot uitdrukking door het toepassen van dier- en voorouderfiguren. Alle drie hiergenoemde stijlen worden nu nog steeds toegepast in de kunstuitingen van de zgn. oorspronkelijke bevolking, bijv. bij de paalhuizen met hun prachtig houtsnijwerk en beschilderde ornamenten, in de kleding met stoffen uit bewerkte en geverfde boombast en bij de geweven katoenen stoffen en de smeedkunst.

Het is eigenlijk niet mogelijk om het enorme aantal Indonesische volksstammen nu in te delen in 'genetisch-etnische' groepen, omdat deze indeling in werkelijkheid nooit bestaan heeft. Men heeft echter wel de terminologie van Von Heine-Geldern aangehouden en spreekt daarom van Oud-Maleiers of Proto-Maleiers en Jong- of Deutero-Maleiers. De Oud-Maleiers, die hoofdzakelijk te vinden zijn onder de bergstammen, de vissers en de zeevaarders (die meestal ook het familie- en stamverband nog aanhouden) vormen in Indonesië de minderheid. In de 19e eeuw vormden zij slechts 10% van de totale bevolking. Als bekendste stammen hiervan noemen we o.a. de Bataks op Sumatra, de Dayaks op Borneo en de Toraja's op Sulawesi.

Het grootste deel van de bevolking wordt gevormd door de Jong- of Deutero-Maleiers, die de grote godsdiensten aanhangen. Vroeger waren dat hoofdzakelijk het Hindoeïsme en het Boeddisme, vandaag is het de Islam. Hiertoe behoren de Javanen, de Balinezen (die als enigen nog Hindoes zijn), op Sulawesi de Buginezen, de Makassaren en de Minahassers en op Sumatra in het noorden de Atjehers, in het westen de Minangkabauers, de Kust-Maleiers in het oosten en de Rejangers en

Lampungers in het zuiden van het eiland.

Op de Kleine Sunda Eilanden, de Molukken en Timor woont een bevolking die allerlei invloeden heeft ondergaan. Op deze eilanden vindt men hoofdzakelijk Jong-Maleise kustvolkeren, zoals bijv. op Sumbawa de Bimas en Sumbawas, de Ambonezen op Ambon en de Belunezen en de Atoni's op Timor.

Evenals in de kunst zijn ook in de talen van Indonesië talrijke kultuurinvloeden terug te vinden. Met uitzondering van de Papua-taal op Irian Barat (Westelijk Nieuw-Guinea) behoren ze alle tot de grote Austronesische of Maleis-Polynesische taalstammen. Er bestaan niet minder dan 250 talen en minstens evenveel dialekten in het hedendaagse Indonesië. Hoewel de talen onderling zeer van elkaar verschillen, blijken ze toch 2500 basisbegrippen gemeen te hebben. Onder al deze verschillende talen en dialekten hebben twee talen altijd een speciale rol gespeeld en wel het Maleis en het Oudjavaans, dat veel woorden uit het Sanskriet heeft overgenomen. De grote heldendichten *Mahabharata* en de *Ramayana* zijn oorspronkelijk in het Oudjavaans geschreven en gelden evenals de grote religieuze monumenten uit de 8e eeuw na Chr. als typische overblijfselen uit de Hindoe-Javaanse periode. Het Oudjavaans was de taal die men aan het hof sprak. Vooral tijdens de regering van Koning Airlangga (in de 11e eeuw) bereikte deze taal het hoogtepunt van haar bloei. Oudjavaans sprak men tot ongeveer 1400; tot 1550 werd Middeljavaans gesproken en hierna volgde het Nieuwjavaans. In het Javaans, dat nu hoofdzakelijk op Midden- en Oost-Java (door ongeveer 47 miljoen Indonesiërs) wordt gesproken, is ook het belangrijkste gedeelte van de Indonesische literatuur geschreven. Sommige zeer vroege werken zijn nog in het Balinees bewaard gebleven. Bali is immers het enige eiland dat door zijn Hindoeïsme veel van de oude kultuur heeft kunnen bewaren dat anders door de Islam zou zijn verdwenen. In het Javaans onderscheidt men nog vijf dialekten die typerend zijn voor de verschillende sociale klassen: *Ngoko, Krama, Krama inggil, Madya* en het *Basa Kedaton*. Men kan hieraan niet alleen de sociale klasse van iemand bepalen, men hoort ook welke plaats hij binnen een familie bekleedt.

Dezelfde verschillen ziet men ook bij het Balinees. Er bestaat een groot verschil tussen het Hoog-Balinees en het Laag-Balinees; het zijn niet twee dialekten van een en dezelfde taal, maar twee totaal verschillende talen. Het Hoog-Balinees vertoont enige overeenkomst met het Javaans en vindt ook zijn oorsprong in het Sanskriet; het is de taal van de adel en omdat er voor bepaalde begrippen wel tien verschillende woorden bestaan, die elk op het juiste moment dienen te worden toegepast, spreken maar heel weinig Balinezen deze taal echt goed. Het Laag-Balinees is de gewone volkstaal. Er zijn strikte regels voor de konversatie tussen mensen die tot verschillende kasten behoren. Zo wordt een prins bijv. door lagergeplaatsten altijd met Ratu of Agung (hoogheid) aangesproken, terwijl de prins zich in dit geval van het Laag-Balinees zal bedienen. Door het invoeren van de algemeen geldende Bahasa Indonesia werd het taalprobleem nog gekompliceerder. Het komt nu wel voor dat een ontwikkelde Balinees de vijf verschillende talen die op zijn eiland voorkomen, beheerst.

Eeuwenlang was het Maleis al de omgangstaal; het was ook de taal waarmee de kooplieden zich over de hele archipel verstaanbaar konden maken. De bakermat ligt vermoedelijk in Johore op het schiereiland Malakka. Op Zuid-Sumatra en andere eilanden zijn inskripties uit de zevende eeuw na Chr. gevonden, waaruit bleek dat het Oudmaleis toen al min of meer als officiële taal gold. Op het eiland Sumatra, dat immers zo vlak bij Malakka ligt, was het Maleis het meest verbreid. Ook kwam uit deze taal de nieuwe officiële taal voort; de Bahasa Indonesia wordt niet alleen overal officieel gesproken, maar heeft ook een politieke betekenis. Reeds het Oudmaleis, de handelstaal, kende vele woorden die overgenomen waren uit het Sanskriet en andere Indische talen. Hieraan voegde de Bahasa Indonesia nog een paar duizend vreemde woorden toe. Voor 1945 nam men reeds vele Nederlandse woorden over, daarna werden ook Latijnse en Griekse woorden vooral als vaktermen toegepast.

Na aanvankelijk Arabische en Oudindische schrifttekens te hebben gebruikt is men nu overgegaan op het Latijnse schrift. De Bahasa Indonesia wordt nu over de gehele archipel als officiële, gemeenschappelijke taal beschouwd; de verscheidenheid aan bevolkingsgroepen met een eigen taal blijft natuurlijk bestaan. *Bhinneka Tunggal Ika* ('Eenheid in Verscheidenheid') is dan ook het devies, waarmee de regering tracht alle volksdelen tot hun recht te laten komen.

3 Historisch overzicht

Hoewel over de oorsprong van de Indonesische geschiedenis vrij weinig bekend is, weten wij dat zij vanuit India sterk beïnvloed is. Door de vele vondsten hebben we ook enig inzicht in de prehistorie. Eveneens weten we dat in de vroege metaaltijd een levendig scheepvaartverkeer plaatsvond in de zeestraten van de archipel. Een bewijs hiervoor zijn de bronzen trommels met hun belangwekkende versieringen die we, evenals de bijlen uit het stenen tijdperk, kunnen zien als een soort markeringen.

Rond het begin van onze jaartelling vond een ware revolutie plaats op het gebied van de scheepvaart. In de havens rondom de Perzische Golf en in de Chinese Zee werden steeds grotere schepen gebouwd; dat leidde tot een druk scheepvaartverkeer in de Indonesische wateren. Voor de Indonesiërs, die langs de kustgebieden woonden, was het uiteraard nu ook belangrijk om hun schepen te verbeteren en daardoor aan de internationale handel te kunnen deelnemen. De reeds oude handelsbetrekkingen tussen Zuidoost-Azië en India werden verder uitgebreid; er werden veel luxegoederen vanuit het Verre Oosten naar het Middellandse Zeegebied getransporteerd. (Dit blijkt bijv. duidelijk uit de *Geografie* van Ptolemaios, tweede eeuw v. Chr., waarin veel woorden uit het Sanskriet opgenomen zijn.) Aan de andere kant zien we ook dat de invloed van India op Zuidoost-Azië steeds groter werd. Ook in de Indonesische archipel, die door de moesson en de zeestromingen op het snijpunt van alle grote scheepvaartroutes ligt, werd de hindoeïstische invloed steeds groter. Zo ontstonden reeds zeer vroeg talrijke vorstendommen langs de kusten; in het binnenland van Java en Sumatra werden staten gevormd die naar Indisch voorbeeld geregeerd werden. In Indonesië kwamen twee totaal verschillende staatsvormen voor: de zeestaten, met slechts een zeer klein achterland, en de landbouwstaten met uitgestrekte bouwlanden; het was hierdoor niet alleen mogelijk een groot aantal mensen te voeden, maar ook werd de bouw van grote monumenten nu mogelijk.

Door het voortdurend toenemende scheepvaartverkeer kregen de boeddhistische monniken en emigranten steeds meer (religieuze) invloed op de bewoners van

Indonesië. Ze volgden de kooplieden en waren helemaal niet bang voor de lange en gevaarlijke reizen naar verre eilanden. Als eersten brachten zij dus een nieuwe godsdienst, nieuwe zeden en gewoonten en een nieuwe literatuur in het Sanskriet naar deze archipel. Monniken vertelden overal de Jataka-legenden en de verhalen over het leven van Boeddha; door dit voortdurende kontakt ging een groot gedeelte van de bevolking over tot het Boeddhisme. Natuurlijk kwamen deze monniken niet alleen uit India, ze kwamen ook uit China, waar het Boeddhisme toen al stevig gevestigd was. Ook de vorsten van het hindoe-rijk Srivijaya op Sumatra waren door de zeer nauwe diplomatieke betrekkingen met China tot het Boeddhisme overgegaan. Duizend monniken (zo luidt tenminste een van de overleveringen) maakten van dit gebied een centrum van Boeddhisme.

Ook de grootste onvergankelijke kunstwerken op Java ontstonden onder invloed van de Indische religies. Daar waar een dynastie tot macht en rijkdom kwam verrezen altijd grote religieuze bouwwerken. De geschiedenis van een dynastie hield dikwijls nauw verband met de geschiedenis van de Javaanse kraton (het vorstelijk paleis, dat dikwijls een stad op zich vormde en waar de gehele hofhouding ook verbleef).

Tussen de tweede en de zesde eeuw na Chr. beleden de boeddhisten het *Hînayâna* – het kleine voertuig – en vanaf de zevende eeuw het *Mahâyâna* – het grote voertuig. De late vorm van het Indische Boeddhisme bevatte reeds vele elementen van de Shiwa-cultus. In Indonesië nam deze tak van het Boeddhisme ook vormen van de daar bestaande natuurreligies over. Aan het einde van de 7e eeuw trof de Chinese pelgrim I Ching deze late vorm van het Boeddhisme in een *Vajrayâna*-variant in tal van kloosters aan.

Het Boeddhisme was de eerste wereldgodsdienst, die buiten de aan geografische grenzen gebonden geestelijke stromingen tot een nieuwe vrijheid leidde. Iedereen kan op elk gewenst moment tot het Boeddhisme bekeerd worden. Het Hindoeïsme is alleen voor de Indiërs; hindoepriesters is het niet alleen verboden mensen tot hun geloof te bekeren, ze mogen ook niet over zee reizen. De priesters die op handelsschepen de kooplieden begeleidden moeten dus tot zeer onorthodoxe sekten behoord hebben.

Over de eerste Indonesische staatsvormen bestaat slechts vage informatie. Er worden weliswaar namen genoemd zoals Ye-Po-Ti, Cho-Po en Kan-To-Li, maar over hun ligging is niets bekend. Het waren hindoeïstische staten, die slechts korte tijd hebben bestaan. In een zeer oude inskriptie wordt koning Purnavarnam van het rijk Taruma genoemd, waarmee waarschijnlijk To-Lo-Mo op Java bedoeld wordt. Uit Chinese annalen (van Liang en Tang) blijkt ook dat de koning van Taruma in de zesde eeuw vier gezanten naar China zou hebben gestuurd.

Een Indische prins, Aji Saka zou in het jaar 75 na Chr. met groot gevolg uit India uitgevaren zijn om in Indonesië een nieuw vaderland te vinden. Toen aan boord van zijn schepen de pest uitbrak leed ook dit plan schipbreuk. Hoewel het hier waarschijnlijk om een legende gaat, bevat deze zeker een kern van waarheid. Ook bestaat een verhaal dat een zekere koning Gujarat in het jaar 603 zijn zoon met 5000 emigranten en zes schepen naar Indonesië gestuurd zou hebben om daar een nieuw rijk te stichten. Deze legende komt overeen met een nieuwe trek vanuit India, die aan het eind van de vijfde eeuw begon.

Bij de wederzijdse kontakten tussen de emigranten uit India en de autochtonen was er, behalve de Chola-aanvallen op Srivijaya in de tiende en elfde eeuw, geen sprake van politieke invloed van de kant van de Indiërs. De Indische elementen werden vrijwillig opgenomen in Indonesië en de assimilatie geschiedde dan ook op alle eilanden op verschillende wijze. De dorpsgemeenschappen bleven als zodanig bestaan en ook de *adat* en het *matriarchaat* werden, ondanks invloeden van de Islam, gehandhaafd. Het kastestelsel werd aanvaard, hoewel het bijna nergens een beslissende rol heeft gespeeld. Op Bali, het enige eiland dat werkelijk hindoeïstisch bleef, behoort slechts 7% van de bevolking tot het *trivamsa* of drie-kastenstelsel: dat der brahmanen (priesters), ksatryas (krijgers) en vaisiyas (kooplieden en boeren).

Ondanks alle betekenis die de Indische invloeden hebben gehad bleven de oorspronkelijke nationale riten en gebruiken niet alleen duidelijk aanwezig, maar kregen het Hindoeïsme en het Boeddhisme zelfs een typisch Indonesisch of Javaans stempel. De hemelse Boeddha's werden dan ook omgevormd tot natuurmachten, die door de verschillende stammen werden aanbeden; heiligen en helden werden de geesten der gestorven koningen en koninginnen. Zo werden ook de hindoegoden en -godinnen in de natuur- en voorouderkultuur opgenomen.

Dat Indonesië niet zomaar alle vreemde kultuurinvloeden vanuit India heeft overgenomen blijkt duidelijk uit verschillende voorbeelden. Wel werden veel woorden uit het Sanskriet en het Prakriet overgenomen. Het Sanskriet werd slechts gebruikt in de dichtkunst, voor inskripties en voor technische benamingen; het Prakriet daarentegen leverde hoofdzakelijk uitdrukkingen voor de zee- en kooplieden. De oudste ons bekende Indonesische geschriften zijn ook in het Sanskriet geschreven en stammen uit de 5e eeuw. Op Kalimantan zijn inskripties gevonden op zeven yupas (offerstenen) in het gebied dat nu Kutei heet. De naam van het toenmalige koninkrijk wordt er niet in vermeld. Wel echter de naam van koning Mulawarnam, een zoon van Aswawarnam, die een dynastie stichtte. Beide namen zijn duidelijk Indische namen. Op Java vond men rond Jakarta, Banten en Bogor ook inskripties in het Sanskriet met Pallawa-lettertekens. Hierin wordt ook de naam Purnawarnam, koning van Tarumanagara op West-Java genoemd. Als zijn verdienste wordt zijn overwinning op zijn vijanden vermeld maar ook de aanleg van een 15 km lang kanaal. De naam van een rivier op West-Java, de Ci Tarum, herinnert vandaag nog aan dat koninkrijk.

Behalve met India waren er in deze periode ook al veel kontakten met China. Dit uitte zich in Indonesië slechts in het overnemen van bepaalde kunstvormen en -

stijlen, zoals de Dongson-stijl en de latere Chou-stijl. Deze invloed beperkte zich tot de handel en had verder geen enkele politieke betekenis. De Chinezen stichtten de handelsnederzettingen het liefst op die plaatsen, waar al veilige staatsvormen aanwezig waren. In de tweede helft van de zevende eeuw ontstond in het zuiden van Sumatra een zeestaat, die spoedig over grote macht beschikte en alle andere koninkrijken in Indonesië overvleugelde. Deze staat, Srivijaya, werd door de Chinezen tot in de negende eeuw Che-Li-Fo-che genoemd, en heette later Fo-t'si. Vanuit de twee grootste havens, Palembang en Djambi en vanaf het eiland Bangka, beheerste zij Straat Malakka; tussen 683 en 689 veroverde zij het buurland Malayu en sloot tussen 700 en 755 het zuiden van het schiereiland Maleisië met Kedah en Ligor in, een gebied dat thans Nakon Sithmarath heet en bij Thailand hoort. Volgens een oude inskriptie in het Sanskriet gaf de koning van Srivijaya in 775 opdracht om in Ligor een boeddhistische tempel te bouwen.

Op Java kwam tussen 683 en 686 alleen het westelijke deel onder de heerschappij van Srivijaya. Noch geschriften, noch Chinese bronnen geven aan dat Oost- en Midden-Java ooit door Srivijaya-vorsten zijn geregeerd. In de achtste eeuw was heel Sumatra reeds onder de invloed van Srivijaya. Deze uitbreiding kan het gevolg zijn geweest van huwelijken en verbintenissen tussen mensen van Sailendra en die van Srivijaya. Volgens verschillende historici zou er ook een regelmatige wisseling in de effektieve machtsuitoefening tussen beide vorstenhuizen hebben plaatsgehad. De Sailendra's waren aanhangers van het Mahâyâna-boeddhisme, terwijl de overige Javaanse aristokraten de hindoeïstische Shiwa-cultus trouw bleven. Men neemt aan dat het Hindoeïsme op Java een steeds grotere invloed kreeg en zodoende de basis werd voor het typische Javaanse nationalisme. Volgens verschillende inskripties in het Oudjavaans regeerde de hindoeïstische dynastie Sanjaya onder koning Patapan vanaf 824 op Midden-Java 'over een onmetelijk gebied', dat hoofdzakelijk met landbouwers bevolkt was. Geleidelijk ging Java zich in ekonomisch en politiek opzicht hoe langer hoe meer op het Oosten oriënteren; hierdoor zette men zich steeds verder af tegen de invloedssfeer van India, zodat de eigen Indonesische invloeden in de godsdienstige beleving aan belangrijkheid wonnen. Tenslotte versmolt de Shiwa-cultus met het magische animisme. In deze periode bestond op Java veel onrust en verwarring; koninkrijken en dynastieën bestreden elkaar konstant, ze kwamen op en gingen ook weer snel ten onder.

Volgens verschillende onderzoekers waren de koningen van Sailendra nakomelingen van de Funan-dynastie, die na 750 de Sanjaya's naar het oosten hadden verdreven. Over de betrekkingen tussen de huizen van Sanjaya en Sailendra is betrekkelijk weinig bekend. Over het feit of de Sailendra's Java binnendrongen of van daaruit naar Sumatra trokken, lopen de meningen nogal uiteen. Wel staat echter vast dat de Sanjaya's een tijdlang, tot 802, over de Mekong-delta heersten. Na 927 wordt het centrum van de macht van Midden-Java naar Oost-Java verlegd. Voor deze plotselinge wending in de geschiedenis van Java heeft men nog geen goede verklaring kunnen vinden. Sommigen menen dat het verzanden van de haven Semarang een mogelijke oorzaak was; anderen denken aan vulkaanuitbarstingen, zoals bijv. van de Merapi.

Betere informatie hebben we pas weer over de aanval van koning Dharmavangsa (985-1006) op het koninkrijk op Sumatra in het jaar 992. Ondanks de massale inval werden de aanvallers niet alleen verdreven, maar zelfs tot op Java teruggeworpen. In het jaar 1025 kwam het tot een wapenstilstand met Sumatra onder de Javaanse koning Airlangga, die van 1010 tot 1049 regeerde en onder wiens bewind het rijk Mataram zijn grootste bloeiperiode beleefde. In 1035 sloten beide partijen tenslotte een verbond, waarbij hun invloedssfeer duidelijk begrensd werd: het westelijke gedeelte van de archipel en het schiereiland Maleisië viel onder de invloedssfeer van Sumatra; Java zou zijn invloed meer naar het oosten uitbreiden.

Na de dood van Airlangga ontstonden in de rijke agrarische gebieden van Midden- en Oost-Java weer twee nieuwe koninkrijken: Kediri en Janggala. In 1222 werd tijdens de regering van de bijna legendarische koning Ken Anggrok een kortstondig verbond gesloten. Tegelijkertijd begon in deze periode reeds de afbrokkeling van de macht van het Srivijaya-rijk. Ondanks het verlies van Midden- en Oost-Java kende dit rijk in de tiende eeuw nog een grote bloei en het beheerste toen met een machtige vloot het totale zeeverkeer naar India en China rondom het eiland Sumatra. Tot het einde van de dertiende eeuw kende het rijk een steeds groter wordende bloei, waarna het aan macht inboette. De heerschappij over de zee ontaardde in het begin van de vijftiende eeuw tot pure zeeroverij, waardoor het eens zo grote en machtige rijk langzaam verviel.

Op Java ontwikkelde zich ondertussen uit de vele kleine vorstendommetjes een machts- en kultuurcentrum, nl. het koninkrijk Majapahit. Dit rijk beleefde zijn bloei onder Gaja Mada, die in 1343 Bali veroverde en aan het eind van zijn regeringsperiode in ieder geval in naam over bijna geheel Indonesië regeerde. Indonesische historici beschouwen deze periode als het gouden tijdperk van Indonesië. Uit niet altijd even betrouwbare bronnen hebben zij zich het volgende beeld gevormd: het betrof hier geen eenheidsstaat, zoals gebruikelijk was in het traditionele Azië, maar veeleer een feodale maatschappij, gevormd uit een groot aantal vazallen. De vorst had in de eerste plaats een religieuze funktie; de ministers en het zeer uitgebreide hof oefenden de feitelijke macht uit. Ook Gaja Mada was geen koning maar minister en had als zodanig de eigenlijke macht in handen. Majapahit was hoofdzakelijk een agrarische maatschappij, waar de dorpen vaak meer dan de helft van de oogst als belasting aan de politieke machthebbers moesten afdragen. Door zijn hoogontwikkelde scheepsbouwtechnieken werd Majapahit een der grootste zeemachten uit de Aziatische geschiedenis. Hoewel de vroegere staten hun macht aan de scheepvaart of aan de landbouw ontleenden, groeide Majapahit uit tot een staat met een ongeëvenaarde macht op beide gebieden. De rechtspraak, die een syntese was van het oude Indische recht en de overgeleverde Indonesische adat, werd uitgeoefend door grote geleerden. Door het Hindoeïsme ontstond in Majapahit een levendig kultureel centrum, waarvan men nu nog sporen in het religieuze leven van de bevolking aantreft.

Het verval van het machtige rijk Majapahit, dat door de steeds groter wordende druk van de Islam in kleine, door moslimvorsten geregeerde rijkjes uiteenviel, betekende het einde van het gouden tijdperk. Voordien bereikte het nog eenmaal, onder regering van Hayam Wuruk (1350-1389) een korte opleving. In het begin van de vijftiende eeuw scheidden Noord-Borneo, Celebes en Malakka zich af; Kediri bevocht tijdens de regeringsperiode van Suhita onder de rebel Bhare Daha zijn onafhankelijkheid. Zijn zoon, Ranavijaya veroverde in 1478 Majapahit en stichtte de nieuwe hindoeïstische *Girindravahardhana*-dynastie, welke aanvankelijk de hele kust van Java beheerste totdat in 1513 de moslimvorst Pati Unus de macht overnam. Enkele vorsten, die tot de oude dynastie behoorden, konden zich tot 1639 in de Oostjavaanse steden Pasuruan, Panakoran en Balambangan handhaven en weken tenslotte uit naar Bali. De toenemende invloed van de Islam begon reeds in de zevende eeuw en werd niet alleen met het zwaard bereikt (zoals in vele Arabische landen) maar volgde haast vanzelf in het spoor der kooplieden. In de elfde eeuw ontstonden islamitische nederzettingen op de specerij-eilanden (Molukken) en op Java en Noord-Borneo. Indische en Perzische kooplieden verbreidden hier de leer van de Profeet. In de twaalfde eeuw werden nederzettingen gesticht in Palembang en Atjeh op Sumatra door kooplieden uit Perzië en Arabië. Hun bekeringspogingen sorteerden echter weinig effekt, omdat de Islam missie-aktiviteiten als zodanig niet kent. De relatie handel-Islam had tot gevolg dat de bekering tot de Islam plaatsvond vanuit die havensteden, waar de belangrijkste nederzettingen waren. Zij ging uit van de *sjahbandar* (een soort havenaalmoezenier) die de geestelijke verzorging van de vreemde kooplieden had overgenomen van de Indische Guru. Zeer bekwaam verbreidden zij islamitische sagen, die naast de oorspronkelijke heldenverhalen ingang vonden in het wayang-teater. Prins Menok is ook vandaag nog een geliefde moslim-figuur in het wayang-golek spel.

Gunan Giri was een der beroemdste verkondigers van de Islam; hij was de raadsheer van sultan Agung van Mataram (1613-1645) en werd door de Hollanders de 'paus der moslims' genoemd. In Indonesië kende men een tolerante vorm van de Islam, waarin mystieke elementen de versmelting met het uit het Indonesische Hindoeïsme en Boeddhisme afkomstige Tantrisme vergemakkelijkten en het voortbestaan van het gewoonterecht, de adat, mogelijk maakten. Het was een onorthodoxe vorm van de Islam, die zeer snel bij het gewone volk weerklank vond; de orthodoxe vorm burgerde echter ook snel in. Dit schisma kulmineerde in de negentiende eeuw in de zgn. Padri-oorlog (1803-1838) tussen de orthodoxen en de vrijzinnigen; deze controverse vormt zelfs nu nog een probleem voor de Indonesische regering.

In de zestiende eeuw bevorderden de Portugezen een snellere verbreiding van de

Islam. Zij koppelden hun expansie-behoefte aan bepaalde missie-aktiviteiten door vorsten, die zij aan hun heerschappij wilden onderwerpen, tot de Islam te laten bekeren. Toen de Portugezen rond deze tijd zowel de oostelijke als de westelijke route naar Indië ontdekten, troffen ze op het Aziatische Kontinent al machtige mohammedaanse rijken aan, waarmee zij handelsbetrekkingen aangingen. De Portugezen probeerden zich als eerste Europeanen definitief in Indonesië te vestigen. In 1522 onderwierpen zij de Molukken en verzekerden zich van het specerij-monopolie. Voor de bewoners van deze eilanden, waarvan de specerijen een zo gewild produkt waren, begonnen nu vreselijke tijden. Alleen de Portugezen importeerden in Europa de daar zo begeerde specerijen; later betrokken zij die ook uit het sultanaat Atjeh op Sumatra en uit de koninkrijken Bantam en Demak op Java. Lang zou de alleenheerschappij van de Portugezen echter niet duren, want reeds in de eerste helft van de zestiende eeuw begon een machtsstrijd tussen hen, de Fransen en de Engelsen. Toen echter in 1596 de eerste Hollandse vloot voor de rede van Bantam kwam om hier hun eerste steunpunt te stichten, vond er snel een verandering in de situatie plaats; in 1602 werd de V.O.C. (Vereenigde Oostindische Compagnie) opgericht ter koördinatie van de handelsaktiviteiten van de Zeven Provinciën op de Indonesische archipel. In het begin volgde men het voorbeeld van de Portugezen: met de machtigste staten werd een verbond gesloten, waarbij de Hollanders zich verplichtten de vorsten tegen andere Europeanen te verdedigen. Hiervoor eisten zij het alleenrecht om met de Molukken handel te drijven. In die tijd was het hoofddoel van het kolonialisme zoveel mogelijk gewin uit die landen te behalen en daarbij werden grote wreedheden begaan. Als het vreemde kooplieden eens lukte om in het gebied van de V.O.C. de oogst tegen een betere prijs te kopen, werd dit op bloedige wijze bestraft. Een ander voorbeeld: opdat de prijs voor nootmuskaat op de wereldmarkt stabiel zou blijven, kreeg alleen Banda toestemming dit produkt te verbouwen; op alle andere eilanden, waar de aanplant eigendom was van de bewoners, werd die gewoon vernietigd. De Hollanders hadden echter geen rekening gehouden met de gewoonte van een bepaalde duivensoort, die zich graag met de muskaatvrucht voedde en de pitten later in hun mest tijdens hun vlucht boven andere eilanden liet vallen. Om de opgroeiende planten weer te vernietigen werden jaarlijks schepen met inlanders naar de andere eilanden gestuurd; ook als er een al te rijke oogst verwacht werd organiseerden de Hollanders vlak voor de oogsttijd vernietigingsakties.

De V.O.C. stelde goeverneurs-generaal aan, de eerste was Pieter Both (1610-14). Dezen breidden hun macht in de gehele archipel en speciaal op Java enorm uit; de inlandse vorstendommen werden vernietigd of door een verbond afhankelijk gemaakt. Door een slecht beleid, korruptie en bedrog ging het met de V.O.C. in de loop van de achttiende eeuw bergafwaarts. In de oorlog tegen Engeland in 1782 verloor men de meeste schepen en ondanks een grote territoriale macht en dividenden van 20-40% kwam het einde na de Franse revolutie en de stichting van de

Bataafse Republiek in 1799. De failliete V.O.C. werd ontbonden en de rechten kwamen aan de Nederlandse staat. Snelle en krachtige hervormingen waren nu noodzakelijk. Goeverneur-generaal Daendels, die bekend stond als een zeer wilskrachtig man, kreeg de opdracht de korruptie daadwerkelijk te bestrijden en ondanks zijn uiterst despotisch optreden lukte het hem de basis te leggen voor maatregelen, die de koloniale handel ten goede zouden komen.

De ontwikkelingen in Europa hadden natuurlijk ook hun weerslag in Indonesië: Napoleon bracht Java in 1811 voor een korte periode onder Frans bewind. Na de bezetting door Engeland op verzoek van prins Willem V voerde Sir Thomas Stamford Raffles een uitstekend beleid. Nadat Napoleon in 1814 verslagen was, gaven de Engelsen als dank voor de hulp op het vasteland Indonesië weer terug aan Nederland. Daarvan uitgezonderd bleef het eiland Singapore dat Raffles voor 60.000 dollar van de sultan van Johore gekocht had. Hij rapporteerde hierover: 'Singapore is me haast zo dierbaar als een eigen kind. Ik voorzie dat het een van onze voorspoedigste bezittingen zal worden. Het is niet alleen een territoriale aanwinst; het zal ons geen windeieren leggen. Het wordt een vrijhaven waardoor wij met onze invloed het Nederlandse monopolie kunnen breken.' En aldus geschiedde ook; als Britse kroonkolonie (1867), stapelplaats en handelscentrum overvleugelde Singapore Batavia.

In tegenstelling tot de metoden van de V.O.C. werd de archipel in de loop van de negentiende eeuw volledig door Nederland in bezit genomen. De Javaanse vorsten fungeerden nog slechts als pionnen in het Nederlandse spel of gingen in ballingschap; Bali werd omstreeks 1850 definitief bezet, waarbij hele vorstelijke families zelfmoord pleegden; in 1894 was er een strafexpeditie naar Lombok ter bevestiging van het Nederlandse gezag en Atjeh werd pas na verschillende opstanden definitief bedwongen in 1904 door generaal Van Heutsz.

Het belangrijkste oogmerk van het Nederlandse koloniale bewind was winst. Men liet de plaatselijke zeden en gebruiken in beginsel ongemoeid, maar voerde wel het zgn. Cultuurstelsel in, waardoor de bevolking gedwongen werd op een deel van haar dessa's produkten voor de Europese markt te telen. Dit systeem werd door de dwang, afpersing en ondeskundigheid waarmee het gepaard ging, een voorbeeld van de Nederlandse uitbuiting. In Nederland bleef dit niet onopgemerkt. De schrijver Douwes Dekker (Multatuli) gaf de grote stoot tot veranderingen door zijn boek *Max Havelaar, of de koffijveilingen der Nederlandsche Handelmij* (1860), waarin hij de uitbuiting van de inlanders door de Nederlanders beschreef. Deze kritiek leidde tot een meer liberale fase in de koloniale ekonomie. Niettemin namen de privé-investeringen tot exploitatie van de plantages gestadig toe, vooral op Java en Sumatra buitten Chinese handelaren en woekeraars deze situatie uit, terwijl het volk verder verarmde.

Rond 1900 begonnen echter nieuwe opvattingen over het beleid jegens de inheemse bevolking zich door te zetten in de vorm van de zgn. etische politiek. Onder leiding van verschillende goeverneurs-generaal begon het koloniaal bestuur aan de ontwikkeling van medische zorg, onderwijs en verkeer; ook missie en zending droegen daartoe het nodige bij. Sommige Indonesiërs werd het mogelijk een bestuursfunktie te aanvaarden en in 1918 ontstond de Volksraad, bedoeld als een eerste stap naar meer autonomie. In 1926 waren er al 61 leden, waarvan 38 indirekt werden gekozen door de verschillende etnische groeperingen. Hiervoor paste men een naar huidige maatstaven wel vreemde verdeelsleutel toe: één afgevaardigde per 10.000 Nederlanders, één per 300.000 Chinezen en één op de twee miljoen inlanders.

Door de etische politiek werd een jonge generatie intellektuelen aangetrokken, die een plaats vond in handel en politiek. Deze groep zette zich zeer sterk in voor de steeds meer opkomende onafhankelijkheidsbeweging. De Tweede Wereldoorlog bracht echter pas de beslissende veranderingen voor Indonesië. In februari 1942 werd de Nederlandse vloot onder leiding van schout-bij-nacht Doorman door de Japanners verslagen en op 8 maart volgde de kapitulatie, waarna de bezetting van de archipel volgde. Een Aziatisch broedervolk had gezegevierd en aangetoond dat de blanken niet onoverwinnelijk waren. Het aanvankelijk entoesiasme van de Indonesiërs over hun bevrijding van de Nederlanders werd snel minder toen ze merkten dat de Japanners met ijzeren hand en rigoreuze wetten hun macht uitoefenden. Indonesische patriotten richtten organisaties op die ondergronds het werk van de vrijheidsbeweging voortzetten. Nadat op 15 augustus 1945 Japan door de geallieerden tot overgave was gedwongen, werd op 17 augustus door Sukarno (president) en Hatta (vice-president) de onafhankelijkheid van de demokratische en socialistische *Republik Indonesia* uitgeroepen. Door Nederland werd deze regering echter niet erkend; wederom landden troepen op de eilanden. Maar nu ontwaakte het onafhankelijkheidsgevoel pas goed. De guerillastrijd ging met grote wreedheden gepaard. Toen op 27 december 1949 de soevereiniteit door Den Haag werd overgedragen aan de Verenigde Staten van Indonesia klonk overal de kreet *Merdeka* (vrijheid). Na meer dan 300 jaar onder vreemde heerschappij geleefd te hebben had het Indonesische volk (dat toen 80 en nu al 120 miljoen zielen telt) eindelijk zijn zelfstandigheid herwonnen.

Hoewel de regering van de nieuwe republiek met enorme moeilijkheden en problemen te kampen kreeg, leverde de bevolking een geweldige prestatie. Het percentage analfabeten daalde in korte tijd van 94% naar 50%. De sprong naar het atoomtijdperk is voor dit vriendelijke volk echter verre van gemakkelijk. *Sabar*, geduld moet men hebben om het specifieke van dit volk te begrijpen. Met geduld komt men zeer ver en dit volk heeft tijdens zijn hele bewogen geschiedenis bewezen waarlijk over *sabar* te beschikken.

II Kunst langs de lijnen der tradities

Tot de volksstammen waarop de westerse kultuur weinig invloed heeft gehad behoren de Dayaks en enige kleinere volken op Kalimantan, de Toraja's op Sulawesi, de Sasaks op Lombok en vooral het grote volk der Bataks in het noorden van Sumatra (2 à 3 miljoen). Ook de bewoners van Nias, de Mentawei Eilanden en Enggano voor de westkust van Sumatra behoren hiertoe. Deze volkeren behoren allen tot de groep van Oudindische of Protomaleise volkeren. Aangezien de geest van reeds lang vervlogen tijden bij hen behouden gebleven is en hun kunstzinnige uitingen slechts in detail van elkaar verschillen, krijgt men een globaal inzicht in hun kunst als wij hier slechts de belangrijkste volkeren behandelen. Op vele eilanden, zoals bijv. op Banda, is deze schitterende kultuur reeds uitgestorven; op andere echter heeft zij zich, zij het sterk gewijzigd, weten te handhaven, voor hoe lang nog? De Europeanen maakten een einde aan het koppensnellen en de stamoorlogen. Door het verdwijnen van specifieke elementen uit hun eigen kultuur kwamen banaliteit en wansmaak ervoor in de plaats.

Wetenschappers en kunstenaars trachtten echter alles vast te leggen om het zo te redden voor het nageslacht. Doordat de kunstzinnige begaafdheid latent aanwezig bleef, is deze kultuur zeker niet dood. Ook nu nog zijn deze volkeren in staat tot hoge kunstzinnige prestaties wanneer de juiste voorwaarden daarvoor aanwezig zijn. Oude tradities zijn nog steeds diep geworteld in het leven, maar de westerse invloed heeft dit vaak aan het oog onttrokken. Wanneer een kunststijl zich meer dan 2000 jaar lang kan handhaven is dat toch wel een duidelijk bewijs voor de behoudendheid van de Indonesiër. Daarnaast hebben deze volkeren het vermogen hun kunststijlen op hun eigen wijze te ontwikkelen. Hierdoor ontstond een groot aantal geografisch begrensde stijlen met een geheel eigen karakter.

De opvallendste overblijfselen uit de prehistorie zijn de stenen monumenten of megalieten. Zij getuigen van religieuze gebruiken. Wetenschappelijk onderzoek heeft aangetoond dat deze megalitische kultuur, die weliswaar niet de oudste maar wel de meest indrukwekkende is, zich in golvende bewegingen over de eilanden heeft verspreid. Zo kon men op Sulawesi en Sumatra vier, op Kalimantan drie en op Nias zelfs maar twee perioden onderscheiden. Ook op Java zijn nog megalitische overblijfselen; de kunst op Java neemt echter door boeddhistische en hindoeïstische invloeden een heel speciale plaats in. Later komen wij hier nog op terug.

De megalieten van de Oudmaleise volkeren hebben een nauwe samenhang met hun religieuze leven. De hoofdbestanddelen van deze religies waren de voorouder-verering en het animisme. Hierdoor ontstonden riten en gebruiken, die zowel op Kalimantan als op Sulawesi en Sumatra voorkomen. De overeenkomsten tussen Dayaks, Bataks en de bewoners van Nias zijn zo opvallend, dat men mag aannemen dat Sumatra vroeger bewoond werd door een bevolking die zeer nauw verwant was aan de Dayaks. Men spreekt daarom ook wel van een Dayaks-Indonesisch kultuur-gebied, dat zich van Sumatra over Kalimantan en Sulawesi tot de Filippijnen uitstrekt. De Dayak-kultuur zal niet in extenso behandeld worden, daar het door de huidige staatkundige grenzen buiten ons onderwerp valt.

I Bali: Entree van de grote moedertempel van Besakih met de Candi Bentar met de gespleten poort

III Bali: Het tempelcomplex van Besakih met op de achtergrond de Gunung Agung

IV Bali: Meru's, de zetels van de goden op het tempelcomplex van Mengwi

II Bali: Vrouwen op weg naar de tempel met offergaven op het hoofd

V Bali: Het altaar voor de koninklijke voorouders in de Pura Taman Ajun van Mengwi

VI Bali: Het rijdier van Shiwa, de Garuda, als versiering in een Balinese tempel →

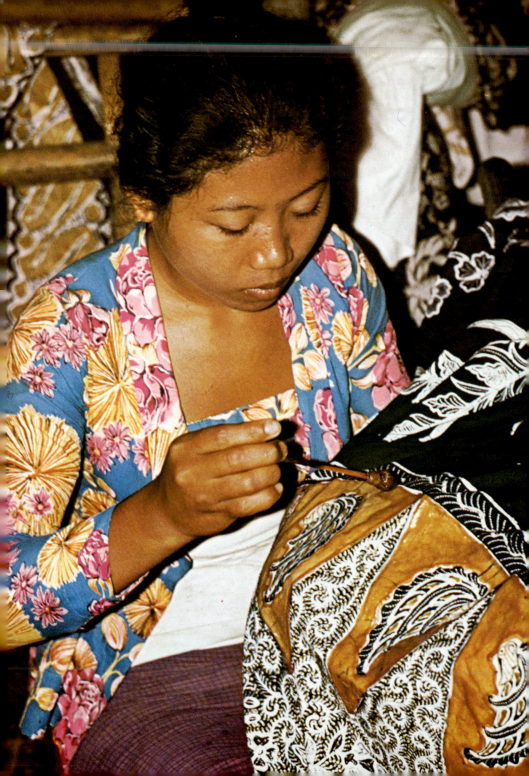

VIII *Java: Stupa's en Boeddhafiguur op de Borobudur*

← VII *Java: Javaanse, bezig met batikken*

IX *Java: De grote centrale stupa op de Borobudur*

X *Java: Gezicht op de trappen van de Borobudur door een rijk versierd poortje*

XI Sulawesi: Typische Torajahuizen in Nanggala

XII Sulawesi: Beschilderde gevel van een Tongkonanhuis, het huis van het dorpshoofd

XIII, XIV Bali: Balinese vrouwen met offergaven

XV Bali: Een tempelwachter met links van hem
een schaal met een geofferde gebraden eend

XVI Bali: Vaandeldragers op weg naar de tempel
om te offeren

XVII Bali: Kecak, de apendans →

XVIII Java: Een danser in het
Ramayana-ballet

XIX Bali: Een danser tijdens de Topeng
(maskerdans)

XX Bali: Rangda, de weduwe/tovenares tijdens de Barong

XXI Bali: Een kist in de vorm van een garuda voor de lijkverbranding →

XIII Bali: *De badé op weg naar de verbrandingsplaats*

XII Bali: *De badé (troon) waarop de dode naar de verbrandingsplaats wordt gebracht*

XXIV Bali: Beschilderd plafond in de rechtszaal, Kerta Gosa in Klungkung

XXV Bali: Rechtszaal in Klungkung

XXVI Bali: De lamak met een Cilifiguur
tijdens een tempelfeest

1 Sumatra

De kultuur van de Bataks

Zoals bij alle oude volkeren van de archipel is ook de kultuur van de Bataks door de natuur beïnvloed. Het karakter van het 422.527 km² grote eiland wordt door het bergland en het tropische regenwoud bepaald. Het eiland is 1750 km lang en wordt doorsneden door de evenaar. De westkust is hoog en heeft veel baaien, de oostkust daarentegen is vlak met veel delta's. De bodem begint hier pas in het binnenland te stijgen tot aan de eigenlijke ruggegraat van het eiland, de bergketen Bukit Barisan. De bergketen loopt van noord naar zuid over het hele eiland en is op sommige plaatsen, als men de parallelketens meetelt, 150 km breed. Het noordwestelijke deel heeft verscheidene zijgebergten. Negentien vulkanen, waarvan sommige nog in werking zijn, rijzen hieruit omhoog. Tussen twee evenwijdige ketens ligt op een hoogte van 900 m de schitterende Toba-vlakte met het gelijknamige meer. Dit is het gebied van de belangrijkste stam der Bataks, de Toba-Bataks. Het Batakvolk bestaat namelijk uit verschillende stammen, elk met een eigen kultuurpatroon. Ten noorden van de Toba-Bataks leven de Karo-Bataks en de Simalungun-Bataks; evenals de Toba-Bataks kennen zij een schitterende houtarchitectuur. De Bataks leven in het noorden en oosten van Sumatra, waar het klimaat door de hoogte (600-1300 m) aanzienlijk milder is. Ondanks het feit dat de evenaar tamelijk dichtbij ligt komt de gemiddelde dagtemperatuur hier niet veel hoger dan 21 °C.

Tot in de tweede helft van de vorige eeuw leefden de Bataks tamelijk geïsoleerd. Van de achtste tot de zestiende eeuw stonden zij sterk onder Indische invloed. Inskripties vertellen ons dat koning Adityawarman over het hele middengedeelte van Sumatra heeft geheerst. Hij was een aanhanger van het Mahâyâna-Boeddhisme. De Bataks hebben deze gedachtenwereld op hun eigen wijze in hun wereldbeeld geïntegreerd. Daarentegen hebben Islam en Christendom de oude stamkulturen steeds meer verdrongen. De Karo-Bataks werden in lichte mate door de Islam beïnvloed, terwijl in de zestiger jaren van de vorige eeuw het gebied van de Toba-Bataks min of meer gekerstend werd.

De Batak hecht (evenals de Dayak en de Toraja) zeer veel waarde aan geesten, de

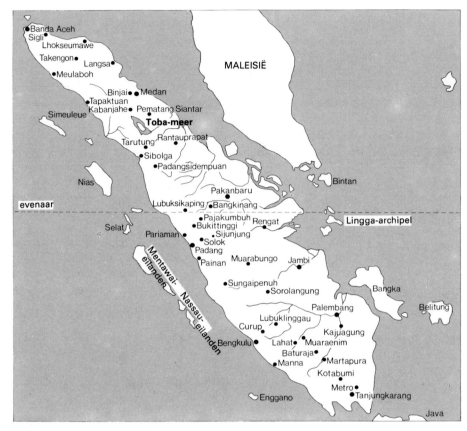

5 Kaart van Sumatra

imaginaire krachten die naar zijn overtuiging overal zijn bestaan en zijn omgeving beïnvloeden. Ook het wereldbeeld van de Batak vertoont een opvallende overeenkomst met dat van de Dayak. Terwijl de Dayak zich de hemel als een hoed voorstelt, die boven de aarde zweeft, vergelijkt de Toba-Batak de hemel bijv. met een paddestoel of een paraplu, waarvan de steel op het eiland Samosir in het Toba-meer rust. Tussen de aarde en het scherm, waarvan de randen de aarde niet raken, ligt een gevaarlijke geesten-zone. In deze zone doen zich allerlei verschijnselen voor, die de Batak verontrusten: het avondrood, de bliksem en de regenboog (een brug voor geesten).

Het wereldbeeld van de Batak is volledig ontleend aan het leven van alledag; ondanks christelijke bekeringsaktiviteiten kwam hierin niet veel verandering. Zo bleef ook het kunstgevoel van de Batak grotendeels behouden.

Zijn oorspronkelijke religie is volstrekt animistisch en in zijn cultus staat de ziel dan ook in het middelpunt. De Batak noemt zijn ziel *tondi,* maar deze tondi of levenskracht brengt volgens zijn geloof niet alleen het menselijk lichaam tot leven, maar ook planten en dieren en geeft zelfs levenloze stoffen zoals ijzer en steen een potentiële kracht. Na de dood verlaat deze energie het lichaam om andere organismen weer te 'bezielen'.

Tondi of *mana,* zoals men het grondprincipe van de oeroude zienswijze van het leven in het Maleis noemt, is een verschrikkelijke, machtige kracht. Zij vloeit door alle dingen heen en bewerkstelligt zo een mysterieuze eenheid in het heelal. Het doel van ieder individu en van elke gemeenschap is deze kracht op zichzelf te

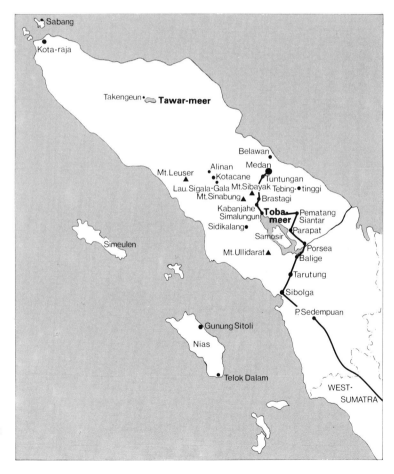

6 *Kaart van Noord-Su-matra*

richten, ja zelfs het *mana* te beheersen. Volgens de Batak is het de tondi (de *'debata na jinugung'*, hetgeen zoveel betekent als 'de god die men op het hoofd draagt'), die binnen in de mens een zelfstandig bestaan leidt; deze tondi kan de mens vriendelijk ofwel vijandig gezind zijn. De Batak heeft zijn geestelijk en lichamelijk welzijn aan de tondi te danken. Tijdens de slaap verlaat de tondi het lichaam en gaat zijn eigen weg, zweeft in het rond en ontmoet de tondi's van andere mensen en de *begus* (de geesten van de overledenen). In zijn dromen neemt de mens deel aan deze ontmoetingen en de belevenissen in zijn droom komen hem voor als een zinrijke beleefde werkelijkheid. Niet alleen de ziel van degene die droomt, maar ook de ziel van diegenen over wie hij droomt heeft het vermogen zich overal heen te bewegen wanneer zij zich vrijmaakt van het lichaam van de slapende. Tijdens de droom kan de tondi ook in kontakt treden met de geesten van overledenen. Dit alles leidt tot de overtuiging dat de geest verder leeft als een weliswaar vluchtig, maar daarom niet minder reëel wezen. Wanneer de tondi opzettelijk verdwijnt (uit grilligheid of onwil), dan wordt de Batak ziek en moet de medicijnman, die over meer tondi beschikt dan alle anderen, de zieke genezen. Hij probeert hem iets van zijn tondi terug te geven door de zieke aan te raken, hem te bedekken met zijn schaduw of te bespuwen. De zieke wordt pas beter als de tondi is teruggekeerd. Wordt de tondi echter tegengehouden door een andere tondi of door de macht van de begus, dan heeft hij voor altijd de mens verlaten; dit betekent de dood.

De kracht van de tondi is dus deelbaar en kan op anderen overgedragen worden. Met behulp van magie kan iemand die door het ongeluk bezocht wordt de tondi aan zijn vijanden overdragen in de hoop zelf voor verdere ellende en armoede gespaard te blijven. Ook verschillende planten en dieren bezitten een hoeveelheid tondi, waarvan de mensen eveneens kunnen profiteren. Daarom worden bijv. de hoektanden van tijgers, beren en wilde zwijnen als amulet gedragen. De tondi van de hond heeft bijzonder gewaardeerde eigenschappen wegens zijn wijsheid en waakzaamheid; hondevlees wordt daarom ook vaak gegeten. Om dezelfde reden eet men graag mensen; door het eten van vitale delen van het menselijk lichaam verkrijgt men de tondi van de ander en kan men zijn levenskracht verdubbelen. Niet alleen de Bataks geloofden hierin, ook de Dayaks en de Toraja's; in de negentiende eeuw echter hebben zij onder dwang van het goevernement het koppensnellen opgegeven. Vroeger kon een Dayak al door het veroveren van een hoofd zijn mogelijkheden vergroten; geen Dayak-meisje zou een man trouwen, die niet minstens een kop gesneld had. Daarom vormden huwbare jonge mannen kleine gewapende bendes, die de vredige boeren van een andere stam overvielen. Wanneer zij met de veroverde koppen in hun eigen dorp terugkwamen werden zij door de huwbare meisjes met feestelijke ceremonieën ontvangen.

De voorouderfiguren spelen ook een belangrijke rol in het geloof van de Oudindonesiërs. Hoewel de Dayaks geen behoefte hebben aan godenbeelden (tengevolge van hun hoogontwikkeld geloofssysteem) worden toch op Nias houten voorouderfiguren vervaardigd. Hierdoor blijven de zielen in kontakt met de levenden omdat de geesten het lot van de nog in leven zijnde familieleden in sterke mate kunnen beïnvloeden. De uit hout gesneden figuren worden in rijen samengebonden en in de huizen van de Niassers bewaard. Bij verschillende gebeurtenissen, zoals bijv. ziekte, worden zij aangeroepen. Zij worden *adu zatua* genoemd. Men brengt regelmatig offers aan deze beelden, vooral delen van de longen, lever en het hart van het varken.

De *adu's* van de koppensnellers van Nias – ook de Niassers waren vroeger koppensnellers – werden op bijzondere wijze geprepareerd. Het waren hoekige, grove, uit hout gesneden figuren zonder armen, waarop enkele haren van een gesnelde kop werden geplakt. Voordat men ging koppensnellen werd aan deze beelden geofferd. Soms ook brachten de koppensnellers een levende slaaf mee terug om de adu in te smeren met bloed van diens afgesneden neus.

Ook bij de Bataks treft men houten voorouderfiguren aan, maar dit zijn de voorouders van de mensheid. Ze noemen ze *debatu idup* en bewaren ze in het huis van het stamhoofd. Vroeger werden deze beelden door de medicijnman kunstmatig van tondi voorzien. Hij vulde daartoe twee in de borst en de maagstreek aangebrachte holten met *pupuk,* een brei gemaakt uit de as van hersenen, lever en hart van een speciaal hiervoor vermoord kind.

Op bijna gelijke manier voorzagen de Bataks de toverstaf, *tunggal panaluan,* van levenskracht; men bracht op de bovenkant van de staf een magisch smeersel aan. Dit bovenste gedeelte van de staf bestaat namelijk uit drie boven elkaar geplaatste mensenfiguren; soms ook is het een ruiterfiguur, die met paardehaar of een haneveer en met bonte linten versierd is. De magische zalf, die gebruikt werd, was ook weer gemaakt uit de lichaamsdelen – vooral de hersenen – van een speciaal voor dit doel gedood kind.

Deze toverstaf had in handen van de *datu* bij allerlei gelegenheden een speciale funktie; hij werd gebruikt bij het regenmaken, bij bezweringen tegen ziekte en dood en vooral bij voorspellingen; dit alles ging natuurlijk met allerlei ingewikkelde ceremonieën gepaard. De datu danste daarbij, met de toverstaf in de hand, in een met kalk, houtskool en rode aarde getekende rechthoek op het dorpsplein. In het midden van deze rechthoek werd een kippeëi begraven. Tijdens de trance wierp de datu de toverstaf dan naar het ei. Een goed voorteken was het als hij het raakte, een slecht wanneer hij het miste. In de kunstzinnig gesneden figuren van de staf hadden de beelden van een myte hun belichaming gevonden.

De natuurgoden zijn zeer nauw verwant aan de astrologische geestenwereld. Hiertoe behoort *pane na bolon,* die iedere drie maanden van woonplaats verandert en die ook iedere dag zijn offer zou eisen als de medicijnman niet zou weten hoe hij diens boze invloed moest afwenden. Deze demonen komen overeen met de zeven planeten van het oude systeem van Zon, Maan, Mars, Mercurius, Jupiter, Venus

7 Sumatra, Toba-meer en omgeving

en Saturnus, de zeven dagen van de week. Bij alle belangrijke beslissingen, zoals bijv. de keuze van een woonplaats of de aanleg van een dorp, dient men rekening met de goden te houden. De medicijnman kan met behulp van de magische kalender en toverboeken de boze invloeden van de demonen op al het aardse gebeuren afwenden. Bij offerfeesten is de grote rustverstoorder steeds weer *pane na bolon*. Uit de weersomstandigheden kan de datu afleiden waar hij zich op dat moment bevindt.

De Bataks koesteren echter een grote vrees voor deze geestenwereld. Voor de datu zijn het schema van zijn eeuwigdurende kalender en de orakeltabellen van zijn

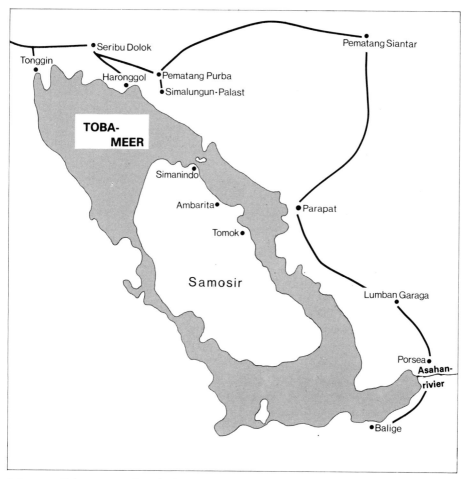

8 Sumatra, Toba-meer met het eiland Samosir

toverboeken noodzakelijk om aan de verderfelijke invloeden van deze machten te ontkomen. Op deze manier kan hij ongunstige dagen ontwijken. De toverkalender, of *porhálaan,* is het onontbeerlijke attribuut van de datu, deze dient niet voor de tijdrekening, maar uitsluitend voor de bepaling van gunstige en ongunstige dagen voor het verrichten van belangrijke handelingen. Deze gegevens zijn hoofdzakelijk ontleend aan de resultaten van de onderzoeken die de missie-arts Johann Winkler deed; hij leefde jaren te midden van de Toba-Bataks.

De Bataks kennen een zuiver maanjaar. Het begint wanneer het sterrenbeeld Orion aan de westelijke hemel verdwijnt terwijl het beeld Schorpioen tegelijkertijd in het oosten opkomt; dit is dus in de maand mei als de nieuwe maan met dit tijdstip samenvalt. Men kan ervan uitgaan, dat de Bataks, evenals andere volkeren in de archipel, van oudsher een eigen maankalender bezaten. Ze trokken met behulp van deze kalender bepaalde konklusies uit de stand van de maan. Onder invloed van het Hindoeïsme hebben zij echter de oude Batakse toverkunst en de Batakse namen vervangen door benamingen in het Sanskriet. (De namen van de dagen van de week zijn bijv. aan het Sanskriet ontleend.) De overeenkomst tussen de Europese kalender en de namen van de dagen op de *porhálaan* is dan ook niet toevallig. De Egyptische astrologie heeft dezelfde grondgedachte als die van de Bataks, nl. dat de planeten invloed hebben op alles wat er gebeurt. Daarom is het zo belangrijk om te weten welke planeet op een bepaald tijdstip de wereld beïnvloedt.

Bij belangrijke handelingen wordt altijd eerst de Batakse kalender geraadpleegd, zodat men het juiste tijdstip kan bepalen. Slechts bij offerfeesten die weken of maanden kunnen duren, wordt ook gezocht naar een gunstige einddatum.

Het schema voor deze magische kalender is in de bast van een stuk bamboe gekrast; de onderkant van dit stuk stengel moet afgesloten zijn door een dwarslaag van de knoest. De kalender bestaat uit twaalf of soms dertien rijen van dertig kleine vierkanten, die overeenkomen met de twaalf, resp. dertien maanden van dertig dagen (afb. 11). Deze dertiende maand is geen schrikkelmaand in de betekenis die wij er in Europa aan zouden geven; aanvankelijk was deze maand bedoeld om het verschil tussen maanjaar en zonnejaar op te heffen. Deze schrikkelmaand had voor de medicijnman slechts het doel de onnauwkeurigheid in de telling der maanden te korrigeren. Hoewel de verschillende kalenders in details sterk van elkaar verschillen, zij hebben alle twaalf resp. dertien maanden van dertig dagen, een indeling van de maanden in driemaal tien dagen door middel van dubbele vertikale lijnen na de tiende en twintigste dag. Alle *porhálaan* hebben verder gemeenschappelijk de diagonaal verlopende rijen voor de tekens van de dagen van de week en de enigszins gestileerde figuur van de schorpioen. Een groot aantal lege velden geeft de gunstige dagen aan, waarop dus geen gevaar dreigt. Er tussenin treft men deels symbolische figuren en deels letters aan die een gunstige, twijfelachtige of ongunstige betekenis hebben. De dagen die door mond of staart van de schorpioen worden ingenomen zijn bijzonder ongunstig. Wanneer men op zulke dagen door het ongeluk getroffen wordt, moet men offers brengen aan de *hala,* de verdedigers van de maan, die in de kalender met de schorpioen worden aangegeven. Op zulke dagen is alle arbeid verboden, met uitzondering van de verzorging van familieleden en de oogst.

Het tover- of orakelboek, *pustaha,* is voor de datu minstens zo belangrijk als de toverstaf en de voorspellingskalender. Het toverboek bevat evenals de voorspellingskalender kabbalistische figuren, magische rechthoeken, tabellen voor gunstige en ongunstige dagen en letters, die aan het Sanskriet doen denken. Het orakelboek bevat ook mededelingen over toepassing van orakels, bijvoorbeeld het orakel van de

9, 10 De datu en zijn leerling ijverig aan de studie (links); zeven-
stralig pentagram (rechts). Beide illustraties uit een toverboek

dierenriem, want de twaalf tekens van de dierenriem beheersen de dagen in plaats
van de maanden. De namen voor de tekens van de dierenriem, die uit het Sanskriet
stammen, zijn ook hier weer aan de Bataktaal aangepast. Het toverboek bevat ook
bezweringsmiddelen waarmee men de toverkunsten van vijanden kan neutralise-
ren, want ook de vijanden maken gebruik van toverkunst. Het Batak-toverboek
wordt gemaakt van de bast van de *agalloch,* een hennepsoort uit Zuidoost-Azië en
heeft de vorm van een harmonika-album. De beide uiteinden worden gevormd door
versierde houten plankjes. Het vouwboek is aan beide zijden met watervaste verf
beschreven en beschilderd. De tekst begint meestal met een kronkellijn.

11 Cilinder van bamboe met hierin inge-
krast de toverkalender van de Bataks

41

De Batak heeft echter niet voor alle belangrijke handelingen de datu met zijn toverstaf en orakelboek nodig. Vele regels heeft hij van zijn voorouders overgenomen en deze zijn volledig geïntegreerd deel in zijn bestaan. Aangezien hij afhankelijk is van de zegen van zijn voorouders, moet hij hen voordat hij de van hen geërfde akker bewerkt een offer brengen. Dit geldt speciaal voor de rijstvelden. Voor het zaaigoed gelden bijzondere voorschriften, dit mag bijv. in geen geval in een sterfhuis of op een plaats waar een rouwstoet is gepasseerd, worden opgeslagen. Rijst bevat nl. ook *tondi* en de levenskracht van dergelijke rijst wordt door de aanraking met de dood verzwakt, waardoor de planten later niet tot volle wasdom komen. Ook bij de geoogste rijst moeten voorzorgsmaatregelen getroffen worden opdat zijn tondi, zijn voedingswaarde en kiemkracht, niet verdwijnt. Daarom bindt men een steen aan een bijzonder zware schoof, die dan midden tussen alle andere schoven op het veld gelegd wordt. Door zijn gewicht moet de steen zorgen dat de tondi niet weggaat.

Tanden spelen een zeer grote rol in de animistische gedachtenwereld van de Bataks. Zelfs bij kleine kinderen moet er op gelet worden dat de melktanden snel en goed doorkomen. Daarom mogen kinderen niet rondkruipen in de ruimte onder het huis, waar meestal de huisdieren verblijven. Dan zou nl. de tondi van het huis op het kind rusten en de mensen boven in het huis zelf zouden als het ware over een kinderlijkje lopen.

's Avonds mag men niet over tanden spreken om de geesten van de nacht (de *begus*) niet te beledigen. Men gelooft nl. dat deze net als paarden grote vooruitstekende tanden hebben. Ook worden de begus aangelokt door witte mensentanden en dat zou ongeluk kunnen brengen. Daarom is het voor de Bataks een plicht de tanden af te breken. De stompjes worden zwart gemaakt met roet van *baja-hout*. Goed ontwikkelde snijtanden zijn in de ogen van de Bataks bijzonder lelijk; wie ze niet laat afbreken, wordt belachelijk gemaakt. In dit verband is het *sirih*-pruimen niet alleen een vorm van tandverzorging. Het kauwen op de betel wordt door de Bataks ervaren als een vorm van puur genot. Voor ons is een betel-pruimer die het rode sap zomaar op de grond spuugt, bepaald geen smakelijke aanblik. De betelpruim bestaat voornamelijk uit een blad van de betelplant *(piper betle)*. Hierin gaat dan weer een (eerst uitgekookt en dan weer gedroogd) blad van de gambirstruik *(uncaria gambir)* en het geheel wordt gevuld met een papje van gebrande kalk en stukjes betelnoot. De betelnoot is de vrucht van de areca-palm *(areca catechu)*; aangezien deze veel looizuur bevat, ontstaat door de uitwerking van de kalk op het gambirblad gemengd met het speeksel de typisch rode kleur. De Bataks beschouwen de betelpruim als opwekkend middel ook voor de liefde en als middel tegen honger en dorst; ook is het de eenvoudigste manier om op elk gewenst moment een offer te brengen aan de geesten van de voorouders.

Bij de aanleg van een nieuw dorp en bij de bouw van ieder huis moet aan allerlei regels worden voldaan. Aan de hand van zijn kalender bepaalt de medicijnman de

12, 13 Versiering boven op een Bataks toverboek (bindu, godang). Bladzijde uit een Bataks toverboek. Rechts de pane na bolon in een draaiende beweging, links een man met mes en offerhaan

dag, waarop met de bouw kan worden begonnen. Bij de inwijding van het huis moet dan weer rekening worden gehouden met de *pane na bolon*. Aan de vorm van een Batak-dorp kan men zien dat de wortels van hun kultuur terug gaan tot aan het Megaliticum. Zeer duidelijk is dit bij de Bataks op de Toba-hoogvlakte en op het eiland Samosir. De dorpen zijn hier dikwijls omringd door een hoge stenen muur, gevormd uit enorme blokken steen. Deze blokken zijn zo gehakt dat de ene steen precies op de andere past. De ingang van een Batak-dorp wordt beschermd door een voorburcht, die uit een dubbele stenen muur bestaat. In vele streken worden de dorpsmuren door diepe sloten en een dicht en ondoordringbaar bamboebos omgeven. Volgens de oude Batakse oorlogsmetoden is een dergelijk dorp praktisch onneembaar. Direkt nadat de muur voltooid is (in steenarme gebieden maakt men deze muur uit aarde) plant men in het midden van het dorp een *waringin (ficus religiosa)*. Hieromheen komen stenen stoelen en tafels, die gebruikt worden bij vergaderingen (afb. 15). Extra stoelen worden gereserveerd voor de geesten van de voorouders, omdat die bij belangrijke vergaderingen ook aanwezig zijn (afb. 17).Hier vlakbij wordt ook het huis van het dorpshoofd gebouwd, dat toegankelijk is door een uit een steenblok gehouwen trap.

Dit steengebruik bij de Bataks en vooral bij de bewoners van Nias wijst erop dat de megalitische kultuur nog steeds leeft (afb. 18). Ook in onze tijd worden hier, evenals op Sumba en Flores, nog stenen grafkisten en sarkofagen gemaakt, waarin de schedels van overleden stamhoofden en leden van hun geslacht worden bijgezet. Niet iedere dode krijgt zo'n laatste rustplaats of monument. In elk geval is dit een uitdrukking van verbondenheid van de levenden met de geesten der voorouders. Dit geldt ook voor de stenen tafels en stoelen (waarop een enkele keer een uit steen gehouwen menselijke figuur zit) die men op Ambarita op het eiland Samosir ziet. De beroemde 'koningsgraven' bevinden zich in Tomok (ook op het eiland Samosir). Dit zijn grote, uit één blok steen gehakte troggen met enorme dekstenen, die uit de achttiende eeuw afkomstig zouden zijn. Een van deze stenen sarkofagen, het graf van koning Sidabutar, vormt een monument van bijzondere kunstwaarde (afb. 19). Aan de voorzijde van de reusachtige trog is de kop van een mytisch wezen *(singa)* gebeiteld; het heeft opvallend grote ronde ogen en daaronder een hurkende mannenfiguur. Aan het hoofdeinde van de deksteen zit een vrouwenfiguur met stamper

43

14 *Gemeenschapshuis van de Karo-Bataks op Sumatra. De Batakhuizen zijn paalwoningen, waarvan de daken met de nerven van de suikerpalm of met houtspanen bedekt zijn*

en vijzel in haar handen. Daarentegen hebben de stenen beelden in Tomok, Ambarita en Simanindo op Samosir weinig artistieke waarde. Omdat de laatste koningen van Tomok tot het Christendom waren bekeerd, ziet men vaak op hun sarkofagen een kruis of een stenen Batakhuisje als symbolische versiering. Voor hen, die kinderloos stierven, liet men vroeger bij de sarkofaag een levensgrote, aangeklede houten pop dansen, die men *si gale gale* noemde (afb. 20, 21). Deze figuren werden op een soort houten geraamte gebouwd; met behulp van een speciale touwkonstruktie kon men dan de uit hardhout gesneden kop en handen bewegen. Men geloofde dat de kinderloos gestorvenen zonder deze poppen niet in het rijk der doden zouden komen, maar zouden blijven ronddwalen en de levenden lastig vallen. Vooral mensen die stierven zonder zoons te hebben voortgebracht, wachtte ellende. Deze poppen zijn geen afgodsbeelden en ook geen symbool ervan. Men gelooft dat de geesten van de voorouders in de beelden wonen.

Het leven dat een mens geleid heeft is bij de Bataks bepalend voor zijn plaats in de geestenwereld. 'Wanneer een arm mens sterft, brengen de begus de nieuwe begu

15 *Vergaderplaats met stenen zetels voor huizen van Toba-Bataks*

16 Stenen trap voor een Toba-Batak huis

naar het water van de rouw. Hier bezoekt hij eerst de *sumangot* (geest) van zijn grootvader, die zich van hem afwendt omdat hij geen geschenk meebrengt. Bij het water van de rouw wordt hij ook door andere begus belaagd, waartegen hij zich niet kan verdedigen. Als de welstand van zijn nakomelingen niet toeneemt, wordt hij op den duur een kwade begu.' Bovendien gelooft men dat kwade geesten in dieren veranderen. Het betreft geen vorm van inkarnatie, maar 'de opvatting dat een mens, die steeds lager zakt, op het laatst een leven als een beest leidt.' Volgens Albert C. Kruyt, de auteur van deze twee citaten en een autoriteit op het gebied der oorspronkelijke volkeren van Indonesië, geloven de Karo-Bataks dat de ziel van een mens, die door een dier wordt gedood, onverbrekelijk met dit dier verbonden blijft. Deze begus sterven dan tegelijkertijd en op dezelfde manier als het dier, dat eens hun leven als mens beëindigde.

Hoewel men bij de Toba-Bataks op Samosir vele invloeden uit het Christendom aantreft, werd toch de fraaie oude Batak-bouwkunst in ere gehouden. De schilderachtige spitse gevels van de Batak-huizen rijzen omhoog uit het malse groen van de rijstvelden (afb. 14), die omgeven worden door een bamboehaag. Een Toba-Batakdorp bestaat meestal uit 18 à 20 huizen, die op bijna manshoge palen staan; hierdoor ontstaat onder het huis een open ruimte, waar de huisdieren kunnen worden ondergebracht. Voor varkens, kippen en eenden, maar ook voor buffels en paarden is hier ruimte genoeg en stallen zijn dus overbodig. In de vloer van de verblijfsruimte, die 4 tot 5 meter lang en breed is, bevindt zich een gat waardoor alle afval naar beneden wordt gegooid. Zo wordt zowel het probleem van de vuilafvoer als van de voedselvoorziening der dieren opgelost. Hygiënisch gezien is dit een zeer dubieuze zaak: omdat de grond onder het huis altijd vochtig is, vormt deze een voedingsbodem voor allerlei ziektekiemen. Daardoor ontstaat een voortdurende infektiebron en het gevaar van epidemieën is dan ook bijzonder groot.

Het Batak-huis bestaat uit één enkele woonruimte. Men komt binnen via een trap, die van onder het huis door een valluik op de galerij uitkomt. Onmiddellijk boven de woonruimte bevindt zich het typisch gevormde dak. Volgens oud gebruik wonen en slapen er verschillende gezinnen; het zijn de ouders met de getrouwde zoons en hun gezinnen, dus volgens het puur patriarchale systeem. De vrijgezellen en de weduwnaars slapen in het mannenhuis, terwijl de jonge meisjes in het huis van een weduwe worden ondergebracht. In een Batak-huis zijn drie of vier open vuren: deze worden op de leemlaag over de planken vloer ontstoken en dag en nacht aangehouden. De rook ontsnapt door een klein raampje in de achtergevel of het

17 Stenen voorouderfiguur van de Toba-Bataks

18 *Deze megalitische bouwwijze wordt nu nog door de Bataks toegepast*

grotere raam in de voorgevel en trekt langs kieren en spleten. Zo vormt het het beste konserveringsmiddel voor de dakstoel, die uit *ijuk* (de donkere nerven van de suikerpalm) is gemaakt.

Twee huizen vallen in elk Toba-Batakdorp direkt op wegens hun solide bouw en hun zwarte, rode en witte versieringen: het huis van het dorpshoofd en hier pal tegenover de rijstschuur (de *sopo*). Hier wordt de totale rijstvoorraad bewaard; de huwbare jongens slapen ook hier. Het meest opvallende van de Batak-huizen is het massieve houten geraamte, dat met de hiertegen aangebrachte dikke planken de zijmuren vormt. Hierop rust dan de sterke en toch sierlijk aandoende dakkonstruktie. Een uitermate belangrijke zaak is de keuze van de juiste bouwmaterialen. Stammen die hun eigen bast opeten (dat zijn stammen waarvan de bast kronkelig naar binnen groeit) komen in geen geval in aanmerking, want dan zouden ook de bewoners hun hele hebben en houden erdoor jagen. Bomen, waaromheen zich lianen hebben gewonden, mogen ook niet gebruikt worden. De begus schommelen graag in lianen en zouden dus tegelijk met het hout het huis binnenkomen. De zware hoekpijlers horen uit helder-klinkend hout gemaakt te worden: dit hout is

19 *Stenen sarkofaag van de dynastie Sidabutar in Tomok op het eiland Samosir, vermoedelijk 350 jaar* →
oud

48

20 Een si galegale pop, gedacht als zetel van een 'begu', de geest van een kinderloos gestorven Batak

22 *Singa-kop, gestileerde kop van een mytisch wezen*

zeer rijk aan tondi. Om dit vast te stellen wordt eerst op de bomen geklopt voordat ze worden omgehakt. Ter ere van de voorouders houdt men bij de inwijding van het nieuwe huis een offermaal; hierbij mag men in geen geval vergeten een van de pijlers aan de achterzijde van het huis te laten 'mee-eten', hetgeen gebeurt door iets van het voedsel er aan te smeren. Vroeger werd zelfs bij de inwijding van het huis voor een dorpshoofd een slaaf ter dood gebracht. Nadat zijn vlees gegeten was, begroef men zijn hoofd onder een hoekpijler. Ook gebruikte men bloed van verslagen vijanden om de rode verf te maken voor het inkleuren van het houtsnijwerk.

De prachtig gekleurde lijnen in het Dongson-houtsnijwerk dienen niet alleen ter versiering, maar hebben duidelijk ook een magische betekenis (afb. 23). Dit is eveneens het geval bij de verschillende figuren die als bescherming voor demonen tegen de voorgevels van de huizen zijn aangebracht: vaak is het een *singa*-kop (het gestileerde hoofd van een mytische figuur die bescherming biedt tegen boze geesten) en aan de rijstschuren een hagedis. De Batak-prauwen op het Toba Meer zijn met dergelijke figuren getooid, evenals de zwaardheften en andere gebruiksvoorwerpen. Hun gevoel voor deze ritmische komposities blijkt steeds weer op tradities gestoeld te zijn. Afbeeldingen van mensen en dieren vormen een harmonisch geheel. Zo lijkt het huis van het dorpshoofd, met al zijn schitterende versieringen, een fiere burcht die pal staat tegen aanvallen van menselijke vijanden en die uit het geestenrijk, tevens als symbool van zijn macht, zijn welstand en zijn levenskracht. Hoewel de zendelingen vanaf het begin hebben geprobeerd de oude Batak-tradities zoveel mogelijk in hun waarde te laten blijkt toch, evenals bij de Toba-Bataks, in de dorpen der Karos rond Berastagi, sprake te zijn van duidelijke christelijke en islamitische invloeden.

Het bewijs voor het minder belangrijk worden van de oude Batak-kultuur is dat er tegenwoordig zoveel golfplaat gebruikt wordt bij de vanouds zadelvormige daken. Het is niet alleen foeilelijk als het toegepast wordt bij de traditionele

←21 *Si galegale poppen met beweegbare armen en handen; door middel van een draadkonstruktie worden ze bediend*

23 Beschilderd houtsnijwerk aan de gevel van een Batakhuis. De 'singa'kop dient om boze geesten af te weren

bouwvormen, maar het is bovendien ongezond. Als de zon erop brandt wordt het ondragelijk heet onder dit dak en bij de vaak voorkomende tropische regenbuien wordt het geluid van de vallende druppels zo verhevigd, dat de mensen er neurotisch van worden. Langzamerhand zal men de traditionele bouwstijl ook wel laten varen, de ondergang van de oude kultuur is niet meer tegen te houden. In de jaren '30 zag men in Berastagi nog mooie oude Batak-huizen, nu is er niet één meer te vinden.

Ook de oude vorstendynastieën, waarvan men de macht al kon aflezen aàn hun prachtige paleizen, zijn nu grotendeels uitgestorven. Eén van die paleizen staat er nog, dat van de koning of Raja van Simalungan (afb. 24). Dit complex waartoe, behalve het schitterende, rijkversierde paleis ook nog een prachtige rijstschuur, een gerechtsgebouw en verschillende bijgebouwen horen, werd in 1810 gebouwd en tot 1945 nog bewoond. In 1964 werd alles gerestaureerd; nu staat het onder Monumentenzorg en funktioneert als museum om de bezoekers een goed beeld te geven van de pracht en praal, waarin toenmalige Batak-vorsten leefden. Op de dertien

24 Het paleis van de Raja van Simalungan, dat tot 1945 bewoond werd. Sinds het in 1964 gerestaureerd werd staat het onder Monumentenzorg

pilaren binnen in het paleis zijn buffelgeweien aangebracht; deze komen van de dieren, die door de dertien opeenvolgende vorsten bij de aanvang van hun regeringsperiode zijn geofferd om de geesten van de voorouders eraan te herinneren hun nakomelingen te beschermen.

Bij deze mensen zien we weer dat het magische ritueel de drijfkracht vormt voor alle handelingen; of het nu hun bouwkunst is, hun schilder- en beeldhouwkunst, hun muziek of hun weeftechniek, alles is gebaseerd op een mystieke drang om op magische wijze met voor de mens onverklaarbare, hem omringende machten kontakt te zoeken.

Voor de oorspronkelijke bevolking was het gebruik van heilige weefsels in ikattechniek van zeer grote betekenis. Met de Dongson-kultuur kwam deze techniek voor het eerst naar Indonesië en zij wordt vandaag nog op verschillende plaatsen toegepast (afb. 25, 26). Op Sumba en Flores en op Borneo bij de Dayaks maakt men bijzonder mooie en kunstige ikats. De Toraja's en Bataks, wier kultuur dezelfde oorsprong heeft, ikatten ook nog steeds. Bij deze kleur-weeftechniek worden de strengen, nog voor het motief geweven wordt, gedeeltelijk afgebonden: de afgebonden delen blijven dan bij het verven ongekleurd. Bij andere technieken wordt de stof eerst geweven en daarna pas geverfd. Er zijn drie verschillende ikattechnieken: bij de eerste wordt eerst alleen de schering gekleurd. Hiertoe spant men de garens op een raamwerk en bundelt ze dan daarna. Door het afbinden van de gebundelde strengen kan men al verschillende patronen voor het weven vastleggen. Het afbinden gebeurt meestal met de bladeren van de *gebang*-palm; die zijn nl. zo glad dat ze nauwelijks enige kleurstof opnemen. Daarna wordt het raamwerk met de gespannen en gebundelde draden in een verfbad gedompeld. Na het verfbad worden de gebundelde strengen weer losgemaakt en het patroon komt al te voorschijn. Nu heeft men dus een ongekleurd motief op een eenkleurige ondergrond. Als men een patroon met meer dan een kleur wil hebben, worden de reeds geverfde delen weer afgebonden en krijgen de nog ongeverfde draden een andere kleur. Dit kan men natuurlijk doen zo vaak men wil; naarmate meer kleuren worden toegepast wordt het uiteraard ingewikkelder. Het grootste probleem komt eigenlijk pas bij het weven als de patronen van schering en inslag helemaal moeten samenvallen, zoals bijv. bij het dubbel-ikatten. Dit is echter de minst voorkomende, derde vorm van het ikatten. De techniek van de inslag-ikat, waarbij men alleen maar de inslagdraden gedeeltelijk afbindt, is weinig verbreid. Deze vindt men eigenlijk alleen nog maar op Zuid-Sumatra. Bij de derde, meest gekompliceerde manier worden zowel de schering als de inslag geïkat. Dit doet men alleen nog maar op Bali in het bergdorpje Tenganan. De Bataks, die alleen de schering ikatten, versieren hun katoenen stoffen slechts met pijlpuntmotieven. De Iban-Dayaks maken zeer mooie ikats met gekompliceerde, gestileerde motieven. De ikats echter die men op het eiland Sumba voor de doden weeft, behoren tot de mooiste in hun soort.

De ikats worden nog steeds voor speciale gelegenheden gemaakt, als dracht bij

25 *Gebundelde en afgebonden strengen garens, klaar om te worden geïkat*

26 *De geverfde strengen worden in de zon te drogen gehangen*

27 Heilig weefsel, gemaakt volgens de ikat-techniek

bepaalde ceremonieën of bij feestelijke gelegenheden, die bij de Indonesische volkeren talrijk zijn. Vergelijkende kultuurhistorische onderzoeken hebben aangetoond dat niet alleen de steeds terugkerende ornamenten en motieven een symbolische betekenis hebben, maar ook het weven zelf is aan bepaalde strenge voorschriften gebonden. Weven symboliseert het vrouwelijke en alleen vrouwen mogen dit doen. Wapens, krissen en speren hebben een mannelijke betekenis; daarom ook mogen de wapens alleen door mannen worden gemaakt. Een kombinatie van beide symbolen, zoals een speermotief op de Batak-ikat, en op Java het dragen van een kris bij een kostbare batik, wordt gezien als een 'zinnebeeld van de kosmische eenheid'. De vele gebruiksvoorwerpen zijn bij de Bataks rijk met figuren versierd; houten schalen, scheden voor messen en zwaarden, de prachtige bamboekokers, de snaarinstrumenten, die men *kutjapi* noemt (afb. 28), hebben een antropomorfe hals, d.w.z. zijn in menselijke vorm uitgesneden. Oorhangers in de vorm van een dubbele spiraal, gespen en armbanden worden gemaakt uit zilver, goud en messing (geelkoper). Hiervoor past men een speciale techniek toe, waarbij de gietvorm slechts éénmaal kan worden gebruikt, nl. die van de 'verloren was'. In de Batak-landen en in de Padangse Hooglanden kwam ook het gieten van messing (geelkoper is een legering van koper en zink) tot volle bloei. Men herkent duidelijk de Dongson-stijl in de verwerkte motieven. Het bronsgieten echter bereikte zijn hoogtepunt op Java in de Hindoe-Javaanse periode, juist hier is de kris niet alleen maar een wapen, maar ook het symbool voor de macht en het prestige van de vorst.

De Menangkabau, een matriarchale stam

Vlak achter Padang, een van de belangrijkste havens aan de westkust van Sumatra (afb. 29) liggen de Padangse Hooglanden. Dit hoogland bestaat uit verschillende

28 Musicerende Bataks met een hobo en een 'kutjapi', een typisch Bataks snaarinstrument

evenwijdige bergketens en vormt een deel van de Bukit Barisan; dit gebergte strekt zich uit langs de hele westkust van Sumatra. De Padangse Hooglanden behoren tot de mooiste gebieden van de Indonesische archipel. Indrukwekkende bergkammen met hoog oprijzende vulkanen worden afgewisseld door vruchtbare laagvlakten, eeuwig groene wouden en diepe ravijnen; deze ravijnen zijn scheuren in de bodem, die door geweldige vulkaanuitbarstingen en erosie zijn ontstaan. De Bukit Barisan met zijn overweldigende pracht en weelde aan tropische vegetatie en diepblauwe kratermeren heeft niet alleen fraai natuurschoon te bieden. Hier ontwikkelde zich namelijk een etnografisch zeer interessante volksstam. Dit is het land van de Menangkabau, een Jong-Indonesische bevolkingsgroep, die tot de meest dynamische van Indonesië behoort. De legenden over de herkomst van dit volk zijn nogal

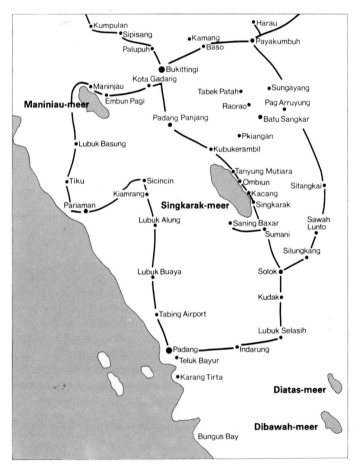

29 Kaart van West-Sumatra

verward. Wel weten we dat hun eens zo machtige rijk zich over het gehele binnenland van Midden-Sumatra uitstrekte en dat het nooit werkelijk door het Srivijaya-rijk veroverd werd. De heersers over het sultanaat Menangkabau noemden zich in de bloeitijd Maharaja di Raja (koning der koningen) en voelden zich even machtig als de keizer van China en de sultan van Turkije. Te midden van oude en nieuwe hoogontwikkelde kulturen trof men het merkwaardige verschijnsel van het matriarchaat aan. Niet alleen hier, maar ook op enkele andere Maleise eilanden, op de Sandwicheilanden en bij verschillende Australische en Afrikaanse stammen komt dit matriarchaat voor. De Menangkabau echter zijn dit systeem tot op de huidige dag trouw gebleven.

Volgens Indonesische overlevering raakte het matriarchaat op Sumatra in de dertiende eeuw in zwang; een zoon van Perpatih nan Sabatang, de hindoevorst die de Menangkabau-dynastie stichtte, zou het bij zijn geslacht hebben ingevoerd. Dit is echter slechts één van de vele legenden. Waarschijnlijk bestonden het matriarchaat en andere traditionele adatrechten daar al in de prehistorische tijd.

De Menangkabau behoren tot de Jong-Maleise volkeren. Sommige historici beweren dat de oorsprong van alle Maleise volkeren daar gezocht moet worden, waar eens het machtige rijk der Menangkabau tot bloei kwam. Vanuit dit rijk zouden de onderdanen zich over de archipel verspreid hebben. Volgens een beroemd historisch werk, de kroniek *Soulâlat as Sâlathin* heeft deze uittocht plaatsgevonden in het jaar 1160 na Chr. Volgens een andere vertelling stamt het oude vorstenhuis Menangkabau af van Iskander Alam (Alexander de Grote), die ooit vanuit het Westen op Sumatra zou zijn terechtgekomen. Er wordt slechts van een volksverhuizing in de twaalfde eeuw naar de oostelijke en zuidoostelijke kustgebieden van het eiland gesproken. In de Jambi en Lampungse distrikten treft men sociale strukturen aan, die overeenkomsten vertonen met die van de Menangkabau, waarbij het matriarchaat naast andere rechtssystemen is blijven bestaan. Door twisten tussen leden van het vorstenhuis stortte het rijk in 1680 ineen, maar het matriarchaat bleef bestaan.

Tijdens de oude Menangkabau-dynastie regeerde de Raja slechts in naam. De feitelijke macht werd uitgeoefend door enige *suku*-hoofden. De suku is de eigenlijke familie, waartoe alle verwanten in vrouwelijke lijn behoren. De *panghulu putjuk* is het hoofd van de gehele familie, die het karakter heeft van een zeer solidaire gemeenschap, hoever van elkaar verwijderd de afzonderlijke leden ook mogen wonen.

Volgens de wetten van het matriarchaat trekt de vrouw niet bij de man in, maar blijft zij bij haar eigen familie wonen. De huizen van de Menangkabau zijn dan ook aangepast aan de strenge maatschappelijke orde (afb. 30, 31). Omdat een groot aantal families in zo'n huis woont, wordt telkens bij het huwelijk van een vrouwelijk familielid een nieuwe vleugel bijgebouwd. Het huis groeit mee met de familie, die uit alle nakomelingen in vrouwelijke lijn van een moeder bestaat. Genealogisch

is een familie dan ook opgebouwd uit moeders met hun kinderen, broers en zusters van de moeders, grootmoeders, oudooms en -tantes, tot zelfs overgrootouders; alles echter alleen in vrouwelijke lijn. Als gevolg hiervan speelt het huwelijk een minder belangrijke rol dan elders, want zowel de man als de vrouw blijven bij hun eigen familie wonen. Het huwelijksleven beperkt zich tot korte bezoeken van de echtgenoot aan het familiehuis van zijn vrouw. De man heeft niets over zijn eigen kinderen te zeggen. De kinderen kunnen bijv. naam en bezit en alle voorrechten alleen van hun moeder erven. De *mama*, de broer van de moeder, vervangt de vader in de familie. Als de moeder sterft neemt hij zelfs de voogdij over de kinderen op zich en de kinderen erven niet van de vader doch van de moeder. Dit erfgoed is echter geen persoonlijk eigendom, maar familiebezit *(harta pusaka)*, en wordt beheerd door de oudste in het huis, de *mamak*. Rijstvelden en andere materiële goederen moet de *mamak* volgens het adat-recht verdelen over de vrouwelijke familieleden. Ondanks al deze rechten is de vrouw toch ondergeschikt aan haar broers en ooms.

Het gevolg van deze matriarchale institutie is dat een door een zo grote groep mensen bewoond huis dikwijls enorme afmetingen krijgt. In vele gebieden mogen echter niet meer dan zes families in één huis wonen. Het uiterlijk van deze huizen met verschillende gevels *(rumah gadang)* wordt volledig door het matriarchaat bepaald: aan de fraai gewelfde daken kan men zien voor hoeveel families dit huis dient. Deze gebogen zadeldaken met hun fraaie geveltoppen zouden geïnspireerd zijn door de horens van de karbouw of waterbuffel. Evenals die van de Bataks zijn ook deze huizen op palen gebouwd. De voorzijde en de zijgevels zijn meestal van hout en zeer rijk met kleurig houtsnijwerk versierd; de achterzijden worden gevormd door matten van palmblad of bamboe. De daken zijn bedekt met de zwarte bast van de suikerpalm. De huizen zijn bijzonder schilderachtig: hun schuine wanden, gewelfde daken, het houtsnijwerk dat vaak beschilderd is en de veel voorkomende vergulde dierekoppen aan de gevels maken een onvergetelijke indruk. De bouwstijl van de Menangkabau behoort tot de fraaiste van heel Indonesië. Dit geldt vooral voor de kleine rijstschuren, die *rangkiang* genoemd worden en gewoonlijk tegenover het woonhuis staan (afb. 30). Hier kent men nl. niet de grote gemeenschappelijke rijstschuur zoals bij de Bataks. De fraaie miniatuurhuisjes, waarvan de gevels alle vier even fraai versierd zijn, rusten op palen; in feite zijn het kleine tempeltjes voor de heilige rijst. Ook bij deze vierhoekige gebouwtjes worden de wanden naar beneden toe iets smaller. De vier slanke hoekpalen zijn twee aan twee door een dwarsbalk met elkaar verbonden. De zijwanden worden door gespleten bamboe in langwerpige velden verdeeld; ook deze gebouwtjes hebben een fraai gebogen zadeldak met spitse geveltoppen; de versieringen zijn hier soms nog mooier dan bij de woonhuizen.

Er is een groot verschil tussen de dekoraties van de Menangkabau-huizen en die van de Bataks. Op een prachtige karmijnrode ondergrond tekenen zich motieven af

30, 31 *Eén van de mooiste stamhuizen der Menangkabau in Bukittinggi (Sumatra). Voor- en zijaan-zicht. Ervoor twee kleine rijstschuren. Tegenwoordig in gebruik als museum*

van bloesems met zwarte stelen en groene bladeren. In deze kompositie herkent men dikwijls hindoe-invloeden. Aangezien zij enorme kapaciteiten hebben op het gebied van houtbewerking en ook erg kunstzinnig zijn houden de Menangkabau de traditionele bouwwijze in ere. Jammer genoeg worden de mooie, door palmblad bedekte daken tegenwoordig dikwijls vervangen door lelijke golfplaten.

Er zijn vele sagen in omloop over de vorm van de zadeldaken en de horenvormige dekoraties op de geveltoppen. Volgens één hiervan zou midden op de hoogvlakte van Agam, waar eens de hoofdstad der Menangkabau was, een bloedige strijd zijn gevoerd tussen buffels en tijgers, waarbij de buffels de overwinning behaalden.

Tijgers spelen een belangrijke rol in het bijgeloof. Men gelooft bijv. (net als de Bataks) dat de ziel van de mens in de gedaante van een tijger kan terugkeren en ook dat een tijger na zijn dood in zeven andere inkarnaties moet terugkomen. Op verschillende plaatsen noemt men de tijger dan ook vol respekt 'grootvader' en zal men hem alleen uit zelfverdediging doden. Daarnaast wordt beweerd dat bij de Bataks een gedode tijger door de huwbare meisjes plechtig wordt ingehaald. Aan de geest die nog in de gedode tijger huist leggen zij dan uit dat het noodzakelijk was hem te doden, omdat hij immers hun vee had gedood.

Volgens weer een andere sage zou een machtige vorst in lang vervlogen tijden West-Sumatra hebben willen onderwerpen. 'De slimme inboorlingen kwamen met de vorst overeen dat een godsoordeel beter was dan bloedvergieten. In plaats van de vijandelijke troepen zouden twee waterbuffels elkaar bestrijden. Tot grote verbazing van de veroveraars moest hun grote waterbuffel zich meten met een buffelkalf, dat twee scherpe metalen horens droeg. Het kalfje, dat de uier van de moederkoe zocht, scheurde de hele buik van de weerloze waterbuffel in stukken en werd zo overwinnaar. De vreemde vorst respekteerde deze door list afgedwongen beslissing en trok zich met zijn leger terug. Daarom noemden de mensen hun land Menangkabau en gaven de daken van hun huizen de vorm van buffelhorens.' De woorden *menang* (overwinnaar) en *kabau* (buffel) vormen samen nu het woord Menangkabau.

2 Sulawesi (Celebes)

Het eiland Sulawesi (189.035 km²) is door zijn traditionele kunst en kultuur minstens even interessant als Sumatra. Zoals het eiland uit de zee oprijst roept het de gedachte op aan de wijdopen bloem van een orchidee of aan een grote poliep. Zijn flora en fauna vormen een overgangsgebied tussen Azië en Australië. Het eiland heeft altijd iets geheimzinnigs gehad door zijn grillige gebergten, zijn meren, zijn ontoegankelijke oerwouden; ook de verschillende bevolkingsgroepen hebben hier zeer toe bijgedragen.

Evenals op Sumatra vertoont de bevolking die ongeveer 9 miljoen zielen telt, grote etnische en kulturele verschillen. Naast de Proto- en Deutero-Maleiers treft men hier ook nog de resten van een derde groep aan: dit zijn de zgn. *Negritos* of *Weddiden,* die zich onderscheiden door hun kroeshaar en beter bekend zijn als de Alfoeren. Tot deze uiterst primitieve bevolkingsgroep behoren de Saluans op Oost-Sulawesi en de Toala op het zuidwesten van het eiland. Zij werden in het begin van de negentiende eeuw ontdekt door de Zwitserse neven Sarasin. Tot voor kort leefden zij nog als primitieve jagers in holen. Hun enige wapen was een bamboe-speer.

Het is niet onmogelijk dat deze stammen de resten vormen van een Melanesische Papuabevolking, die zich al voor de Maleise volksstammen over Sulawesi, de Molukken en de oostelijke kleine Sunda Eilanden heeft verspreid. Daar komen ze ook nu nog gedeeltelijk voor. Op het schiereiland Minahasa op Noord-Sulawesi wonen stammen die een taal spreken die tot de Filippijnse taalgroep behoort. Deze stammen hebben echter veel meer westerse kultuurelementen overgenomen dan de stammen in het binnenland. Hetzelfde geldt voor de Makassaren en de Buginezen in het zuidwesten van Sulawesi. Ze staan in heel Indonesië bekend als zeer goede zeelieden en scheepsbouwers. Hun kulturele bloei danken ze aan de Islam. Toen in 1949 Indonesië onafhankelijk werd ontstond juist hier een haard van onrust. De aanstichter hiervan was de fanatieke islamitische Buginees Kahar Muzakkar. Aanvankelijk moest hij in opdracht van de centrale regering orde scheppen in dit gebied, maar hij kwam al spoedig in opstand en werd met zijn volgelingen de schrik van het land. De rebellie duurde bijna twintig jaar. De geloofsstrijd die door deze beweging, welke zich Dar-ul-Islam (Wereld van de Islam) noemde, gevoerd werd, richtte zich niet alleen tegen het Christendom. Hoewel het Christendom zich sinds het begin van deze eeuw sterk had uitgebreid, richtte de beweging zich vooral tegen de heidense Toraja's. Deze bewoonden het middengedeelte van het eiland en hadden een volstrekt eigen kultuur. Van oudsher ondernamen de fanatieke islamitische Buginezen rooftochten en slavenjachten tegen hen.

Het menselijk leven en scheppen ondergaat voortdurende verandering; bij het ene volk iets meer, bij het andere volk weer minder. Het zijn vooral vreemde invloeden, die zulke veranderingen teweegbrengen. Bij de Buginezen en de Makassaren was dit de Islam en bij de stammen uit de Minahasa was dit het Christendom. In Tana Toraja (het land van de Toraja's) is de kultuur beïnvloed door het Hindoeïsme, de Islam en het Christendom, waarbij de oorspronkelijke kultuur niet helemaal verloren ging.

Het land van de Toraja's

De Toraja's worden met de Bataks op Sumatra en de Dayaks op Kalimantan tot de oorspronkelijke bevolkingsgroepen van Indonesië gerekend. Zij behoren tot de Oud-Mongoloïden en hun taal is afkomstig uit de grote Austronesische taalgroepen. Vermoedelijk trokken zij 4000 jaar geleden van de Zuidchinese kusten de archipel binnen. Hoogstwaarschijnlijk waren zij eens goede scheepsbouwers en zeevaarders, want de vorm van hun huizen doet ons denken aan de vorm van een scheepsromp (kl.pl. XI). Door een latere golf van Jong- of Deutero-Maleiers werden zij het binnenland ingedreven, waar ze in de bergen als zeer gevreesde koppensnellers verder leefden. Ook zij hielden hun oude kultuur in ere en ontwikkelden deze verder. Toentertijd noemden zij zich *Tondok Lepongan Bulan,* wat ongeveer zoveel betekent als 'Het samengaan van godsdienst en kultuur in een kringloop met de maan'. Pas in de vijftiende eeuw toen ze kontakten kregen met de koninkrijken Luwu, Sidenrang en Bone, noemden ze hun land *Tana Toraja.*

Na de hindoeïstische Javaanse kooplieden kwamen de Chinezen hierheen met porselein en kostbare zijden stoffen. De Javanen hadden hen vertrouwd gemaakt met de ijzer-, koper- en goudsmeedkunst. De naam Sulawesi schijnt afgeleid te zijn van *sula besi,* ijzer smeden. Veel Toraja's hebben nu nog steeds kunstvoorwerpen uit deze periode in hun bezit.

De bevolking nam van de boeddhisten, de hindoes, de islamieten en de christenen niet alleen de artistieke uitingen over, maar vooral ook veel ambachtelijke technieken. Natuurlijk voltrokken zich deze veranderingen niet overal even nadrukkelijk. De grootste veranderingen vonden in en om de havensteden plaats. Tegenwoordig is het zo dat zelfs de natuurvolken op den duur niet aan Europese invloeden kunnen

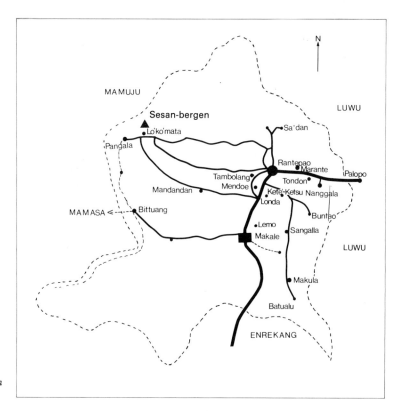

32 Over-
zichtskaart
van Tana
Toraja

ontkomen. Er zijn maar twee mogelijkheden: zich aanpassen of ten onder gaan. Over het algemeen bestond bij de Indonesiërs wel de neiging zich aan te passen, maar dan wel zonder wezenlijk te veranderen. Bij de zelfbewuste Toraja's zien we dit in zeer sterke mate. Zoals ze in oude bronnen beschreven staan, zo zijn ze vandaag nog: trots en waardig, goedmoedig, vrolijk en gastvrij.

De Toraja's hebben in de loop der eeuwen veel doorgemaakt. Toen ze in de loop van de negentiende eeuw vuurwapens kregen, brak tussen de verschillende volkeren een burgeroorlog uit. Om wapens te krijgen verkochten de vijandelijke stamhoofden hun eigen mensen als slaven aan de Buginezen. Toen de Nederlanders in 1906 Sulawesi (dat toen nog Celebes heette) vanuit het noorden binnenvielen, maakten de stammen een einde aan hun onderlinge oorlogen en gingen gezamenlijk de indringers te lijf. Een jaar later had Nederland *Tana Toraja* toch in handen.

De Toraja's leven hoofdzakelijk van landbouw en veeteelt. Als bescherming tegen vijanden bouwden zij vroeger hun dorpen op moeilijk bereikbare plaatsen als rotsen en bergtoppen. Later, onder Nederlands bewind toen de oorlogen met de Bugine-

65

zen geëindigd waren, trokken ze weer naar lager gelegen gebieden aan de rivieren of in de buurt van hun rijstvelden. Hun sociale struktuur is noch matriarchaal noch patriarchaal. Mannen en vrouwen hebben dezelfde rechten; voorkeuren met betrekking tot het erfrecht zijn er niet. Het bezit van een Toraja wordt na zijn dood onder zijn kinderen verdeeld, waarbij de verdeling geschiedt in de mate waarin zij zich tijdens zijn leven om hem bekommerd hebben. Het aantal buffels, dat zij voor het begrafenismaal hebben geofferd, is hierbij ook belangrijk. Omdat de verdeling van de erfenis naar verdienste gaat, is het zelfs mogelijk dat vrienden of neven en nichten meer krijgen dan de eigen kinderen. Ook hier, evenals bij alle andere Indonesische volkeren, bepaalt de adat (het gewoonterecht) alle handelingen en beheerst zo de hele Toraja-maatschappij. De oude tegenstelling tussen mensen mét en zonder bezit (de voormalige slaven, die nog steeds het grootste deel van het werk verrichten) is er nog steeds. In grote trekken bestaat de maatschappij der Toraja's uit vorsten en edelen – to makaka – en het gewone volk – bulo diappa. In sommige streken geldt ook nog het oude kastenstelsel en bestaan de volgende vier groepen: tana bulaan (de hoge adel), tana bassi (de lagere adel), tana karurung (de gewone vrijen) en tana kua kua (de voormalige slaven), die nog steeds geen bezit hebben. Mensen, die tot de laatste twee kasten behoorden, konden nooit een leidende funktie krijgen. Bij begrafenisceremonieën speelt deze klasse-indeling een zeer grote rol. Nooit zal men, als men tot de laatste twee kasten behoort, op een even kostbare begrafenis mogen rekenen als waar de adel recht op heeft.

Voor de komst van de Nederlanders waren de meeste Toraja's nog aanhangers van de oude overgeleverde godsdienst, die ze zelf aluk todolo (het oude geloof) noemen. Nu zijn dit er nog slechts 50%, terwijl 45% tot het Christendom en 5% tot de Islam zijn bekeerd. Dit belet hen echter niet vast te houden aan oude riten en gebruiken. Van groot belang zijn bijvoorbeeld de riten bij begrafenissen.

De weg naar het dodenrijk

De Toraja's geloven in één almachtige god, Puang matua; hij schiep de aarde en de mensen en is alom tegenwoordig. Volgens hun oude, animistische geloof leven echter nog talrijke dewata (de geesten van gestorvenen) in hun omgeving. Vooral voor de boze geesten, de bombo's, moet men oppassen: er moeten steeds offers worden gebracht en allerlei taboes moeten in acht worden genomen. Voor de dewata zijn varkens en kippen voldoende als offerdier, terwijl aan Puang matua buffels geofferd moeten worden. Eigenlijk is de godsdienst van de Toraja's gebaseerd op voorouderverering met enkele animistische trekjes. Evenals de Bataks geloven de Toraja's dat alle levende wezens 'bezield' zijn; deze ziel verlaat na de dood het lichaam en gaat dan op reis naar Puya, de Elyseese Velden. Deze bevinden zich volgens hun opvatting heel ver in het zuiden, zelfs nog voorbij de horizon. Hier leven deze zielen gewoon weer verder. Al hetgeen de Toraja tijdens zijn leven bezat, zal hij daar ook weer vinden. De zielen van de voor hem geofferde dieren zullen hem begeleiden en hem daar wederom dienen. Tijdens zijn begrafenis moeten zoveel mogelijk dieren voor hem worden geofferd, opdat hem een eeuwig leven beschoren zal zijn. Als echter de ceremonieën niet exact volgens de regels van de adat hebben plaatsgevonden, moet de ziel buiten het rijk *Puya* blijven wachten tot de fouten hersteld zijn. Als iemand ver van huis sterft, zonder dat de voorge-schreven ceremonieën hebben plaatsgevonden zal zijn ziel nooit rust vinden en ook nooit Puya binnenkomen. Dan blijft de ziel rondzwerven en kan het leven van de familieleden storend beïnvloeden. Hiertegenover staat dat zielen, waarvoor men bijzonder veel dieren heeft geofferd, een soort halfgoden worden, die hun familiele-den op aarde kunnen beschermen.

Niet overal zijn de plechtigheden bij een sterfgeval gelijk. De goden aan wie men gelooft, zijn ook niet overal dezelfde; zo verschillen ook de ideeën over de zielsver-huizing per stam en streek. Men gelooft op bepaalde plaatsen bijv. dat sommige zielen in mieren veranderen, die dan weer door insektenetende planten – de zonnedauwachtigen – verteerd worden. De Toraja's noemen deze planten *suke bombo* (het voertuig van de geest). Zodra de mier gestorven is verandert hij in een wolk, die in het westen opstijgt en de rijstvelden weer regen brengt. Daarmee is de kringloop van de ziel weer gesloten: van de stervende mens tot neef rijst, die weer een nieuwe ziel tot ontwikkeling doet komen.

Voor de Toraja is het hoogtepunt van zijn bestaan niet zijn leven hier op aarde, maar zijn dood, bekroond door de ceremoniële begrafenis, die afhankelijk van de kaste waartoe hij behoorde, aan zeer strenge regels gebonden is. Voor leden van de hoogste kaste worden kosten noch moeiten gespaard. Lang voordat de eigenlijke begrafenisplechtigheid plaatsvindt, wordt de gebalsemde dode maanden, ja soms jaren in het huis van zijn familie opgebaard. Volgens het geloof van de Toraja's treedt de definitieve dood pas in wanneer de laatste begrafenisplechtigheden voorbij zijn. De dode heeft veel tijd nodig om zich voor te bereiden op zijn reis naar Puya. De familie echter heeft ook veel tijd en vooral veel geld nodig om de voor het grote feest noodzakelijke buffels aan te schaffen. Buffels immers spelen de hoofdrol bij dit schouwspel ten behoeve van het hiernamaals. De offergaven, het verloop en de duur van de ceremonie hangen niet alleen af van de kaste van de overledene, maar ook van zijn leeftijd. Bij de dood van een kind wordt slechts één varken geofferd, als een jong iemand sterft zijn één buffel en vier varkens voorgeschreven. De plechtig-heden voor een Toraja uit de middenklasse duren drie tot vijf dagen en nachten; er moeten dan vier tot acht buffels en vele varkens geslacht worden (afb. 33-35).

De ceremonie voor de hoogste kaste *(dirapai')*, die met de meeste praal gepaard gaat, valt in twee onderdelen uiteen. Deze duren elk zeven dagen. Tussen het eerste en het tweede gedeelte ligt een periode van zes maanden, een jaar of zelfs nog langer. Bij deze plechtigheden worden soms wel honderd buffels geofferd en honderden varkens en kippen geslacht; deze worden dan genuttigd door de talrijke

gasten die aan de plechtigheden deelnemen. Veel Toraja's gaan hierdoor onder enorme schulden gebukt welke er zelfs toe kunnen leiden dat ze tot de bedelstaf geraken en als lijfeigenen voor de rijken moeten gaan werken.

Voor de gasten worden talrijke gastenverblijven gebouwd rondom de *rante,* het plein waar de plechtigheden plaatsvinden. Dit plein ligt even buiten het dorp. Men vindt hier ook de *simbuang* (menhirs) waaraan de offerdieren worden vastgebonden. Deze fiere, fraaie buffels gelden bij de Toraja's als het symbool van de dood. Op zulke dagen wordt het ene dier na het andere geslacht. Met lange zwaardvormige messen of met speciaal gepunte bamboespiezen snijdt men de halsslagader door. Terwijl het dier langzaam doodbloedt, komen de jongens met bamboekokers om het bloed op te vangen. Van dit bloed maakt men later een soort koek. Soms hebben deze jongens de vorige dag nog op de ruggen van deze waterbuffels gezeten om hen naar de rijstvelden te leiden. Bij de dodenfeesten mogen ook hanengevechten, gezangen en dansen, die de hele nacht doorgaan, niet ontbreken.

34 Zó wordt een zwijn gedragen als het te groot is voor één persoon

◄ *33 De op de markt gekochte zwijntjes worden zó door de mannen mee naar huis gedragen*

35 Het offeren van stieren bij een dodenfeest van de Toraja's

Bij de ceremonieën voor de hoogste kaste *(dirapai')* wordt de eerste plechtigheid gehouden in en voor het *tongkonan*-huis (afb. 36), de tweede volgt dan later op de *rante*. Het tongkonan-huis is het eigendom van de dorpsoudste of een zeer rijke man en is het mooiste huis van het dorp (kl.pl. XII). De traditionele klaagzang, de *badong*, mag bij deze feesten niet ontbreken. De badong duurt dikwijls uren en bevat strofen die eindeloos herhaald worden; ze worden voorgedragen in een monotone vorm van spreken en zingen. De naam van de overledene mag bij geen enkele van deze plechtigheden genoemd worden. Men mag slechts allerlei fantasie-namen gebruiken, zoals bijv. grote zonnehoed.

Behalve het aantal feestdagen en offerdieren wordt ook de plaats die de gasten volgens hun rang toekomt, bepaald door de strenge adat. Het vlees van de offerdieren wordt aan de gasten in volgorde van hun rang verdeeld. Hierop dient men zeer nauwkeurig te letten. Vlakbij het feestterrein wordt een 6 m hoge bamboestelling opgericht, die men *balaa'kaan* noemt. Van hieraf wordt het tevoren gesneden vlees deel voor deel naar beneden geworpen naar de plaats waar zich de menigte verza-

36 Tijdens de ceremonie voor de doden wordt de kist met de vorm van een Toraja-huis, waar de dode in 'woont', voor de rijkversierde gevel van het huis opgesteld

meld heeft. Dit is een zeer opwindend gebeuren: ieder wordt door degene, die het vlees verdeelt in een precies voorgeschreven volgorde opgeroepen en krijgt dan het stuk vlees, dat hem volgens zijn rang toekomt. Het is een ramp wanneer hierbij een fout gemaakt wordt en dit kan alleen maar door middel van een zoenoffer hersteld worden.

Nadat het vlees verdeeld is wordt het grote feestmaal gehouden, dat met liters *tuak* (gegiste palmwijn) besproeid wordt (afb. 37, 38). Het officiële deel van de plechtigheid, die men *tomate* noemt, is hiermee beëindigd. Pas twee dagen later wordt de dode naar zijn laatste rustplaats gebracht. Wanneer hij tot de hoogste kaste behoorde wordt zijn stoet gevolgd door een *tau-tau*, een levensgrote houten mensenfiguur, waarvan de ogen gevormd worden door zwarte en witte stenen of schelpen. Zulke met fraaie kleding uitgedoste figuren worden tijdens de dirapai'-ceremonie in de buurt van de kist opgesteld. De tau-tau moeten de dode tegen kwade geesten beschermen. Volgens een andere lezing stellen zij de tijdelijke verblijfplaats voor de ziel van de overledene voor (afb. 39-41).

Reeds tijdens zijn leven wist de overledene nauwkeurig waar eens zijn laatste rustplaats zou zijn, nl. in één der hoge vertikale rotswanden, die op vele plaatsen omhoogrijzen uit de weelderige tropische plantengroei. In deze karstachtige bergwanden bevinden zich de rotsgraven die tot de merkwaardigste kerkhoven ter wereld gerekend mogen worden. Soms zijn het rechthoekige, soms vierkante uithollingen op duizelingwekkende hoogte, die zo groot zijn dat er precies een mens in past; soms ook worden grotten gebruikt die tot grafkamers worden vergroot, waarin dan verschillende doden kunnen worden bijgezet. De bergen van Tana Toraja bestaan echter niet alleen uit kalksteen, maar ook voor een groot gedeelte uit kristallijnen sedimentgesteenten van verschillende ouderdom. Het kost erg veel tijd en moeite in dit gesteente een graf uit te hakken. In deze *liang*, zoals men de rotsgraven noemt, worden doden van de hoogste kaste dikwijls met zeer kostbare grafgiften bijgezet. Op deze hoogte zijn de graven redelijk beveiligd tegen diefstal: de speciaal voor de begrafenis gebouwde bamboestellingen worden onmiddellijk nadat de dode is bijgezet weer verwijderd. Man en vrouw worden meestal in dezelfde grafkamer begraven, maar men kent ook familiegraven; de kinderen kunnen zelf beslissen: ze kunnen bij de ouders begraven worden of later, als ze zelf een gezin hebben gesticht, een nieuwe liang laten aanleggen. In sommige streken wordt het lichaam met kist en al in de grafkamer bijgezet (deze vorm van bijzetten heet *liang gua erong*). Op andere plaatsen laat men de kist en de baar, die de vorm heeft van een Toraja-huis, aan de voet van de rotswand staan (afb. 39), waar zij in de loop van de tijd vergaat. De dode wordt dan in doeken gewikkeld over de bamboestelling naar de grafkamer gedragen. Deze manier van bijzetten noemt men *liang-pa'*. Leden van de laagste kasten hebben geen recht op een rotsgraf, maar worden in de aarde begraven of in een ravijn geworpen.

Ook de tau-tau krijgt een plaats aan de rotswand. Hiervoor wordt een soort

---

37 In Rantepao (Sulawesi) kopen de Toraja-vrouwen op de markt tuak; tuak is licht gefermenteerd sap van de suikerpalm dat in bamboekokers wordt bewaard en vervoerd

38 *De bamboekokers worden met tuak gevuld*

39, 40 *De doden van de Toraja's worden in rotsgraven bijgezet. Op het houten balkon staan de tau-tau, aan de voet van de rots de lege kisten*

veranda uit de rotswand gehakt of er wordt een houten balkon tegen de rotsen aangebouwd. Op spookachtige wijze kijken de tau-tau als uit een teaterloge vanuit het hiernamaals op ons nietige mensenleven neer (afb. 41). Eéns per jaar, maar ook minder, heeft hier een plechtigheid bij het graf plaats. Varkens, dikwijls ook een buffel, worden dan geslacht en als de kleding van de tau-tau verweerd is, wordt die tegelijkertijd vervangen.

De bouwkunst

In tegenstelling tot de voorouderfiguren bij de rotsgraven getuigen de huizen van de Toraja's met hun krachtig gewelfde gevels en de bonte vlakversieringen van zeer grote kunstzinnigheid. Deze trotse huizen doen door hun bouwwijze denken aan de schepen waarmee de Toraja's indertijd naar Sulawesi kwamen. Deze huizen worden ook thans nog zo gebouwd. Ook bij de Bataks en de Menangkabau zagen wij dat de dakkonstruktie wat zijn vorm betreft aan een scheepsromp doet denken. Het huis in zijn geheel vertoont echter ook grote overeenkomst met de stamhuizen in het Sepik- en Maprikgebied op Nieuw-Guinea. Deze overeenkomst zou kunnen duiden op resten van de oude Papuakultuur. De Papua's immers leefden op de eilanden voordat de Maleis-Indonesische groepen zich hier vestigden. Maar ook Katschin in de Shanstaten (Burma) bouwen op dezelfde wijze. Op het eerste gezicht zou men een Toraja-huis niet van een Shan-huis kunnen onderscheiden.

De mooiste Toraja-huizen vinden we in het gebied van de Sadang Rivier. Men vindt ze deels in kleine groepjes op dikwijls moeilijk toegankelijke plaatsen, deels in rijen in de grotere dorpen. Tegenover de woonhuizen liggen net als bij de Menangkabau de fraaie rijstschuren, die dikwijls nog mooier versierd zijn dan de woonhuizen. Zowel de woonhuizen als de rijstschuren zijn gebouwd op palen, die op stenen sokkels rusten; beide worden afgedekt met dezelfde zadeldaken. Bij de rijstschuren bevindt zich een platform onder de eigenlijke voorraadruimte; deze open ruimte dient bij bepaalde plechtigheden als ereplaats voor hooggeplaatste gasten. Het dak van het Toraja-huis, dat aan een scheepsboeg doet denken, bestaat uit verschillende lagen bamboe, die over een trapvormige balkenkonstruktie zijn gelegd. Het ver naar voren uitstekende dak wordt gesteund door een machtige houten zuil, die evenals de dwarsbalken met houtsnijwerk en beschilderde ornamenten versierd is. Ook de voorgevel van het huis en alle wanden van de rijstschuren zijn op deze manier versierd (kl.pl. XII, afb. 36). Deze ornamenten hebben een rituele betekenis; de adat schrijft precies voor welke versieringen bij welke kaste behoren. Ook de verhouding tussen vierkante, ruitvormige en gebogen patronen, die afwisselend naast en boven elkaar aangebracht worden, is nauwkeurig voorgeschreven; dit

←41 *De rotsgraven worden door houten deuren afgesloten. Als uit de loges van een teater kijken de tau-tau (voorouderfiguren) spookachtig op ons neer*

42, 43 Motieven
   gebruikt ter versiering
   van de Toraja-huizen

gebeurt nl. precies boven de huisdeur, in het midden van de gevel of vlak onder het dak. De buffelkoppen, die men hier en daar als ornament aantreft, hebben evenals elk ander patroon, een speciale sakrale betekenis.

De Toraja's kennen ongeveer 150 verschillende motieven met een symbolische betekenis; deze worden door hen in vier verschillende groepen ingedeeld. De eerste groep *(garonto' passura')* bestaat uit steeds terugkerende hoofdmotieven, de tweede *(passuro' todolo)* is gebaseerd op de oude religieuze tekens; de derde *(passuro' malolle')* heeft betrekking op het sociale leven van de Toraja's en de laatste groep *(passura' pa' barean)* bestaat uit gelukbrengende motieven. Ook de kleuren hebben een vastomlijnde betekenis: rood en wit symboliseren het menselijk leven (rood is de kleur van het bloed en wit de kleur van het gebeente); geel is de kleur van de roem en de eer der goden terwijl zwart de kleur is van dood en duisternis.

Niet alle huizen van de Toraja's zijn zo fraai versierd, de huizen van de armen moeten het soms helemaal zonder versiering stellen. Eén huis echter valt in ieder dorp onmiddellijk op door zijn ongelofelijke pracht, dat is het *tongkonan*-huis, het huis van het dorpshoofd. Dit bevat drie vertrekken met verschillende bestemmingen. In de eerste plaats is het de woning van de bezitter, daarnaast echter is het ook het 'kulturele centrum' van het dorp. Hier komen de stammen bij elkaar voor bruiloften en begrafenissen. Het tongkonan-huis moet naar het noorden gericht zijn. De bouw van dit huis vergt veel tijd en moeite. Het is een uit hout en bamboe opgetrokken geheel en spijkers mogen in geen geval gebruikt worden. Op sommige plaatsen worden houten pennen in de balken gedreven of men gebruikt een zwaluwstaartkonstruktie. De lagen bamboe worden met rotan vastgebonden. De be-

langrijkste stutbalk voor het dak is meestal van onderen tot boven met de horens van waterbuffels volgehangen, die afkomstig zijn van offerdieren (kl.pl. XII).

Historische plaatsen in Tana Toraja

Rond Rantepao vindt men schitterende huizen in de tussen rijstvelden en bamboebossen gelegen dorpen. Sommige kan men gemakkelijk met een jeep bereiken, andere slechts te voet. We noemen hier enige dorpen, met tussen haakjes de afstand van Rantepao: Nanggala (15 km) heeft een bijzonder fraai tongkonan-huis met minstens even fraaie rijstschuren (kl.pl. XI, afb. 44); Mendu (6 km) en Marante (6 km) zijn typische Toraja-dorpen. Kete-Kesu' (4 km) is een beroemd centrum van kunstnijverheid en Sa'dan (12 km) staat bekend om zijn weefkunst. De markten van Makale en Rantepao zijn bijzonder interessant, ze worden om de zes dagen gehouden, zodat ze steeds op een andere dag vallen. Hier vindt men allerlei produkten uit de verschillende delen van Tana Toraja. Bijzonder boeiend is de verkoop van tuak (palmwijn), die men in lange bamboekokers vervoert. (afb. 37, 38).

12 km van Makale is een bijzonder mooi dodenhuis gebouwd voor de 'koning' van Sangalla, die in 1968 stierf. Het eerste feest, waarbij honderden gasten aanwezig waren en volgens zeggen duizend buffels geslacht zijn, had reeds plaats gevonden. Voordat zijn gebeente zijn laatste rustplaats in de *liang* kon vinden was er nog een extra-ceremonie vereist. Dan pas zouden de duizend buffels – en wie weet hoeveel er nog geofferd zouden worden – de ziel van de overledene naar *puya* begeleiden.

Vanuit Rantepao kan men gemakkelijk de bekendste rotsgraven bereiken, nl. die van Londa (6 km) en Lemo (12 km). *Liang tua Londa* heet de eerste groep, die zich vlak bij het dorpje Tikumna Malenong bevindt. Hier heeft men de doden op twee verschillende, reeds eerder beschreven manieren bijgezet. De ingang van de grot wordt met een houten deur afgesloten. De tau-tau staan in Londa op houten balkons.

De rotsgraven van Lemo zijn alle volgens de liang pa'-manier aangelegd. Deze graven dateren vermoedelijk uit de zeventiende eeuw. Het eerste graf is volgens de overlevering van een vorst die Songgi Palo heette. Later kregen hier alle vorsten uit deze streek een graf. Hier staan de tau-tau naast elkaar in uit de rotsen gehakte nissen.

De rotsgraven van Lo'ko' mata (36 km) liggen op de hellingen van de Sesean Bergen in een bijzonder fraaie omgeving. De weg erheen is echter moeilijk begaanbaar. Als het er lang geregend heeft kan men er zelfs met een jeep bijna niet komen.

Liang Tambolang (2 km) kan men vanuit Rantepao gemakkelijk te voet bereiken.

←44 Nanggala op Sulawesi is beroemd om zijn bijzonder mooie rijstschuren

Hier vindt men talrijke voorbeelden van liang gua erong, liang pa' en ook van *liang patane,* de derde wijze van begraven. Bij de liang patane vindt men op het graf een miniatuur-Toraja-huis. Ieder graf is bestemd voor verschillende familieleden. De overledenen worden hier slechts in doeken gewikkeld bijgezet.

Tot in de verre omtrek van Rantepao treft men nog andere rotsgraven aan. Liang tua Tondon (6 km), gelegen aan de weg naar Palo-po en liang tua erong Napo (15 km), volgens overleveringen het graf van een edelman met de naam Napo en dat 700 jaar oud zou zijn, kunnen nog genoemd worden. Het laatstgenoemde graf ligt aan de weg naar Madandan.

Een bezoeker aan Tana Toraja krijgt beslist de gelegenheid een begrafenisceremonie bij te wonen. In het hotel of in restaurant Rachmat in Rantepao kan men te weten komen waar er een plaatsvindt.

Een vreemdeling is steeds welkom bij alle plechtigheden, maar het is verstandig zich eerst bij het dorpshoofd *(kepala kampung)* te melden. Er is altijd wel een eenvoudig onderdak te vinden. Het wordt als een belediging opgevat als men voor onderdak en voor de maaltijden wil betalen, wel stelt men een geschenk in natura op prijs.

Het is in elk geval verstandig een gids uit Rantepao mee te nemen, wanneer men niet alleen de platgetreden toeristische wegen wil bewandelen.

III De invloed van Hindoeïsme en Boeddhisme op de Javaanse kunst

In de eerste eeuwen na Chr. brachten uit Zuid-India afkomstige immigranten langzamerhand elementen van hun godsdienst en kultuur mee naar Indonesië. Deze hadden grote invloed op de bouwkunst en op de beeldende kunst. Hoewel het vaststaat dat in deze begintijd reeds hindoe-bouwwerken in Indonesië bestonden, zijn hiervan geen sporen overgebleven. Door archeologen gevonden bronzen boeddhabeelden getuigen echter van de verbreiding van het Boeddhisme. De mooiste en waarschijnlijk de oudste is een op Sulawesi gevonden Boeddha-figuur in de Indische Amaravati-stijl. Vermoedelijk stamt deze uit de tweede of derde eeuw na Chr. Andere vondsten daarentegen vertonen kenmerken van de late Gupta-stijl. Het is niet duidelijk of de vondsten uit de vroege periode werkelijk in Indonesië ontstaan zijn, of dat deze door Indische kooplieden werden meegebracht. De eerste geschreven dokumenten over de invloed van India op kunstgebied zijn teksten in het Sanskriet uit de 5e eeuw. Uit alle ontdekkingen en vondsten blijkt, dat het Boeddhisme omstreeks de vierde eeuw de Indonesische archipel bereikte en dat Sumatra in de zevende eeuw een belangrijk centrum voor de boeddhistische religie en kultuur was. De boeddhistische monnik I-Tsjing, die in de hoofdstad van het koninkrijk Srivijaya zoveel materiaal over het Boeddhisme vond, dat hij tussen 671 en 691 meermalen voor een langere periode naar Sumatra ging, heeft ons hierover bijzonder veel gegevens nagelaten.

De Indische kultuur droeg de meeste vrucht op Java, waar ze tot volle wasdom kwam. Omstreeks het midden van de achtste eeuw bereikte ze haar hoogtepunt om na 300 jaar plotseling te verdwijnen.

Natuurlijk hebben de Indische kolonisten die naar Java kwamen niet simpelweg hun religie en kultuur overgeplant. Door hun toedoen kwamen de verschillende Indonesische bevolkingsgroepen tot grotere eenheid en daardoor werd de basis gelegd voor de wedergeboorte van de zo hoog ontwikkelde Indische kultuur. Hoe kon echter die zo hoog ontwikkelde kultuur, gedragen door een volk met een zo grote kulturele levenskracht, zo plotseling wegkwijnen? Misschien hebben ook natuurverschijnselen, zoals vulkaanuitbarstingen en aardbevingen tot deze ondergang bijgedragen. De vreemde oude Indische kultuurelementen vonden geen definitieve weerklank bij de bevolking, waardoor zij (als zoveel in de tropische natuur) na een korte bloeitijd gedoemd waren onder te gaan. Op het eerste gezicht schijnt het Indische element te overheersen, maar al spoedig blijkt dat het juist het Javaanse element is dat de kunst haar schoonheid en volmaaktheid geeft.

De eerste Indische godsdienst, die zich naar het Oosten uitbreidde was het Hindoeïsme of liever gezegd het Brahmanisme. Het begrip Hindoeïsme is niet scherp omlijnd en is daardoor ook niet gemakkelijk te definiëren. Pas in de 9e of in de 11e eeuw na Chr. kwam de uitdrukking Hindoe in zwang voor de godsdienst van diegenen in India, die noch het Christendom, noch de Islam of een andere dogmatische godsdienst aanhingen. De religie uit de voorgaande periode vanaf 800 v.Chr. noemt men Brahmanisme. Hiermee werd de godsdienst bedoeld, waarbij de brahmanen de priesterkaste vormden.

Tegenwoordig worden Brahmanisme en Hindoeïsme als synoniemen gebruikt. Het Hindoeïsme kent geen geloofsbelijdenis en ook geen duidelijke leer. Deze enorme geloofswereld telt duizenden goden. De oppergod openbaart zich in drie verschillende gedaanten *(trimurti)*, en wel als Brahma, de schepper, als Vishnu, die de wereld in stand houdt, en Shiwa, die enerzijds als heilbode en anderzijds als vernietiger optreedt. Brahma, de oervader, reciteert uit de vier boeken (de *Veda's*) die hij in zijn vier handen houdt, beurtelings met één van zijn vier monden de heilige teksten met de eeuwige wetten, die al voor de schepping bestonden. In Indonesië werden de goden van de trimurti in een veelheid van verschijningsvormen vereerd.

De 'hindoeïsering' in Indonesië geschiedde op vreedzame wijze. Deze begon in de eerste eeuw na Chr., bereikte eerst de geprivilegieerde klasse en werd pas later door het volk aanvaard. In de dertiende eeuw volgde de Islam het Hindoeïsme op. Slechts in kleine gebieden, zoals op Bali, bleef het Hindoeïsme voortbestaan.

In de 4e eeuw bereikte het Boeddhisme Indonesië. Hoewel in Burma, Thailand, Laos en Khmerland (Cambodja) het hînayâna-Boeddhisme ingang vond en nog steeds bestaat, kwam de mahâyâna-vorm naar Indonesië. De grondlegger van het Boeddhisme is de historische Boeddha, die in de late zesde en vroege vijfde eeuw v.Chr. leefde. Aangezien zijn woorden pas 200 jaar na zijn dood in het Sanskriet, de taal der geleerden, werden opgetekend, werd zijn leer voordien reeds mondeling verbreid en daardoor is het verklaarbaar dat de essentie van zijn leer op telkens andere wijze werd uitgelegd. Men diende 'het slechte te mijden, het goede te doen en zijn geweten zuiver te houden'. Men kan zich dan ook voorstellen, dat de aanhangers van het Boeddhisme verschillende sekten vormden. Toch bleven de duidelijk geformuleerde grondbeginselen van de boeddhistische heilsleer gehandhaafd, waardoor het Boeddhisme zich gemakkelijk heeft kunnen verbreiden. Aanvankelijk ontstonden onder de bescherming van machtige vorsten in India vele kloosters, waar de monniken naar de voorschriften van de 'Volmaakte' leefden. In de loop der tijd ontstond een hele reeks sekten, die zich van elkaar onderscheidden door de uitleg van zijn leer en de exegese van de heilige canon, de *tripitaka* (zoals de teksten heetten, die intussen ontstaan waren). Twee grondstromingen werden steeds belangrijker: het *hînayâna* of kleine voertuig en het *mahâyâna* of grote voertuig. Het eerste kent als ideaal 'de persoonlijke verlossing door een ascetisch kloosterleven'. Het hînayâna kwam voort uit de Pali-traditie van Ceylon. De aanhangers verkozen de lange weg om in navolging van Boeddha een Bodhisattwa te worden, d.w.z. iemand die voorbestemd was de ware verlichting te bereiken. Het hînayâna spreekt van 'het kleine voertuig naar de verlossing', omdat dit een individuele geloofsleer is. Het mahâyâna streefde naar een aanvulling van het hînayâna, door erop te wijzen dat men ook moest streven naar verlossing van anderen. Zij, die de verlossing – *bodhi* – bereikt hebben en op de drempel van het Nirwana staan, maar hiervan omwille van anderen afzien, heten *Bodhisattwas*. Zo kan ieder wezen een aardse Bodhisattwa worden. Men stelt zich in het mahâyâna een wereld voor, met een lange rij van Boeddha's, waarvan de historische Boeddha er slechts één van de velen is. Tussen het optreden van de verschillende aardse Boeddha's verliepen telkens vele duizenden jaren. Om de leer in de tussentijd zuiver te houden, stelde men zich 'hemelse Bodhisattwas voor, die voortkwamen uit de lichtstralen, die door de hemelse Boeddha's naar de aarde werden gezonden.'

Terwijl de historische Boeddha zichzelf alleen maar als leermeester zag en geen aanspraak maakte op welke vorm van verering dan ook, ontstond uit de Bodhisattwa-cultus een soort polyteïsme. In Indonesië leidde dit tot een verstrengeling met de reeds bestaande hindoeïstische godsdiensten en zelfs met de oeroude animistische religies. Bij de kunstwerken op Java gaat deze verstrengeling zo ver dat men dikwijls moeilijk kan zien of het een hindoeïstisch of een boeddhistisch kunstwerk betreft.

Het mahâyâna-Boeddhisme werd in het bijzonder beïnvloed door het Tantrisme. Deze magisch-mystieke geheime leer heeft bovendien het Hindoeïsme beïnvloed. Volgens deze leer kan men door het reciteren van toverspreuken, door dansen en bepaalde handbewegingen een magische uitstraling krijgen. Door een bepaalde manier van mediteren kan men zich met de goden identificeren. Dat juist deze manier van handelen op Java een vruchtbare voedingsbodem vond is logisch, omdat de magie reeds een belangrijke rol speelde bij de oergodsdiensten. Zo werden de aardse Bodhisattwas tot magiërs, die over bovennatuurlijke krachten beschikten en werd het panteon bevolkt door goden, geesten en demonen.

De leer van het grote voertuig wordt vooral uiteengezet in de *Lalitavistara,* een groot epos dat in het Sanskriet geschreven is. De kunstenaars, die de reliëfs van de boeddhistische tempels hebben vervaardigd (in het bijzonder die van de Borobudur) hebben hun voorstellingen ontleend aan de talloze mystieke verhalen. De uitspraken van Boeddha zijn evenwel nooit woordelijk vastgelegd. Ze gingen van mond tot mond als geestelijke leidraad en werden pas 200 jaar na zijn dood door geleerden opgeschreven. Een ander werk, dat niet in het Sanskriet, maar in het Zuidindiase

Pali geschreven was, is de *Yataka*. Deze Yataka, een zeer uitgebreide verzameling sprookjes, noemt men ook wel de 'Mand vol lering'. Deze verzameling dateert uit de laatste eeuw v.Chr. en bestaat uit de *sutra* (preken), *vinaya* (kloosterregels) en de *abhidhama* (bespiegelingen over de leer).

Uit de hindoeïstische kultuur zijn ook twee in het Sanskriet geschreven heldendichten bewaard gebleven, de *Mahabarata* en de *Ramayana*. Vooral in Indonesië zijn deze beide werken vanouds zeer populair. Niet alleen in de reliëfs op de Javaanse tempels, maar ook in het wayang-spel komen we episoden uit deze beide heldendichten tegen. In de reliëfs zien we de Oudindische voorliefde voor fabels die met een warme menselijkheid tot uitdrukking zijn gebracht in meesterlijk uitgevoerde beeldverhalen.

Alle monumenten van Indonesië, die we hierna zullen beschrijven, bevatten bijzonder kleine vertrekken. Dit waren heilige plaatsen, waarin zich slechts een beeld van een godheid en enige rituele voorwerpen bevonden. De gelovigen verbleven tijdens de eredienst op open erven en op terrassen rondom de tempel; dit gold zowel voor hindoeïstische als voor boeddhistische tempels.

De kunst van Midden-Java, die een sterke afspiegeling is van de Gupta-stijl, stond in dienst van een cultus die zowel voor Indonesië als voor Achter-Indië karakteristiek was. Deze cultus identificeerde de goddelijke heerser met de inkarnatie van Shiwa of een andere hindoe-godheid. Ook boeddhistische godheden werden aanbeden. Op Java treffen we verschillende tempels aan, die eigenlijk graftempels zijn van koningen, die een goddelijke status hadden gekregen. We weten al dat koning Airlangga uit de Mataram-dynastie omstreeks 1042 na Chr. monnik werd en zichzelf als een reïnkarnatie van Vishnu zag. In deze periode bereikte de versmelting van het Boeddhisme met het Hindoeïsme zijn hoogtepunt.

De tempels van Midden-Java, die hoofdzakelijk ten tijde van het rijk van Mataram ontstonden, kunnen we in drie gebieden indelen: rond de Prambanan in het zuiden, de tempels van het middengebied met als belangrijkste tempel de Borobudur en in het noorden de tempels op het Dieng-plateau. Aangezien een zeer groot aantal tempels op Midden-Java redelijk goed bewaard zijn gebleven, zullen wij ons beperken tot een beschrijving van de belangrijkste tempels; deze zijn nu ook nog toegankelijk voor toeristen.

1 De tempels van Midden-Java

Het middengebied

De Borobudur, ontstaan en bedoeling
Het mahâyâna-Boeddhisme beleefde rondom het midden van de achtste eeuw na
Chr. op Midden-Java een enorme opbloei. In deze periode ontstonden hier de
meeste belangrijke bouwwerken. Sommige ervan, waaronder de Borobudur, behoren tot de fraaiste voorbeelden van religieuze bouwkunst. Het is erg moeilijk een
overzicht te krijgen van de zeer vroege bouwkunst op Java omdat men pas in deze
eeuw begon met het konserveren en restaureren van datgene, wat de tand des tijds
had doorstaan. Het grootste boeddhistische monument, de Borobudur, schitterend
gelegen in een sprookjesachtig fraai landschap, behoorde hiertoe (zie kl.pl. VIII-X
en afbeeldingen in dit hoofdstuk). Vanuit een weelderige groene vlakte verheft hij
zich tegen een achtergrond van bergen (afb. 46, 47). De tempel rijst als het symbool
van het mahâyâna-boeddhistische wereldbeeld boven het landschap uit. Men moet
de tempel zien als een magisch diagram, dat een mytische weergave is van de
kosmos. De opbouw van de tempel geeft hieraan uitdrukking. Een natuurlijke
heuvel diende als onderbouw, als sokkel voor dit rijkversierde heiligdom. Het
geheel wekt de indruk op natuurlijke wijze als een vrucht gegroeid te zijn. Men zou
hem inderdaad voor een uit het Megaliticum stammende trappiramide kunnen

45 Kaart van Java

46 *De meest indrukwekkende uiting van het mahâyâna-Boeddhisme op Java is ongetwijfeld de Boro-budur*

houden. Of de Borobudur, afgezien van zijn symbolische betekenis, de as van drie koningen bevat is tot nog toe niet bewezen. De meeste geleerden ontkennen stellig dat de Borobudur ook als *candi* (grafmonument) heeft gediend.

De Borobudur is een stupa (afb. 48). Deze vorm is op Java heel zeldzaam, maar in Achter-Indië één van de meest voorkomende bouwvormen. Daar waren stupa's heilige plaatsen, die betrekking hadden op het leven van Gautama; oorspronkelijk bevatten zij ook relikwieën. De vorm van de stupa's zou door Boeddha zelf bepaald zijn, toen hij zijn monnikspij tot een bundel samenvouwde, zijn bedelnap er bovenop legde en het geheel bekroonde met zijn staf. Zo legde hij de indeling in drie sferen – in het Sanskriet *dhatu* – vast: *kamadhatu* (de wenssfeer), *rupadhatu* (sfeer der vormen) en de *arupadhatu* (de amorfe sfeer). Deze drie sferen vloeien bij de Borobudur onmerkbaar in elkaar over.

De huidige hoogte van de Borobudur is 33,5 m; oorspronkelijk was dit 42 m. Het vierkante bouwwerk heeft een basis met zijden van 123 m lengte (afb. 49). Iedere zijde van het vierkant springt twee keer terug, zodat er respektievelijk 20 en 36 hoeken (als men de binnenhoeken van de ingesprongen gedeelten meetelt) ont-staan. De natuurlijke heuvel is met inbegrip van het fundament overdekt met

47 *Op de bovenste vier terrassen van de Borobudur zien wij de stupa's of dagobas, opengewerkte stenen*
stolpen met Boeddha-figuren

55.000 kubieke meter bewerkte steen. Door de inwerking van het binnendringende regenwater verzakte het binnenste van de heuvel. Daarom heeft men de voet van de heuvel al tijdens de bouw met een zware stenen muur moeten verstevigen; toen werden ook 160 al eerder geplaatste reliëfs aan het oog onttrokken.

Een deel van deze reliëfs werd in 1885 door J. W. IJzerman ontdekt, toen hij de ommanteling van de sokkel van de Borobudur begon uit te graven. Pas in 1890-91 was de funderingsmuur geheel uitgegraven en konden alle reliëfs gefotografeerd worden. Uit veiligheidsoverwegingen werd de sokkel met de reliëfs daarna weer door een beschermende muur aan het oog onttrokken. Hiervoor werd de 13.000 kubieke meter steen gebruikt, die men eerst verwijderd had.

De Borobudur is opgebouwd uit zes terrassen die naar boven toe steeds kleiner worden, maar die dezelfde plattegrond met 36 hoeken hebben (afb. 52). Het onderste terras is het breedst; dit werd voor processies gebruikt. De vijf volgende terrassen hebben binnen- en buitenmuren, die met reliëfs zijn versierd. Op het bovenste vierkante terras volgen dan nog drie ronde terrassen met in totaal 72 kleine holle, klokvormige stupa's, die ieder een boeddhafiguur bevatten (afb. 51-53, kl.pl. VIII). Het bovenste terras wordt door een 8 m hoge stupa bekroond. De Borobudur bezat in totaal 505 boeddhabeelden, waarvan 432 in open nissen. Op de eerste vier terrassen bevinden zich 92 boeddhafiguren, die speciale handgebaren

48 *Door stupa's bekroonde nis op een der balustrades van de Borobudur. In de stupa zit ook weer een*
Boeddhafiguur

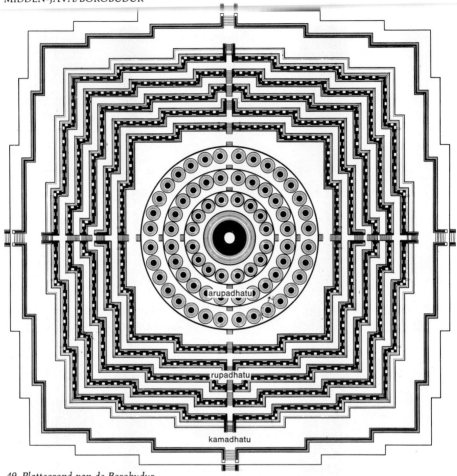

49 Plattegrond van de Borobudur

maken in de vier windrichtingen en de historische Gautama-Boeddha voorstellen; op het vijfde terras staan 64 beelden die de oerboeddha Vairocana voorstellen die 'de oorsprong is van het bestaan'.

In kleine opengewerkte stupa's (afb. 47) bevinden zich 72 boeddhafiguren en in de centrale stupa van het *arupadhatu* bevindt zich een grote Boeddha, die merkwaardigerwijs onvoltooid is. 'Deze 505 Boeddha's vormen zeker niet een eenvoudige optelling, maar belichamen een godsdienstig systeem; het is echter niet mogelijk alles hiermee te verklaren' (K. With).

De vier galerijen van de arupadhatu zijn versierd met 1300 reliëfvoorstellingen en 1212 dekoratieve panelen. De afbeeldingen hebben een gezamenlijke lengte van 2,5 km en de terrasmuren hebben een totale lengte van 6 km.

92

Vanuit het midden van de vier zijden van het fundament leiden vier trappen omhoog naar het bovenste terras. De trappen vormen de assen van het gebouw en lopen van beneden naar boven rechtdoor tot aan de ronde terrassen toe. Daar waar de trappen de ringmuren kruisen worden zij overwelfd door een grote poort (kl.pl. X). De bogen daarvan worden bekroond door het *kala-makara*-motief, de gestileerde kop van een demon – *kala* – door een bandpatroon verbonden met twee dieren uit de Indische mytologie, de zgn. *makara* (afb. 56). De kala-kop, die aan een gestileerde leeuwekop doet denken, dient om demonische machten af te weren. De makara-figuur is een kombinatie van vis en olifant. De gebogen slurf houdt een bloesemknop vast.

Tegen de hoofdmuur van de Borobudur zijn makara-koppen als waterspuwers aangebracht (afb. 57). Het zijn olifantskoppen met opgeheven slurf en een openge-

50 *Omdat men denkt dat het geluk brengt proberen alle bezoekers van de Borobudur de Boeddhafiguren in de stenen stolpen aan te raken*

51 *Een Boeddhafiguur in een van de 432 nissen*

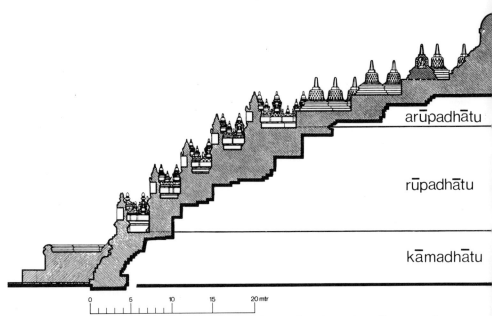

arūpadhātu

rūpadhātu

kāmadhātu

0   5   10   15   20 mtr

52 Borobudur. Schets van het geheel met de verdeling in drie sferen: kamadhatu, rupadhatu en arupadhatu

sperde bek, waarin dan weer een leeuwtje zit. De waterspuwer wordt ondersteund door zittende figuren, *gana* genaamd. Deze gana zijn in de brahmaanse mytologie lagere goden, die onder leiding van Ganesha de god Shiwa dienen. Tot het afwateringssysteem van de Borobudur, dat slecht werkt, behoren 20 waterspuwers op elke balustrade, die het water tenslotte naar grote waterspuwers aan de voet van het heiligdom geleiden.

De oorspronkelijke naam van de Borobudur is *Bhumisan-Bhara-budhara* (berg van de opeenhoping der deugd volgens de tien fasen der Bodhisattwa). Tijdens het bewind van Samaratunga rond 800 na Chr. zou men met de bouw begonnen zijn. Het is echter ook mogelijk dat dit reeds in het begin van de achtste eeuw plaatsvond. De belangrijkste bouwperiode moet men echter omstreeks 800 na Chr. plaatsen. Dat blijkt ook uit de schrifttekens op de reliëfs van het voetstuk. De werklieden en kunstenaars, die met dit werk een aanvang maakten, moeten zich gerealiseerd hebben dat zij zelf nooit de voltooiing van het bouwwerk zouden meemaken. Dit

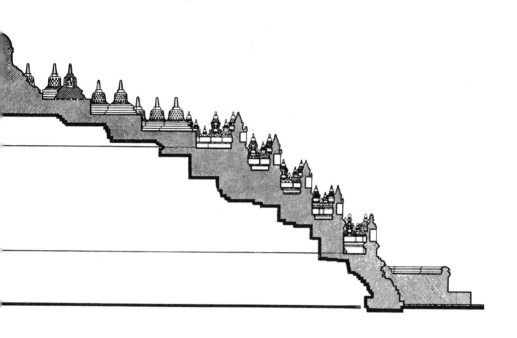

bleef aan latere generaties voorbehouden. Zij allen hebben bijgedragen tot de bouw van een kunstwerk, dat veel Indische tempels in de schaduw stelt. De Indonesische kunstenaars hebben de Oudindische Gupta-stijl zeer vrij geïnterpreteerd en zijn door hun kunstzinnigheid tot een geheel eigen schepping gekomen. Zo ontstond een reliëf-versiering van ongehoorde schoonheid.

Hoewel men de Borobudur van vier zijden kan beklimmen bevindt de hoofdingang zich aan de oostzijde. Hier begint voor de gelovigen de pelgrimstocht, want als zij van hieruit steeds naar links afbuigen en dan terras na terras volgen, zien zij de reliëfs in hun logische volgorde van de drie sferen.

De reliëfs van de *kamadhatu* (de wenssfeer) beginnen bij het fundament en worden, zoals we reeds eerder zagen, voor het grootste gedeelte door een beschermende muur aan het oog onttrokken. Men heeft slechts een klein gedeelte als voorbeeld voor de bezoekers opengelaten. Overigens zijn deze reliëfs het beste bewaard gebleven, doordat ze door deze muur beschermd werden tegen weersin-

53 De stupa's op de terrassen bevatten elk een Boeddhafiguur in de Dharmachakramudra-houding

vloeden. De voorstellingen zijn ontleend aan de *Karmavithangga,* een handschrift dat handelt over de oorzaken en gevolgen van goed en kwaad volgens de Indische interpretatie van *Karma,* de al dan niet verdiende wedergeboorte. H. von Glasenapp beschrijft dit als volgt: 'De relatie tussen de ziel en zijn astrale lichaam met een stoffelijk lichaam en het daardoor bepaalde bestaan in een zekere verschijningsvorm, is het gevolg van het karma en de som van goede en slechte daden, die in een eindeloze keten van vorige levens zijn volbracht. De ziel wordt door de eeuwige vergeldingskausaliteit, het karma, steeds weer tot een nieuwe bestaansvorm gedwongen; ze is de oorzaak van de natuurlijke verschillen tussen de individuen, hun talen en hun noodlot.'

De wenssfeer gaat in het bovenste gedeelte van de sokkel over in de vormsfeer. Op de volgende vier galerijen wordt in 1300 reliëfs het leven van Gautama Boedda, vanaf zijn geboorte tot aan de preek in Benares, uitgebeeld, zoals beschreven in de *Lalitavistara* (afb. 58-61). Slechts een gedeelte van deze reliëfs is ontleend aan dit geschrift; daarnaast treft men voorstellingen aan, die ontleend zijn aan de *Jataka-* en *Avadana*-legenden. Hierin worden de goede daden en opofferingsgezindheid van Boeddha uitgebeeld, die de gelovigen tot voorbeeld moeten dienen. De *Jatakamala*

96

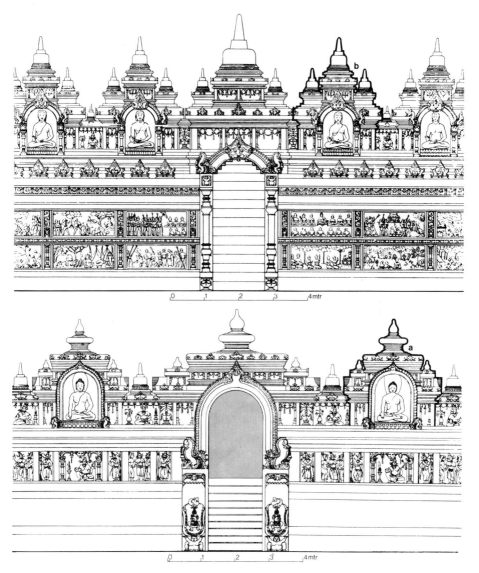

54, 55 Borobudur, poort en façade van het tweede terras, poort en façade van het eerste terras

56 Portaal bij het begin van de trap in het midden van elke façade van de Borobudur. Boven aan de →
boog in kraagtechniek een kala-makara-motief

57 Borobudur. Een Makara-kop met omhooggeheven slurf en opengesperde muil als waterspuwer →

is een verzameling van vierendertig gedichten, *Jataka's* genaamd, die de grootse daden van Boeddha in zijn vorige levens beschrijven en voorbeelden van zijn zelfopoffering geven. *Avadana* of *Avanda* zijn *Jataka's*, waarin Boeddha niet de hoofdfiguur is. Zij beschrijven de daden van Bodhisattwas in hun vroegere levens.

De volgende serie reliëfs zijn illustraties van *Sutra*-teksten, die het streven naar de hoogste vorm van verlichting uitbeelden. Zij verhalen hoofdzakelijk de geschiedenis van Sudhana, de zoon van een rijke koopman, die de hoogste wijsheid wilde bereiken. Hiertoe bezocht hij verschillende Bodhisattwas, zoals beschreven is in de *Gandawynha* of de *Avatamsake-Sutra*. Zijn geestelijke leiders zijn Maitraja, de Boeddha van de toekomst, en de Bodhisattwa Samantabhadva, die in het Tantrisme als de verschijningsvorm van Vairocana geldt. Voor de boeddhisten is de *Gandawynha* één van de belangrijkste geschriften. Het einde hiervan wordt gevormd door de *Bhadratjari,* waarin de belofte van Sudhana aan de Bodhisattwa Samantabhadva ten voorbeeld wordt gesteld. Het beeldverhaal op de laatste galerij van de *rupadhatu* wordt besloten met reliëfs over dit verhaal. Geheel in de juiste volgorde verderlopend komen we nu op de terrassen, die gewijd zijn aan de *arupadhatu* (de amorfe sfeer). Hier zijn de ronde galerijen met de kleine stupa's; in elk van deze stupa's zit een boeddhafiguur met zijn handen in de specifieke leerstand, de *dharmachakramudra.* De opengewerkte stenen ommanteling van de kleine stupa's of dagoba's is klokvormig en rust op een bed van lotusbladeren (afb. 53). De openingen van de stupa's op de eerste twee ronde galerijen zijn ruitvormig, terwijl deze gaten op de bovenste galerij vierkant zijn. Het grote beeldverhaal eindigt met de mystieke dhyani-boeddha's, die de laatste niet te beschrijven waarheden uitbeelden. In het midden staat de grote, totaal afgesloten belangrijkste stupa als symbool van het allerlaatste geheim.

Terecht heeft men de terrassen van de Borobudur gekenschetst als een geestelijke en lichamelijke pelgrimsreis door het heelal, met etappes van verlichting en verlossingsstadia, als een inwijdingskursus in steen.

De Borobudur, ontdekking en restauratie

Toen het Rijk van Mataram rond 930 na Chr. ten onder ging werd het zwaartepunt op politiek en kultureel gebied van Midden- naar Oost-Java verlegd. De Borobudur raakte wat in vergetelheid, nadat de tempel gedurende 150 jaar na zijn voltooiing het belangrijkste bedevaartsoord voor de boeddhisten was geweest. De tropische plantengroei nam dan ook snel weer de schitterend ommantelde heuvel in bezit.

←58-61 *Borobudur. Op de balustrades van het derde en vierde terras zijn de reliëfs liefst 70 tot 90 cm hoog en 1-3 m lang. Ze zijn van elkaar gescheiden door vertikale banen, die versierd zijn met ranken en bladmotieven. Ze beelden het leven van de Verlichte uit, eerst als prins Siddharta, dan als wijze uit de familie der Sakyas; tenslotte als asceet (dan wordt hij Samano Gautama genoemd) tot hij de verlichte Boeddha wordt*

Het duurde eeuwen voordat de Borobudur tijdens de korte periode onder Engels bewind in 1814 opnieuw ontdekt werd. In opdracht van Sir Thomas Stamford Raffles werden in 1815 de eerste onderzoeken verricht. Pas nadat 200 arbeiders vijfenveertig dagen lang konstant bomen hadden geveld en het praktisch totaal overwoekerde bouwwerk geheel hadden schoon gekapt kon men zich een beeld vormen van de konstruktie.

Twintig jaar later ontstonden de eerste daguerrotype-foto's; er zouden echter zeker 5000 foto's nodig geweest zijn om een goed gefundeerde dokumentatie samen te stellen, hetgeen in die tijd een onmogelijkheid was. F. C. Wilson probeerde tussen 1849 en 1853 alle reliëfs die in deze periode werden blootgelegd te tekenen. Zijn werk werd echter pas in 1873 gepubliceerd in de monografie van C. Leemans en J. F. G. Brumund.

In hetzelfde jaar kreeg de beroemde fotograaf J. van Kinsbergen de opdracht het bouwwerk te fotograferen. Men was vooral geïnteresseerd in de 200 reliëfs, die onder de tonnen puin te voorschijn waren gekomen. In 1882 moest hij zijn werk staken omdat men het plan had opgevat de beelden en reliëfs in een speciaal hiervoor gebouwd museum onder te brengen. Gelukkig werden deze plannen nooit uitgevoerd.

Nadat J. W. IJzerman in 1885 de reliëfs van de wenssfeer aan de basis van de Borobudur had ontdekt, maakte men ook hiervan een fotografische dokumentatie. Weer gingen jaren voorbij en de kansen om de Borobudur in zijn oude glorie te herstellen werden steeds kleiner. In 1907 deed men pas een werkelijk suksesvolle poging de Borobudur te restaureren. De leiding hierbij had Theodoor van Erp en zijn naam blijft dan ook onverbrekelijk aan dit kunstwerk verbonden. Hij begon met het uitgraven van de bovenste drie terrassen en restaureerde toen de 72 stupa's en de grote middenstupa. Hiervoor gebruikte hij de oorspronkelijke stenen, die overal in de wijde omtrek lagen. Hij maakte ook opnamen van alles wat hij deed, zowel vóór als na de restauratie, zodat allen die na hem aan dit grote werk verder zouden gaan, hieraan houvast zouden hebben.

Door de beperkte middelen, die Van Erp ter beschikking stonden, was de rekonstruktie van de lager gelegen terrassen en galerijen slechts gedeeltelijk mogelijk. Omdat het steeds binnendringende regenwater de aarden kern van het bouwwerk had aangetast, gaf hij aan een ontwateringssysteem de hoogste prioriteit. Het was Van Erp wél mogelijk enige balustrades te herstellen. Hiertoe sorteerde hij de fragmenten, die hij vond en bracht toen alles, steen voor steen, op zijn oude plaats terug.

Noch de vier jaren, noch de bescheiden middelen die Van Erp tot zijn beschikking had, waren voldoende om de Borobudur werkelijk voor verval te behoeden. Twee wereldoorlogen, een vijandelijke bezetting en een periode van revoluties schoven deze miljoenenverslindende plannen naar de achtergrond. Natuurlijk bleef de Borobudur, nu geen restauratiewerkzaamheden plaatsvonden, bloot staan aan allerlei weersinvloeden. (Tijdens de moessonregens valt soms 100 mm regen per dag en bij zonneschijn zijn temperatuurverschillen van 20° C heel gewoon.) Ondanks alles heeft de plantenwoekering verschillende delen van de ondergang gered. Alle muren zijn nl. zonder mortel en louter volgens de wetten van de zwaartekracht in elkaar gezet, hetgeen het gevaar in zich bergt dat, indien ergens een stuk zou loslaten, het hele bouwwerk in elkaar zou kunnen storten. Daar de Borobudur in een gebied ligt waar aardbevingen voorkomen, is het best mogelijk dat een dergelijke katastrofe door een seismische schok zou ontstaan.

Voordat de onderhandelingen begonnen tussen de tegenwoordige Indonesische regering en de Unesco bestonden tussen de experts al ernstige controversen. Zou het wél of niet noodzakelijk zijn het hele bouwwerk steen voor steen te slopen en na reiniging weer te herbouwen? Konden de terrassen weer hersteld en verstevigd worden zonder het risico dat het evenwicht zou worden verstoord? Zou het mogelijk zijn de reliëfs ter plaatse te reinigen of zou dat in een speciaal laboratorium moeten gebeuren? Uiteindelijk kwam men tot de volgende konklusie: het binnensijpelen van het water moest onmogelijk worden gemaakt waartoe een speciaal afwateringssysteem kon worden aangelegd. De stenen konden schoongemaakt en aan een behandeling worden onderworpen, zodat vocht noch schimmel verder een gevaar zouden vormen.

Nadat Indonesische en internationale experts vijf jaren lang voorbereidingen hadden getroffen, konden president Suharto en de Unesco in augustus 1973 het startsein geven voor de redding van de Borobudur. Men schatte de kosten van deze restauratiewerkzaamheden op 8 miljoen dollar, waarvan Indonesië ongeveer 3 miljoen zou bijdragen. Daar Indonesië en de Unesco samen dit bedrag niet konden opbrengen, hebben verschillende landen, waaronder uiteraard ook Nederland, zich bereid verklaard een bijdrage te leveren.

Dit projekt om de Borobudur weer totaal te herstellen, waarvoor men archeologen, architekten en technici van de bovenste plank heeft aangetrokken, zal volgens de voorlopige berekeningen 6 jaar duren. Daar men echter niet tevoren kan zeggen welke problemen men nog zal tegenkomen, is niet met zekerheid te voorspellen hoe lang het precies zal duren. In de tussentijd zal het bouwwerk wél voor de toeristen toegankelijk blijven.

Mendut en Pawon

Op slechts 3 km afstand van de Borobudur staat het eveneens bijzonder belangrijke boeddhistische heiligdom, de Candi Mendut (afb. 62). Tussen deze twee in, en wel precies op de oost-west-lijn, 1750 m van de Borobudur, staat de kleinere Candi Pawon. Het zijn beide boeddhistische candi's, die ongeveer tegelijkertijd tijdens de Sailendra-dynastie ontstonden. Van Erp was er al van overtuigd dat dit geen toeval kon zijn. De ornamentale versieringen vertoonden zoveel overeenkomsten, dat er wel een zeker verband moest zijn. Volgens een plaatselijke legende zou er vroeger zelfs een overdekte verbindingsweg geweest zijn. Men kan het zich ook voorstellen: een lange stoet van pelgrims, die in hun oranje gewaden voor de Waicaka-ceremonie bij de Mendut bijeen kwamen, waarna dan de hele stoet, al wierook en bloemen offerend, via de Pawon naar de Borobudur trok.

Volgens het mahâyâna-Boeddhisme moet iedereen die ooit een boeddha wil worden, de tien stadia van de Bodhisattwa doormaken; dit proces noemt men *dacabodhisattwabhumi.* De Borobudur toont deze dacabodhisattwabhumi in de plastieken op de tien terrassen. Zonder de twee stadia der voorbereiding door te maken *(sambharamarga* en *prayogamarga),* die nog deel uitmaken van deze aardse wereld, is het niemand vergund een verder, hoger leven te bereiken. In tegenstelling tot de Borobudur zijn de Mendut en de Pawon in het laagland gelegen. Het is dus heel goed mogelijk dat zij de twee stadia der voorbereiding symboliseren.

De Candi Mendut zoals hij nu is, is 26,5 m hoog. Op het terrein van de tempel, dat 50 x 110 m meet, is het niet het enige bouwwerk. Het was echter wel de

62 *De Candi Mendut. Het heiligdom staat op een hoge vierkante sokkel, waarvan het uitspringende gedeelte in een trap eindigt*

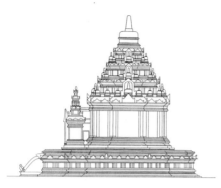 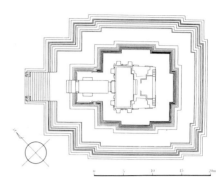

63 Candi Mendut, schets en plattegrond

hoofdtempel en het enige bouwwerk, dat volledig van de ondergang kon worden gered. Deze tempel is een typisch Midden Javaanse tempel met zijn brede onderbouw en zijn steile piramidevormige dak, dat vermoedelijk eens door een stupa bekroond werd. Zijn hoofdgevel ligt, in tegenstelling tot de andere tempels, in noordwest-richting. De plaats, de aanleg, de opbouw en de richting verraden een diepgaande symboliek. Men zegt zelfs dat de drie tempels, Borobudur, Mendut en Pawon op basis van astronomische en spekulatieve voorstellingen en berekeningen in een vooraf bepaalde verhouding tot elkaar staan.

De onderbouw van de Mendut is een vierkant met twintig hoeken, dat naar boven toe smaller wordt, maar naar onderen in een rechthoek overgaat (afb. 63). De trap is 4,82 m breed en 3,60 m hoog. Langs veertien treden klimt men naar de sokkel (afb. 62). De zijkanten van de trappen zijn geflankeerd door *kala-makara*-motieven. Uit de muil van de kala valt als het ware een makara-lichaam als een trapleuning naar beneden, waarvan het ondergedeelte eindigt in een makara-kop. Van bijzondere schoonheid zijn de reliëfs aan de linker buitenzijde van de trap. Wat stijl betreft lijken ze erg op die van de Borobudur: ook hier zijn het voorstellingen uit de *Jataka*-verhalen en fabels uit het vroege leven van Boeddha.

In de zijkanten van de trap liggen de reliëfs in vier rijen boven elkaar, voor een deel zijn ze driehoekig van vorm. De bovenste rij van de linkervleugel is ernstig beschadigd. Het voorste langwerpige reliëf op de onderste rij stelt twee jonge mannen voor, die hun boog spannen om op twee ganzen te schieten, die samen een schildpad omhoogvoeren (afb. 64, 65). Daaronder ziet men de strijd om de schildpad. Het tableau ernaast stelt een brahmaan voor, die in gesprek is met een man. In

64, 65 *Twee reliëfs langs de trapleuning van de Candi Mendut. Het zijn voorstellingen uit de boeddhistische Jataka. Onder: een schildpad, die tegelijkertijd door twee eenden in de lucht zwevend gehouden wordt en op de grond gevallen is. Twee jagers proberen de eenden met pijl en boog te raken*

de kleine driehoekige voorstelling, ziet men een slang uit een hol kruipen en op de voorgrond een wezel. Men ziet op het rechtse reliëf, op de tweede rij, een brahmaan met een kreeft op de voorgrond die de nek van een kraai en een slang in zijn scharen geklemd houdt. Dit grijpt terug naar een oude fabel, waarin wordt verhaald hoe een dankbare kreeft eens een brahmaan redde van een slang en een kraai, door beide de luchtpijp dicht te drukken. Op dezelfde rij zien we een ander reliëf, waarop een man met zijn hoofd in de schoot van een vrouw ligt, terwijl een andere vrouw de haard schoonmaakt. De hierop weer aansluitende driehoek vertoont een aap, die tegen een boom geleund zit. Men vindt rondom het fundament van de Mendut een gordel van eenenderig panelen, waarvan de reliëfs soms uit puur dekoratieve motieven bestaan, soms ook scènes uit de Jataka uitbeelden. De dekoraties bestaan uit dieren en vazen met twee of meer spiraalgewijs klimmende takken.

De buitenmuren van de eigenlijke tempel zijn in drieën verdeeld. Langs de muurpilaren vindt men een brede baan van klimopversieringen, waarop zich halve pilaren met makara-koppen aansluiten. Op het middenpaneel van de noordoostelijke muur vinden we een door twee staande figuren geflankeerde achtarmige god, op een padmasana-troon. Op de buitenste panelen staan nog zeven figuren; één hiervan staat op een verhoging onder een baldakijn. Het middenpaneel van de zuidwestelijke muur toont een vierarmige figuur, die door andere zittende figuren wordt geflankeerd. Ze zitten onder twee schitterend versierde bomen, terwijl in de wolken ook nog twee gedaanten te zien zijn.

In tegenstelling tot de Borobudur heeft de Candi Mendut wél een tempelkamer (cella), waarvan de achterste wand 6,8 m en de voorste wand 7,3 m lang is. Het piramidevormige plafond is 4 m hoog. De beeldhouwwerken van de Mendut, die gelukkig bewaard zijn gebleven, zijn van buitengewone waarde. De drie beelden zijn elk vervaardigd uit één enkel blok trachiet en zeer glad gepolijst. In het midden van het podium zit de drie meter hoge Boeddha met omlaaghangende benen op een kussen van lotusbloemen. Hij heeft zijn handen voor zijn borst in de onderwijzende houding (de *dharmachakramudra,* afb. 66). De rugleuning van de troonzetel is schitterend versierd: beelden van op hun zij liggende olifanten en rechtop staande leeuwen met in een boog daaroverheen makara-koppen. Op kleinere podia zitten links en rechts van dit beeld twee Bodhisattwas. De centrale figuur is opvallend sober gekleed, terwijl de beide Bodhisattwa-beelden bijzonder rijke kleding dragen.

Over de verklaring van het panteon van de Candi Mendut bestaan verschillende teorieën. Volgens een ervan is het beeld met de kroon aan de noordwestelijke zijde een beeld van de boeddhistische koning, tijdens wiens regering de Borobudur gebouwd werd. De andere beelden stellen zijn nog niet tot het Boeddhisme bekeerde voorgangers voor. In de tempel zou ook de as van de twee andere vorsten bewaard gebleven zijn.

Ook nu nog vormt deze tempel voor de zo aan mystieke invloeden onderhevige Javanen een plaats voor erediensten. Steeds zal men ook in de cella, waar een

weldoende rust heerst, gelovigen aantreffen die bloemen en wierook offeren.

De Candi Pawon vertoont, met uitzondering van het lange voorportaal, een sterke gelijkenis met de Mendut. Men kan dit duidelijk zien, zowel aan de bouw als aan de richting waarin hij geplaatst is. Ook de Pawon stamt uit dezelfde periode als de Borobudur. Vroeger stond er naast de tempel een grote katoenboom, die de tempel bijna wegdrukte. De Pawon werd in 1903 helemaal in zijn oude vorm herbouwd, hoewel men er aan twijfelt of het dak met zijn dagoba's er vroeger werkelijk ook zo uit zag. Evenals bij de Mendut zijn de muren van de eigenlijke tempel in drie panelen verdeeld: in het midden staat een wensboom met twee kinnari's (half vogel – half mens) en in de wolken staan een man en een vrouw. Hierboven is een vaas met lotusbloemen afgebeeld. De beide zijpanelen dragen beeltenissen van staande mannen en vrouwen. De beelden van de cella met de twee nissen zijn verdwenen; het plafond wordt gevormd door een vals gewelf, zoals bij de Mendut ook het geval is. De betekenis van deze tempel kunnen we misschien aflezen uit zijn naam: de basis van het woord pawon is *awoe* (=as), het voorvoegsel *pa* en het achtervoegsel *an* betekenen samen plaats of plek; *pa-awoe-an* samengetrokken tot *pawon* betekent dus 'plaats van de as'. In de Javaanse omgangstaal betekent *pawon* 'keuken', maar in dit geval zouden we het moeten interpreteren als 'rustplaats der doden'. De huidige bewoners van deze streek noemen de tempel *Bradjanalan*. De naam is afgeleid van de Sanskriet-woorden *vajra* (=bliksem) en *anala* (=vuur). Dus betekent *vajranala* 'de bliksem die vuur spuwt'. De Indische god Indra voert de vajranala als wapen. Daarom is het mogelijk dat hier de as werd bijgezet van een koning, die zich voor de inkarnatie van de god Indra hield en wiens standbeeld zich ook eens in de tempel heeft bevonden. Dit is echter een hypotese, die wijst in de richting van de versmelting tussen Hindoeïsme en Boeddhisme. Intussen heeft de Nederlandse paleograaf Dr. J. G. Casparis, een dokument uit de negende eeuw kunnen ontcijferen, waarin drie opeenvolgende vorsten uit de Sailendra-dynastie worden genoemd: koning Indra, zijn zoon Samaratunga en diens dochter Pramodawardhani. De tekst werd in het dorp Karantengha gevonden en door koning Samaratunga in 824 na Chr. geschreven. Daarin zegt hij dat zijn vader, koning Indra, een tempel zou hebben gesticht met de naam *Venuvana* (bamboebos). Casparis neemt aan dat deze tempel en de Candi Mendut één en dezelfde zijn. Dan zou déze tempel dus vóór de dood van koning Indra gebouwd zijn. In de tekst wordt bovendien vermeld, dat de as van koning Indra op een speciale plaats werd bijgezet, maar deze plaats werd niet precies aangegeven. Misschien was het, zoals hierboven reeds vermeld, de Candi Pawon.

Beide tempels zijn juwelen van Javaanse bouwkunst en men weet niet aan welke van de twee men de voorkeur zou moeten geven. In géén geval zou men mogen verzuimen deze twee tempels te bezoeken, temeer omdat ze zo dicht bij de Borobudur liggen.

Het zuiden

De Prambanan
De Prambanan ligt 16 km van Yogyakarta en is het belangrijkste en meest imposante tempelcomplex van de zuidelijke groep. Dit schitterende bouwwerk was het belangrijkste mausoleum van heel Midden-Java. Helaas zijn de kleine grafmonumenten bijna allemaal verwoest, maar we kunnen ons nog een voorstelling maken van de oorspronkelijke opzet.

Tijdens het Rijk van Mataram, dat onder invloed stond van de Shiwa-cultus, werd het kolossale tempelcomplex aangelegd (afb. 67). Men begon in de achtste eeuw en de hoofdtempel, de Lara Jonggrang, werd volgens overlevering omstreeks 915 voltooid door koning Daksha. Het is onmogelijk, dat de bouw van de Prambanan tijdens de regeringsperiode van één enkele vorst werd voltooid. Tijdens een

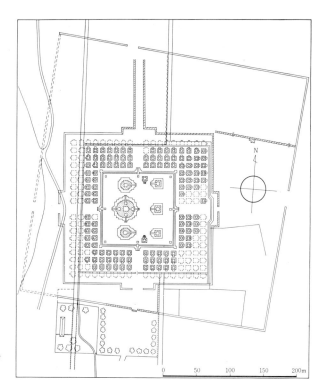

67 *Het tempelcomplex van de Prambanan*

enorme aardbeving in 1549 werden bijna alle gebouwen totaal verwoest. Tot in de vorige eeuw gebruikte men het puin om wegen aan te leggen en suikerfabrieken te bouwen. Onder zeer moeilijke omstandigheden begon men in 1937 met de rekonstruktie van de hoofdtempel. De werkzaamheden, waarvoor veel nieuwe stenen moesten worden gebruikt, kwamen in 1953 pas tot een goed einde. De restauratie werd zeer zorgvuldig en met kennis van zaken verricht, zodat de hoofdtempel weer in zijn volle glorie is hersteld.

Volgens een tekst uit de negende eeuw zou de naam Prambanan afgeleid zijn van de naam van het dorp Parawan. De inwoners van dit dorp hadden de plicht de tempels te onderhouden, waarvoor zij door de koning van het betalen van belasting werden vrijgesteld. Daarnaast wordt ook aan een mogelijke afleiding van het woord *brahmana* gedacht, dat via brambanan tot Prambanan werd. Het Prambanancomplex ligt vlak langs de rivier de Opak. Volgens de overlevering stroomde deze rivier vroeger dwars over het tempelgebied maar voordat met de bouw werd begonnen zou men de loop hebben verlegd. Ook deze tempel ligt te midden van veel natuurschoon; midden tussen de rijstvelden, met de Gunung Kidul in het zuiden en ten noorden daarvan de nog steeds aktieve vulkaan Merapi.

111

Het tempelcomplex bestaat uit acht tempels, die op een verhoogd terras staan en uit vier rijen kleine candi's. De aan Sjiwa gewijde hoofdtempel, de Lara Jonggrang, ligt in het midden (afb. 68, 69). Zuidelijk hiervan staat de aan Brahma gewijde tempel en in noordelijke richting die van Vishnu. Hiertegenover zijn de drie tempels van de mytische rijdieren der trimurti, maar alleen de afbeelding van de stier Nandi, het rijdier van Sjiwa, is bewaard gebleven (afb. 70). Aan beide zijden van het terras vindt men twee kleine tempels, die misschien als schatkamer werden gebruikt (afb. 71). Het terras wordt omringd door drie muren. Tussen de binnenste en de middelste muur liggen 156 kleine tempels, waarvan slechts een gedeelte gerestaureerd is en waarvan men aanneemt dat ze dienden als grafmonument voor de broederschap der monniken. De tempelterrassen worden naar het midden toe steeds hoger.

Shiwa, de derde figuur uit de trimurti, werd op Java zeer vereerd. Shiwa is zowel de verwoester als de vernieuwer van de schepping. Op Java zag men in hem de *Mahadeva*, de oppergod. Daarom werd hier voor hem ook de grootste tempel gebouwd. De *lingam* (fallus) is het symbool voor Shiwa als voortdurende vernieuwer. Als oppergod Mahadeva stelt men Shiwa meestal met vijf hoofden voor (op Java echter meestal maar met één hoofd) en staand op een lotuskussen. Achter hem zien we een slang als een soort aureool.

Ook de Prambanan is het resultaat van de samensmelting van boeddhistische en hindoeïstische elementen. In dit verband moet men goden als Shiwa, Indra, Agui, Kuwera, enz. zien als *avatara* van de enige ware Boeddha. Alleen uiterlijk zijn de goden verschillend. Deze tempel diende, ondanks het feit dat het een hoogtepunt vormde van de Shiwa-cultus, tevens als graftempel voor monniken die het latere mahâyâna-Boeddhisme aanhingen.

De Lara Jonggrang die in de oorspronkelijke vorm is herbouwd, is 46 m hoog. Het eigenlijke tempelgedeelte staat op een symmetrische, massief aandoende onderbouw. Deze onderbouw heeft twintig hoeken. De grote trap aan de oostzijde leidt naar de centrale cella en de drie trappen aan de andere zijden leiden naar de nevencella's. De tempel is onwaarschijnlijk mooi versierd. Op de sokkel vinden we veelvuldige herhalingen van het zgn. prambanan-motief (afb. 73): in een nis staat een leeuw tussen twee levensbomen die elk aan beide zijden van de stam voorzien zijn van twee kinnari's (mytologische vogelfiguren met het bovenlichaam van een vrouw). Langs de trappen treft men ook hier weer makara-beelden aan. Elke trap eindigt een stukje boven de twee meter brede galerij in een poort, die de vorm heeft van een candi. Vanaf deze poort leidt een stenen pad naar de vier cella's en kleinere trappen leiden links en rechts weer naar een galerij. Alle bogen en poorten zijn rijk gedekoreerd en hebben in het midden kala-koppen (afb. 68). Op de hoeken van de candi zijn waterspuwers met kala-makara-ornamenten.

Evenals de boeddhistische Borobudur is de aan Shiwa gewijde Lara Jonggrang een symbool voor het heelal. Het bouwwerk is in drie boven elkaar gelegen 'werelden'

68 De ingang van de aan Shiwa gewijde Lara Jonggrang (Prambanan). Boven de poort een kala-kop in reliëf. Rechts het dak van de als ontvangstruimte dienstdoende cella

69 *Trap voor de aan Shiwa gewijde Lara Jonggrang. De borstwering wordt bekroond door geribde*
stupa's

verdeeld. De basis stelt de lagere wereld, het niveau van de gewone mens voor; de
eigenlijke tempel is het symbool van de middelste wereld, die voorbehouden is aan
diegenen die zich hebben vrijgemaakt van aardse zaken. Het bovenste gedeelte, de
afsluiting van de tempel dus, is de zetel der goden. De candi Lara Jonggrang bevat
vier binnenruimten. De wanden van de belangrijkste cella zijn, in tegenstelling tot
die der drie andere cella's, van onder tot boven rijk versierd. Deze versieringen
bestaan uit spiraalvormige bloemranken, medaillons en bloemenvazen in kleine,
omlijste panelen. Tegen de achterwand staat een drie meter hoog beeld Shiwa als
Maha-deva, de oppergod. Links en rechts van de toegangspoort staan de beelden
Maha-kala en *Nandisvara*; beide zijn weer andere verschijningsvormen van Shiwa.
Evenals het tempelgebouw zelf zijn de beelden vervaardigd uit Andesit-lava.

In de zuidelijke cella zien we Shiwa als *Maha-guru,* de hoogste leermeester; in de
westelijke cella Ganesha, de zoon van Shiwa als god der wijsheid met zijn olifantskop en mensenlichaam, en in de noordelijke cella staat zijn vrouw Durga op de
buffeldemon *Mahisasura,* die door haar gedood wordt.

Rondom de tempel loopt een galerij, die aan de buitenzijde door een brede muur
wordt omzoomd en die bekroond wordt door stupa's of lingams. Dit is misschien
een boeddhistische invloed in dit zo shiwaïstische bouwwerk.

114

De balustrade of borstwering van de galerij is aan beide zijden met reliëfs versierd. De dekoraties van de buitenzijde bestaan uit nissen, die afgewisseld worden door inspringende panelen. De nissen hebben een omlijsting en zijn met kleine kala-koppen, kleine leeuwe- of papagaaieplastieken versierd. Elke nis bevat een groep van bijna driedimensionale figuren: twee vrouwen met in hun midden een man of drie vrouwen. Dit zijn *Apsarasa's,* wezens uit de hemel van Indra, die met nimfen vergeleken kunnen worden. De verdiept liggende vlakken tussen de nissen bevatten elk drie staande mannenfiguren. De binnenzijde van de balustrade is versierd met 42 basreliëfs, die een gedeelte van de Ramâyâna-legende uitbeelden (afb. 74, 75). Wanneer men het verhaal in de juiste volgorde wil zien, moet men eerst de oostelijke trap beklimmen en dan links afbuigen naar de galerij.

Aan de zijkant van de trappen, dus in totaal acht keer, zijn reliëfs aangebracht met de beide hoofdfiguren uit de legende, Rama en Sita.

De legende verhaalt over de lotgevallen van Rama (of Ramachandra, 'hij die de maan gelijk is', de zevende inkarnatie van Vishnu) en zijn vrouw Sita. Het gedicht dat uit 50.000 strofen bestaat, ontstond in een niet meer te dateren periode; men

70 *De Lara Jonggrang. Nandi, het rijdier van Shiwa in het kleine heiligdom dat tegenover de Shiwatempel ligt*

115

71 *Een van de twee kleinere tempels, waarvan men nog niet heeft ontdekt aan welke god zij gewijd waren; alle tempels van de Lara Jonggrang zijn volgens hetzelfde model gebouwd*

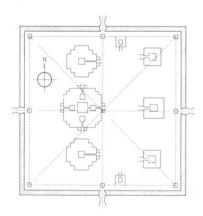

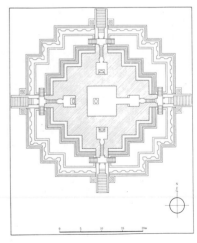

72 *Overzicht van het tempelcomplex Prambanan met zijn 8 tempels, daarnaast de plattegrond van de aan Shiwa gewijde Lara Jonggrang*

116

neemt echter aan dat het ongeveer de vijfde eeuw v.Chr. zou kunnen zijn. Men neemt óók aan dat de schrijver de haast legendarische dichter Valmiki is geweest. De huidige versie van de legende, die nog als drama in het zo populaire schimmenspel wordt opgevoerd, is van latere datum. Het geheel is een fantastische avonturen- en liefdesroman met een mytische ondergrond.

Dit heldendicht is ingedeeld in zeven Kanda-boeken. Het eerste behandelt de jeugd van Rama, in het tweede wordt hij door zijn vader, Dasjaratha, verbannen naar de wildernis, waar hij strijd levert tegen de *raksasa's*, de reuzen; het derde boek beschrijft ook Rama's leven in de wildernis en de roof van zijn vrouw Sita, die door de demon Ravana naar Langka (Ceylon) wordt ontvoerd; in het vierde boek horen we over het verblijf van Rama in Kishkindhya, de hoofdstad van Hanuman, koning der apen; het vijfde boek schildert de reis naar en de aankomst op Ceylon; het zesde boek gaat over Rama's strijd tegen Ravana en zijn zege (ook wordt Rama weer opgenomen in Ayodhya); tenslotte lezen we in het zevende boek over de verbanning van Sita, de geboorte van haar tweelingzonen, de bewijzen van haar

73 *Het Prambananmotief, de frontaal opgestelde leeuw, aan de buitenzijde van de basismuur van de Shiwa-tempel. De leeuw wordt geflankeerd door hemelsbomen met elk twee kinnari's*

onschuld en haar trouw, haar dood en de beslissing van Rama om haar te volgen en ten langen leste hun beider intocht in de hemel. De belangrijkste scènes in dit epos gaan over de strijd tegen de demonen en de hereniging met Sita, dank zij de hulp van het apenvolk.

Op de reliëfs van de Lara Jonggrang zien we de legende vanaf het begin tot aan het bouwen van de brug naar Ceylon, het rijk van de demon Ravana. Het vervolg vinden we aan de binnenmuur van de Brahma-tempel, waar het in dertig basreliëfs is uitgebeeld.

De vierde rij met reliëfs zien we hoog boven de galerij op de wanden van de Shiwa-tempel. Het zijn vierentwintig reliëfs met hetzelfde motief: centraal staat een beeld van een god op een troon met aan iedere zijde een paneel waarop twee tot drie mannen- of vrouwenfiguren staan afgebeeld. De tempels gewijd aan Brahma en Vishnu hebben elk slechts één ingang in oostelijke richting en één cella. Beide tempels werden grotendeels verwoest en zijn slechts gedeeltelijk gerestaureerd.

Zoals reeds vermeld is het onderwerp van de rij reliëfs op de balustrades van de Brahma-tempel het vervolg van het Ramayana-epos; op de Vishnu-tempel zien we gebeurtenissen uit de jeugd van Krishna uit het Oud-Javaanse epos Krishnyana.

Vanuit de door de hiërarchie bepaalde indeling van het totale complex zou men eigenlijk verwachten dat de hoofdtempel op het snijpunt van de diagonalen van de centrale tempelhof zou liggen. Dit is echter niet het geval. Dit snijpunt der diagonalen bevindt bij de uitbouw links van de grote trap naar de Lara Jonggrang. Bij de restauratiewerkzaamheden werd precies op deze plaats onder het beeld van één van de goden een holle ruimte ontdekt, waarin zich een urn met as en grafgiften bevond. Klaarblijkelijk was dit het eigenlijke middelpunt van het geheel. De oprichter van dit bouwwerk heeft op subtiele wijze ook het eigenlijke karakter ervan willen aangeven: het moest een grafmonument zijn voor een tot god geworden vorst, wiens as hier werd bijgezet.

Sewu en Plaosan

Ten noordoosten van de Prambanan, op ongeveer twee kilometer afstand, ligt de grootste groep tempels van Java, de Sewu. Op een oppervlakte van 24 ha bevinden zich in totaal 246 tempelgebouwen. In het midden staat de belangrijkste tempel, de hoofdingang op het oosten en aan vier kanten trappen. Aan de noord-, west- en zuidzijde van de hoofdtempel zijn bijgebouwen gekonstrueerd met elk slechts één vertrek. De plattegrond van het geheel krijgt hierdoor het model van een breed uitgevallen kruis. De muur, die het gehele complex omringt, heeft ingangen in elke windrichting, die elk door twee *raksakas* of *dvarapalas* worden bewaakt. Dit zijn drie meter hoge beelden die met knotsen bewapend de wacht houden (afb. 76). De opzet van dit complex doet denken aan die van de Prambanan en de Plaosan. Aansluitend op de hoofdtempel liggen, omgeven door twee ringmuren, in een vierkant gebouwde rijen neventempels.

←74, 75 *Lara Jonggrang. Reliëfs aan de binnenzijde van de borstwering met voorstellingen uit de Ramayana*

76 Raksasa of dvarpala, een met een knots gewapende schildwacht op het omvangrijke tempelcomplex van Sewu

De eerste rij bestaat uit 28 bijtempels, de tweede rij uit 44. Dan is er een grotere tussenruimte, waarop vijf iets grotere tempels staan. Twee hiervan staan aan de oostelijke kant, twee aan de westelijke en slechts één aan de noordkant. Dan komen er weer twee rijen met bijtempels, de eerste bestaat uit 80 en de tweede uit 88 van dit soort gebouwen. Zowel de hoofdtempel als de bijtempels zijn rijk versierd. Op de bijgebouwen van de hoofdtempel ziet men afwisselend medaillons en bloemmotieven. In de medaillons worden leeuwen en herten afgebeeld. In de zijpanelen zijn hoofdzakelijk ruitmotieven aangebracht. Opvallend is hier de oosterse boogvorm van de nissen.

In tegenstelling tot die der nevencella's, zijn de muren van de hoofdcella onversierd. Slechts in de acht hoeknissen in de buitenmuur van de tempel en in de daknis kon men beelden neerzetten; binnenin, met uitzondering van de hoofdcella, was er plaats voor 49 standbeelden. In de middenruimte zou een enorme bronzen Boeddha, nog groter zelfs dan die van de Mendut, hebben gezeten. De resterende boeddhabeelden bevinden zich op het ogenblik in het museum van Jakarta.

120

Rekening houdend met de architektuur en de stijl van de plastieken en ornamenten neemt men aan dat de candi Sewu ontstaan is in de tweede helft van de achtste eeuw; waarschijnlijk zelfs tijdens de regering van koning Cri Maharaja Panagkaran uit de Sailendra-dynastie.

De candi Plaosan ligt op slechts 1,5 km afstand van de Sewu. Dit complex is verdeeld in vijf percelen. In het midden van het tweede perceel (vanuit het noorden gerekend) liggen twee grote tempels, die door een muur van elkaar gescheiden zijn. Beide tempels worden door twee muren omringd, waarvan de buitenste twee toegangspoorten heeft. Voor iedere poort staan twee raksakas. De twee grote tempels zijn identiek. De zuidelijke tempel werd in 1960 gerestaureerd. Beide rechthoekige tempels zijn overdadig versierd.

De bouwstijl van de gerestaureerde tempel vertoont grote overeenkomst met die van de tempel van Sari. Voor de ingang bevindt zich een soort van vestibule. De tempel bevat drie ruimten; in elk van deze vertrekken moeten vroeger drie beelden hebben gestaan. De lotusvormige sokkels zijn nog aanwezig. Gezien de plaatsing van de sokkels neemt men aan dat hier vroeger een door twee Bodhisattwas geflankeerde Boeddha heeft gestaan. Holtes in de muren doen vermoeden dat de bovenverdieping een houten vloer had, waarvan de draagbalken in deze gaten rustten. Het bovenvertrek zou het verblijf van een priester of een bewaarplaats van tempelgerei geweest kunnen zijn.

De vele bijtempels zijn bijna allemaal tijdens de grote aardbeving van 1867 verwoest. Onder het puin vond men later een steen met een inskriptie, die de Sailendra-koning Rakai Pikatan noemt als stichter van de candi Plaosan in het jaar 850 na Chr. In die periode leefden hindoes en boeddhisten vreedzaam naast elkaar.

Kalasan en Sari

De oudste tempel van Midden-Java ligt tussen Yogyakarta en de Prambanan, ten zuiden van de Merapi en ten westen van de Opak. Dank zij een Nagari-inskriptie weten we iets over de geschiedenis van de tempel. Het Nagari-schrift is afkomstig uit Noordoost-India. Het werd door boeddhisten in India en later ook in Indonesië gebruikt voor het maken van inskripties van Sanskriet-teksten. De inskriptie van Kalasan vermeldt: 'Toen 700 jaar van het Caka-tijdperk verlopen waren (778 na Chr.) stichtte de vorst een Tara-tempel ter ere van zijn leermeester (guru); het gebied van en rond het dorp Kalasa werd tot tempelgebied verklaard.' Deze vorst was de Sailendra-koning Sri Maharaja Rakai Panangkaran. De tempel was gewijd aan de godin Tara, maar fungeerde waarschijnlijk eveneens als grafmonument voor zijn vrouw, die ook Tara heette. In de inskriptie worden verder het beeld van een godin en een mahâyâna-klooster genoemd; men vond in de buurt van de tempel inderdaad resten van stenen zuilen die waarschijnlijk tot een houten gebouw hebben behoord. Rondom de tempel liggen de resten van stupa's en daartussen vond men 81 sarcofagen met bronzen en terracotta urnen, die allerlei soorten relikwieën bevatten: spiegels, gouden en zilveren plaatjes waarin *mantrams* gegraveerd waren, toverspreuken, magische stenen, kettingen en spelden. Een graf heeft men in de tempel zelf echter niet gevonden.

De eigenlijke tempelruimte heeft zijden van 14,20 m met aan alle vier kanten een uitbouw van 7,10 × 3,55 m. Hierdoor heeft de plattegrond de vorm van een Grieks kruis met uitstekende hoeken. De weelderige versiering bestaat uit nissen, gebeeldhouwde panelen en dagoba's. De vele basreliëfs hebben delen van grijs stucwerk. Dit procédé heet in het Sanskriet *vajralepa* en in het Frans *demasqué*. Het hoofdmotief wordt gevormd door het kala-makara-ornament, dat men overal aantreft. Ook zijn mytische figuren afgebeeld, die lotusbloemen in de hand hebben en op een wolk gezeten zijn.

In de tempel bevinden zich vier cella's, waarvan de oostelijke fungeert als voorportaal voor de centrale ruimte. Hierin zouden vroeger 22 beelden hebben gestaan; vermoedelijk waren dit bronzen beelden, die echter in de woelige periode na de ondergang van het Rijk van Majapahit verloren zijn gegaan. Toch zijn verschillende van deze beelden later op de een of andere manier in musea terecht gekomen. Tussen 1927 en 1929 werd deze tempel gerestaureerd.

Weer 1 km naar het noorden vinden we de Sari-tempel; dit is een rechthoekig bouwwerk, dat oorspronkelijk twee verdiepingen had. Vergeleken met de andere tempels is dit het best bewaard gebleven bouwwerk in deze streek, ook al zijn de galerij en het voorportaal verwoest. De Sari is geen grafmonument, maar een *vihara*, een klooster. De archeologen vermoeden dat het 'meer een huis dan een tempel' was. In ieder geval werd de bovenverdieping bewoond, terwijl op de benedenverdieping godsdienstoefeningen werden gehouden. Deze indeling komt ook in Nepal zeer vaak voor. Wanneer we afgaan op de bouwstijl en de reeds genoemde Nagari-inskripties, zou dit klooster gelijktijdig met de Kalasan door dezelfde vorst gebouwd zijn. Ook dit gebouw heeft holtes in de zijwanden voor de draagbalken van de bovenverdieping. Aan de buitenzijde zijn de verdiepingen door kroonlijsten van elkaar gescheiden. Beide verdiepingen zijn door muren in drie vertrekken verdeeld. Op de benedenverdieping staan, tegen de achterwand, nog sokkels voor de altaren; waarschijnlijk leidde een trap vanuit het zuidelijke vertrek naar de bovenverdieping.

De buitenkant is rijk versierd door horizontale stroken met geometrische figuren. In de vakken naast de vensters zijn afwisselend mannen- en vrouwenfiguren afgebeeld; hiervan kent men echter de betekenis niet. Enerzijds worden zij aangezien voor de lagere goden uit het boeddhistische panteon, anderzijds denkt men dat het Bodhisattwas voorstellen. Boven elk raam bevindt zich een driehoekige bekroning, waarvan de hoeken in kala-koppen eindigen. Op de hoeken van het bouwwerk bevinden zich waterspuwers.

Het noorden

Het Dieng Plateau

Als we de grote verkeersweg volgen, die van Yogyakarta langs de Borobudur naar Magelang en verder naar Temanggung en Wonosobo leidt, komt men door een schitterend berggebied, dat opvalt door zijn vruchtbare rijstvelden. Vanaf de Pas van Kledung (2300 m hoogte) heeft men een schitterend uitzicht op twee van de grootste uitgedoofde vulkanen van Java en wel links de Gunung Sumbung (3371 m) en rechts de Gunung Sundoro (3135 m). Door het enorme hoogteverschil geniet men van een zeer wisselend uitzicht. Een indrukwekkend ruig gebied strekt zich voor ons uit; de mensen hier hebben ook grovere gelaatstrekken dan de veel zachtaardiger mensen uit het laagland. Ze wonen hier met hun huisdieren onder

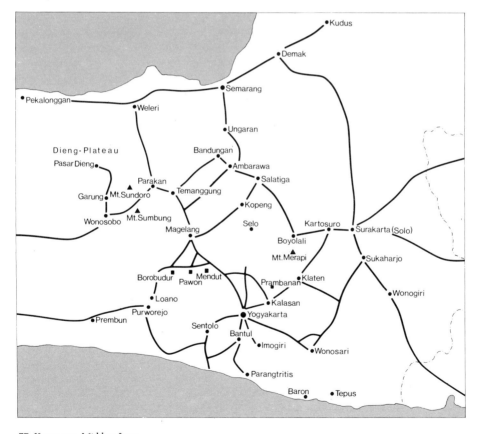

77 Kaart van Midden-Java

één dak in eenvoudige hutten, verbouwen er hun tabak en drogen de bladeren op een bamboestelling vlak voor hun deur.

Wij bevinden ons hier op het Dieng Plateau en dit is een vulkanische hoogvlakte, die op 1093 m hoogte (1800 m lang en 800 m breed) in de caldera van een uitgedoofde vulkaan ligt. Hete zwavelbronnen en kleine moddervulkanen herinneren ons eraan, dat de machten die nog zoveel onheil kunnen aanrichten, vlak onder de oppervlakte sluimeren. Het dorre landschap biedt een spookachtige aanblik. Hoewel men hier 6° ten zuiden van de evenaar is, kan de stralende tropische zon plotseling verdwijnen om plaats te maken voor neveldampen. Dan gelooft men echt in het bestaan van geesten en demonen, omdat alles dan in een spookachtig grijs gehuld wordt. Vermoedelijk hebben hier reeds in het Neoliticum mensen gewoond en hun natuurgoden, met wie zij zich zo nauw verbonden voelden, aanbeden. Later, maar hoeveel later weten we niet precies, bouwden ze hier in dit onherbergzame gebied een stad met talloze tempels. In elk geval behoren de nederzettingen van het Dieng Plateau tot de oudste van Java.

De oudste inskriptie, de *Hanasima*-inskriptie die zich thans in het museum van Jakarta bevindt, dateert uit het jaar 809; het is echter niet zeker of de nederzetting in die tijd gesticht werd of misschien nog ouder is. In een inskriptie, die dertig jaar

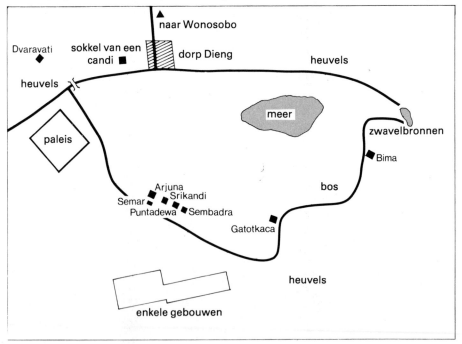

78 *Situatieschets van de tempels op het Dieng Plateau*

79 Nagas (slangen) als trapleuningen bij de tempel Puntadewa. Op de achtergrond de Candi Sembadra

80 Vishnu uitgebeeld in een schijnvenster aan de noordkant van de Candi Srikandi op het Dieng Plateau

later gedateerd moet worden, noemt men de Dieng 'de heilige berg', en later spreekt men zelfs van het 'Benares van Java'. Het verval van het heiligdom valt samen met de val van het hindoeïstische Rijk van Mataram.

Van de talrijke monumenten zijn weliswaar vele fundamenten gevonden, maar er werden slechts 8 tempels volledig bewaard aangetroffen. In het begin van de negentiende eeuw trof Cornelius nog 40 tempelcomplexen aan, maar bij vulkaanuitbarstingen zijn er door de lavastroom erg veel verwoest. De 8 bewaard gebleven tempels op het Dieng Plateau zijn relatief kleine candi's, die volgens het gebruikelijke patroon zijn gebouwd (afb. 78). De ons reeds vertrouwde vertikale driedeling is ook hier uitgevoerd: de vierkante onderbouw, de wat kleinere eigenlijke tempel (waardoor op de sokkel weer een galerij ontstaat voor rituele doeleinden) en de trapsgewijs inspringende dakkonstruktie met ligams of stupa's. Een trap met gebogen balustrades leidt omhoog naar het terras.

De gebouwen zijn grotendeels beïnvloed door het Shiwaïsme. In het noorden ligt de belangrijke Arjuna-groep. De namen van de tempels (die waarschijnlijk pas veel later gegeven werden) zijn die van helden uit de Bharata Juddha. Dit is een Javaanse bewerking van het 5e tot het 10e boek van de *Mahabharata*. De tempels heten

81 De tempels Puntadewa
(links op de voorgrond) en Sembadra
op het Dieng Plateau

82 Het kala-makara-motief als versiering
bij een nis van de Candi

83 Arjuna. Op de rechtse foto hetzelfde motief bij de Puntadewa op het Dieng Plateau

Candi Arjuna, Puntadewa, Srikandi, Sembadra en Semar. Opvallend is de soberheid van deze tempels. Ze liggen in een moerassig gebied, dat vroeger door een afwateringssysteem droog werd gehouden. Men heeft resten van dit systeem in het noordwesten van het plateau gevonden. De tempels zelf staan op een rotsachtige ondergrond.

Tussen de Arjuna en de Semar bestaat een verbinding; misschien is de Semar woonruimte geweest voor priesters, het is echter ook mogelijk dat hier een beeld van Nandi, het rijdier van Shiwa, gestaan heeft. Hetzelfde vermoedt men ook van de andere bijtempels. Ten zuiden van de Arjuna ligt de Srikandi, die ook een neventempel had, waarvan slechts de fundering bewaard is gebleven. Als enige van het Arjuna-complex is de Srikandi versierd met godenfiguren. Aan de buitenmuur van de eigenlijke tempel zijn drie panelen aangebracht. Het oostelijke paneel bevat de beeltenis van Shiwa, aan de zuidzijde ziet men Brahma en aan de noordkant Vishnu (afb. 80). Vishnu wordt hier met vier armen voorgesteld. In de achterste rechterhand houdt hij het zonnerad, het attribuut in de achterste linkerhand is afgebroken. In de voorste rechterhand houdt hij een soort pijl. In de brahmaanse godsdienst is Vishnu de tweede in rang in de trimurti. De tekenen van zijn waardigheid zijn het zonnerad, de schelp en de knots. Zijn rijdier is de vogel Garuda. Op Java wordt hij minder aanbeden dan Shiwa; de vereerders van Vishnu zien in hem echter een belichaming van het 'hoogste wezen'. In de Mahabharata

127

84 *Candi Bima (Dieng Plateau). Deze candi is qua vorm uniek in Indonesië, omdat de kudu's (nissen) hier met menselijke hoofden zijn versierd*

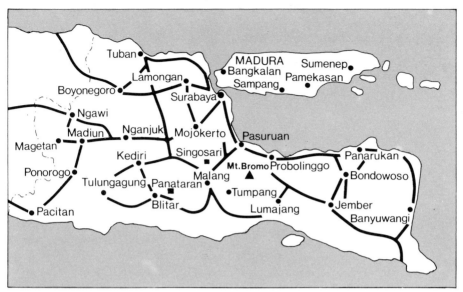

86 *Kaart van Oost-Java*

ontwikkelde, ontstonden de tempels Jago, Singasari en Kidal. In die periode zag men ook een sterke nieuw-boeddhistische beweging opkomen, maar ook de typisch Javaanse volksaard trad meer op de voorgrond. Het is wel bewezen dat in deze tijd weer vanuit India een sterke emigratiestroom naar Indonesië kwam en dat de nieuwkomers de zeer hoog ontwikkelde vorm van het noordelijke Boeddhisme meebrachten. Bovendien vallen bepaalde Chinese invloeden te onderkennen.

Tegelijk met de opkomst van het rijk Majapahit begon op Oost-Java een periode van ontwikkeling van een typisch eigen kunst; in het grensgebied tussen Surabaya en Pasuruan werd dit het duidelijkst merkbaar. Invloeden hiervan lopen van hieruit tot aan Kediri en Midden-Java. De traditioneel Javaanse eigen volksaard toont zich duidelijker en er is ook sprake van een versmelting van boeddhistische en brahmaanse elementen. Een voorbeeld hiervan is het belangrijkste literaire werk *Sutasoma* van de dichter Tantular. De kultuur uit de Majapahit-periode is tot op de huidige dag nog bewaard gebleven op Bali en in mindere mate op de eilanden Lombok en Sumba. Ook viel in deze periode de overgang van de Oud-Javaanse naar de Nieuw-Javaanse taal.

Tussen de dertiende en de vijftiende eeuw beleefde Java een bloeitijd in de bouw- en beeldhouwkunst. De tempels werden slanker en de kroonlijsten staken ver buiten de cella's uit. Hierdoor veranderde ook het model van de daken. De schijnverdiepingen werden vervangen door een soort lijsten die naar boven steeds smaller toelopen en met een kubusachtige vorm hun afsluiting vinden.

131

De tempels

Kidal, Jago en Singasari
Deze drie tempels liggen vlak bij Malang en zijn van daaruit gemakkelijk bereikbaar. Dank zij gevonden aantekeningen weten we meer over de historische data van de Oost-Javaanse bouwwerken. Zo weten we bijv. dat de candi Kidal een grafmonument is voor de tweede vorst van de Singasari-dynastie, die in 1240 stierf. Hier zien we al de typische Oost-Javaanse konstruktie. Daar de onderbouw heel hoog is en de eigenlijke tempel als een soort piramide omhoog rijst, maakt het geheel een zeer slanke indruk. De ornamentiek is bijzonder rijk en het Tumpal-motief valt sterk op, hoewel het al zeer geruime tijd, zowel in de weefkunst als bij de beschildering van huizen toegepast werd. De kala-koppen boven de deuren en nissen zijn ook uitermate plastisch. Deze kala-koppen worden nu een van de meest voorkomende motieven in de plastische dekoraties op Oost-Java. In tegenstelling tot bij de candi Kalasan zijn hier de koppen direct op de deurstijlen aangebracht.

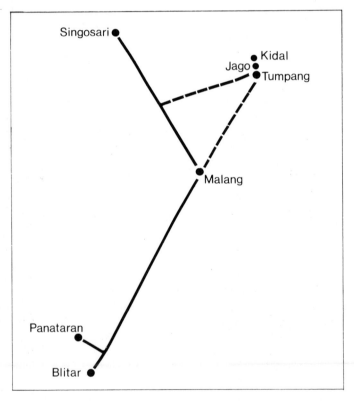

87 Situatieschets van de tempels, Kidal, Jago en Singasari

Oost-Javaanse stijlelementen ziet men nog duidelijker bij de candi Jago: ten eerste de brede, ingekerfde lotusbladeren en ten tweede de boven- en onderranden van de reliëfs, die hemel en aarde symboliseren. Omhoogklimmende spiraalvormige bloemenranken met medaillons vormen de omlijsting van de deuren. De Jago is een grafmonument; hierin ligt de as van de Vishnuvardhana, de vader van Kirtanagara, die de belangrijkste koning was uit de Singasari-dynastie.

Deze tempel bestaat uit een onderbouw in de vorm van een langwerpige rechthoek met een terugspringende middensokkel waarop zich een wat naar achteren wijkende vierkante tempelkern bevindt. Twee trappen leiden naar de eerste en ook weer naar de tweede galerij. Op de derde galerij rust de eigenlijke tempel met een hoog voetstuk. De westelijke nis dient tevens als toegang tot de hoofdcella. Hier stonden eens drie beelden. Bijzonder interessant zijn de reliëfs van de Jago; bijna zonder uitzondering maken ze deel uit van één cyclus (afb. 88, 89).

Men kan ze in vier series verdelen: de eerste beneden aan de sokkel, de tweede aan de overkapping boven de eerste galerij, de derde op de tweede sokkel en de vierde op de derde sokkel. Verder zijn er nog grote panelen met reliëfs aan de muur van de eigenlijke tempel, voorzien van voorstellingen uit de *Krishnayana*.

De reliëfs op de tempels van Oost-Java vormden eigenlijk grote beeldverhalen van de beroemde legenden en heldendichten. Op deze manier maakte men voor de gelovigen en pelgrims, die meestal niet konden lezen, de gebeurtenissen uit de geschiedenis duidelijk. Men beeldde niet alleen de helden en heldinnen van de verhalen uit, maar vooral ook hun vrienden en dienaren, de *panakawans* en de *ingas*, die meestal de reflexen op de daden van de hoofdpersonen vertolken. Deze panakawans zijn typisch Javaans; zij spelen dan ook niet alleen bij de reliëfs, maar ook in het wayang-spel een belangrijke rol. Hun gelijkenis met de figuren uit het wayang-spel is opvallend. Het typische van de wayang-spelen komt niet alleen tot uiting in de expressieve bewegelijkheid van het silhouet; maar ook in de gebaren en de kleding van de figuren. De verwantschap met de wayang-stijl gaat zo ver dat de afscheiding tussen twee panelen, een 'schuine balk' of een driehoek, duidelijk op deze invloed wijst. Dit driehoekige element duidt de *kekajon* of *gunungan* aan. Dit is een zetstuk in de vorm van de boom des hemels, dat door de *dalang* wordt geplaatst om een pauze in het spel aan te geven.

De verklaring van de reeksen reliëfs aan de Jago is slechts ten dele mogelijk geweest, omdat er veel verwoest werd. In het algemeen zou men kunnen stellen dat in het voorste gedeelte van het eerste terras fabels afgebeeld zijn; op het tweede terras zijn het waarschijnlijk gedeelten uit de *Ramayana*, terwijl op het derde terras episoden uit de *Arjuna-wiwaha* worden uitgebeeld. Stijl en kwaliteit zijn zelfs per

←88, 89 *Reliëf op de candi Jago. De figuren illustreren het verhaal van arjuna en zijn gestileerd als wajangpoppen. Typisch voor de Balinese architektuur is de konstruktie van de meru's. Zou hier sprake zijn van Chinese invloeden?*

90 *De candi Singasari, het tempelmausoleum voor de in 1292 gestorven koning Kirtanagara. De eigenlijke tempel staat op een vierkante basis, die aan elke zijde een uitbouw vertoont.*

reeks verschillend. In tegenstelling tot de reliëfs van Midden-Java hebben we hier te maken met een nieuwe vorm, die duidelijk tot uitdrukking komt in de sfeer op de afbeeldingen.

Door de gelijkenis tussen de candi Jago en de candi Singasari (soms ook Singosari) neemt men aan dat ze tegelijkertijd zijn gebouwd. De candi Singasari is echter nooit helemaal voltooid (afb. 90). Archeologen hebben verband gelegd tussen de candi Singasari en koning Kirtanagara; deze laatste vorst uit de Singasari-dynastie werd in 1292 door rebellen vermoord. Een inskriptie uit 1351 vormt een eerbewijs aan de zielen van de priesters, die tegelijk met de koning om het leven werden gebracht. Uit andere historische bronnen weten we, dat de as van de koning op verschillende plaatsen werd bijgezet; Singasari was één van die plaatsen.

De candi Singasari was voornamelijk aan Shiwa gewijd. Het is waarschijnlijk dat dit hele tempelgebied (waartoe zeker zeven maar waarschijnlijk zelfs negen tempels behoorden) in de eerste helft van de veertiende eeuw tot staatstempel van de koningen van Majapahit werd verklaard. De illustere voorvader, koning Kirtanaga-ra, werd hier als inkarnatie van Shiwa vereerd. Eén tempel van dit hele complex is slechts bewaard gebleven. Evenals de Jago heeft deze tempel ook een terraskon-

91 Kala-kop bij de candi Singasari; bij deze candi zijn de versieringen nooit voltooid

136

92 *Een van de indrukwekkende raksasa's (tempelwachters) van Singasari*

struktie. De sokkel wordt gevormd door een lage en eenvoudig geprofileerde vierkante onderbouw. Hierop staat het tempelblok met zijn aangebouwde vleugels, zodat het geheel op een Grieks kruis lijkt. De eigenlijke tempel bestaat uit twee verdiepingen. Binnen in het gebouw bevindt zich een hoofdcella, waar zes beelden konden staan, en twee nevencella's.

De ornamenten zijn nooit voltooid. In de bovenste gedeelten zijn ze het duidelijkst te zien, terwijl meer naar beneden grote, gladde stenen zijn te zien, die ook tot reliëfs hadden moeten worden verwerkt. Hieruit valt te konkluderen dat men bij het aanbrengen van de ornamenten van boven naar beneden werkte. Zelfs de kala-koppen boven de deur zijn niet afgemaakt, men kan alleen maar hun hoekige basisvormen herkennen (afb. 91). Overigens is er een groot verschil tussen de kala-koppen op Oost-Java en die van Midden-Java. Zij zijn massiever en meer gedrongen, hebben een knobbelneus, uitpuilende ogen en een geopende mond. Van de tempel Singasari kijkt vanuit elk portaal en vanuit elke nis zo'n geweldige kala-kop omlaag. Van de beelden uit het binnenste van de tempel is er nog maar één gaaf overgebleven; men denkt dat dit Agastya is, de goddelijke leraar, die de mentor van Shiwa was.

Ten westen van de candi Singasari ligt een groot open veld, dat door de Javanen *alun-alun* genoemd wordt. Hier bevinden zich, op ongeveer 200 m van de tempel twee enorme, drie meter hoge stenen beelden, die men *raksasa* of *dvarapala* noemt (afb. 92). De ene staat onder een imposante waringin, de ander rijst vanaf zijn navel uit de grond. *Raksasa* is Sanskriet en betekent reus en *dvarapala* bewaker. Dit soort stenen beelden, die men ook veel op Midden-Java ziet, staan meestal als oppassers bij een tempelgebied of bij een koninklijk paleis. De angstaanjagende dvarapalas van Singasari hebben de kenmerken van een reus, welke typerend zijn voor deze Hindoe-Javaanse kunst. Ze hebben zware gebogen wenkbrauwen, uitpuilende ogen, dikke lippen en slagtanden. De linkerhand rust op een knots, terwijl de rechter een dreigend gebaar maakt. De versieringen bestaan uit slangen en schedels. De dvarapalas van Oost-Java hebben een natuurlijker uitdrukking dan die van Midden-Java; de laatste zijn het meest angstaanjagend.

Panataran

De grootste en indrukwekkendste tempel na de Borobudur is de Panataran. Hij ligt 11 km ten noorden van Blitar op de zuidwest helling van de Kelud, op een hoogte van ongeveer 450 m. De tempel bestaat uit drie achter elkaar liggende tempelho-ven, waarop vroeger meer tempels stonden dan nu. Van sommige resteren nog gedeelten van het fundament. De manier van indelen doet zeer sterk denken aan de tegenwoordige Balinese tempels. Ook de ongelijke verdeling van de gebouwen over de drie eens door muren gescheiden hoven, zien we ook thans nog bij de tempel-bouw op Bali. De konstruktie van de hoofdtempel komt overeen met die van het Balinese *balé agung*; die bestaat uit een sterke onderbouw, waar boven zich dan de tempelopbouw van vergankelijk materiaal verhief.

Met de bouw van de Panataran begon men waarschijnlijk al ten tijde van de Singasari-dynastie. Afgebouwd werd hij pas ten tijde van het rijk Majapahit, zodat men zeggen kan dat de hele bouw zich uitstrekte over een periode van 250 jaar.

In de eerste hof, waarvan de ingang door twee raksasa's werd beschermd, stonden vroeger twee vergaderhallen. Bewaard gebleven en goed gerestaureerd is de kleine, en helemaal uit steen gekonstrueerde 'Tempel der Jaartallen'; deze is zo genoemd omdat er een datum is gevonden uit het Caka-jaar 1291 (1369 na Chr.). Het is een fraai voorbeeld van tempelbouw op Oost-Java (afb. 93).

93 *De volledig gerestaureerde 'Tempel van de Jaartallen' die deel uitmaakt van het Prambanan-* →
complex. Rechts een raksasa

94 *Panataran, een blik op de hoofdtempel. Het middendeel heeft drie terrassen, het dak mankeert;* →
vermoedelijk bestond het uit meru's

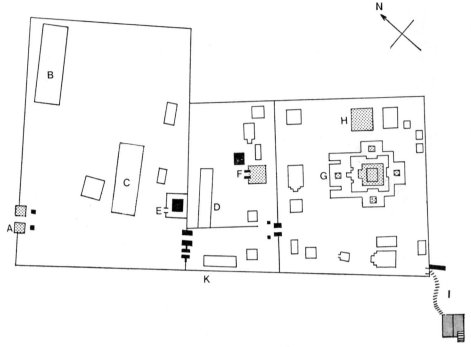

95 *Situatieschets van de Panatarantempels: A. ingang met schildwachtstandbeelden; B-D. terrassen;*
C. terras met beeldhouwwerk; E. tempel uit 1369; F. Naga-tempel; G. grote tempel uit 1347; H.
herbouwde kern van de grote tempel; I. baden (1415); K. omsluitende muur

Evenals de Tempel der Jaartallen werd de Naga-tempel gerestaureerd in 1917/18.
Twee raksasa's flankeren de ingang naar de tweede hof, waarin aan de linkerkant de
Naga-tempel staat (afb. 95). De terrasvormige konstruktie op de achtergrond is de
hoofdtempel. Op de sokkel van de Naga-tempel bevindt zich een bandreliëf van een
reuzenslang, de *naga*. Door priesters gedragen kronkelt zij zich langs de bovenrand
van de reliëfstenen. Evenals bij de Tempel der Jaartallen in de eerste hof is bij de
hoofdtempel in de derde hof het tumpalmotief aan de beide trapvleugels zeer
duidelijk aantoonbaar.

De hoofdtempel (afb. 94), die uit drie verdiepingen bestaat, is zo goed mogelijk
gerestaureerd, hetgeen betekent dat de onderbouw met zijn steeds kleiner wordende
terrassen geheel herbouwd is. De onderste galerij heeft een afmeting van
24 × 24 m en springt aan drie zijden 16 m uit. Aan de westkant, de belangrijkste
gevel van de tempel, is in elk van de beide smalle zijvleugels een trap gebouwd. Het

96, 97 *Panataran. De sterk inspringende panelen aan de basis van de hoofdtempel vertonen afbeeldin-*→
gen van dieren in de ronde medaillons, afgewisseld met beelden uit de Ramayana

middelste terras heeft slechts een trap in het midden tussen de uitspringende delen. Het bovenste terras springt niet uit. Alle opgangen zijn geflankeerd door beelden van Shiwa als *Mahakala*.

De sterk verdiepte rij panelen met ver overhangende kroonlijsten aan de basis van het heiligdom toont op schitterende wijze een gedeelte van de *Ramayana*-sage (afb. 96, 97). De vooruitspringende pijlers op de hoeken zijn eveneens rijk versierd. Hier ziet men afwisselend scènes uit het *Ramayana*-epos en medaillons, waarop dieren tussen gebladerte staan afgebeeld. De reliëfs verhalen van de tocht van Hanuman naar het paleis van Ravana op het eiland Langka (Ceylon), zijn gevangenneming, zijn vlucht en tenslotte het enorme bloedbad, dat eindigt met de dood van de reus Kumbakharna.

De wayang-stijl van deze reliëf-beelden is duidelijk verschillend van de naturalistische stijl van de reliëfs op het tweede terras, die scènes uit de *Krishnayana* uitbeelden (afb. 98, 99). Daar zien we bijv. een man die door een pijl getroffen is en achterover uit de wagen valt. De paarden steigeren, de voerman valt met zijn hoofd omlaag van de wagen, mensen komen onder de paardehoeven terecht en de strijd gaat in volle hevigheid verder. Zulke levensechte voorstellingen bestonden niet in de reliëfkunst op Midden-Java. Merkwaardige fabeldieren, zoals gevleugelde leeuwen, griffioenen en garuda's, die zich zeer plastisch losmaken van de achtergrond, tonen de muren van het derde terras.

Ongeveer 100 m ten zuidoosten van de hoofdtempel leidt een stenen trap omlaag naar een bad. Het rechthoekige bassin bestaat uit tegels en een muur van vulkanische steen, waarop dierenfabels zijn uitgebeeld. Enige hiervan kon men niet thuisbrengen; andere zijn echter bekend, zoals die van de schildpadden, die hun eerste luchtreis maken; of de fabel van de buffel en de krokodil. De pijlers van deze hoefijzervormige muur, waarop fabel-reliëfs zijn aangebracht, zijn versierd met mensenfiguren.

98, 99 De naturalistisch uitgevoerde reliëfs op het tweede terras van de Panataran beelden scènes uit de Krishnayana uit

143

IV Karakteristieke kunstuitingen

In bijna geen enkel land ter wereld is het leven zo doordrongen van de godsdienst als in Indonesië. Het Boeddhisme en het Hindoeïsme hadden een zeer positieve invloed op elkaar en hebben tegelijkertijd veel elementen uit vroegere geloofsvormen overgenomen. Al in de dertiende eeuw kwam de Islam via de handelsroutes naar Indonesië; eerst naar Noord-Sumatra, waar Marco Polo in het jaar 1292 de mohammedaanse stad Perlak ontdekte. Op Java hadden zich vooral in de havenplaatsen in het begin van de vijftiende eeuw grote en kleine groepen mohammedanen gekoncentreerd. Aan het eind van deze eeuw bestonden in de kuststreken en op de andere eilanden al autonome mohammedaanse staten. Het rijk Majapahit kon op den duur de steeds sterker opdringende Islam niet weerstaan en ging er tenslotte aan ten onder. Het verviel in verschillende, meestal door moslimvorsten geregeerde kleine rijkjes.

Door het optreden van de Islam kreeg men te maken met een nieuwe situatie, die niet overal gelijk was. Op Sumatra en andere Indonesische eilanden vermengden zich nieuwe elementen met de traditionele kulturen van de oorspronkelijke bevolking; op Java bleef tot in onze eeuw de Hindoeïstische-Indonesische kultuur de overhand behouden. Dit kwam in het bijzonder tot uitdrukking in de bouwkunst, de folklore en in de tema's en motieven van de kunstnijverheid.

De Islam beperkte de kreatieve mogelijkheden door het verbod mensen en dieren af te beelden; bepaalde takken van de kunst werden door dit verbod eigenlijk niet getroffen en juist hierbij kwam het tot een enorme verfijning van techniek en toepassing van oude en nieuwe motieven. Dit gold vooral voor het smeden van wapens, de kunst van het batikken en in het bijzonder het maken van wayangfiguren.

1 De kris

De kris behoort tot de zeer karakteristieke elementen in de Javaanse kultuur; echter niet alleen op Java, maar over de gehele archipel vormen dolken en zwaarden duidelijk een stuk traditie. De kleding van de Javaan of de Balinees zou niet volledig zijn zonder kris. De kris is het bijzondere onderscheidingsteken van de man. Bij feestelijke gelegenheden draagt een Javaan ook nooit slechts één kris; uit eerbied voor zijn voorouders draagt hij, naast zijn eigen kris, degene die hij van zijn vader erfde, rechts achter zijn gordel. Een getrouwde man draagt bovendien ook nog links achter de kris die hij van zijn schoonvader als huwelijksgeschenk heeft gekregen. Als een Javaan in gezelschap van hoger geplaatsten is, zal hij zijn kris zó dragen dat de handgreep onder zijn rechterschouder uitsteekt. Omdat de kris niet alleen een teken van zijn waardigheid is, zal hij in gevaarlijke situaties beide krissen aan de linkerzijde zo voor het grijpen dragen.

Behalve dat de kris zowel wapen als sieraad is, heeft hij ook nog een rituele betekenis. Vroeger moest elke Javaan een kris bezitten. Zij was het symbool van de verbondenheid tussen de bezitter en zijn voorouders, zelfs al had de vader deze kris speciaal voor zijn zoon laten maken. Het traditionele model, de offers ter gelegenheid van het smeden, de nauwkeurige naleving van de riten gedurende het hele proces, verzekerden de jongeman zijn plaats in de eindeloze rij van voorvaderen.

Volgens de overlevering werd de smeedkunst eens door de goden aan de mensen toevertrouwd. Juist omdat de Javaanse wapensmid, de *empu*, zijn werk met een haast religieuze overgave deed, en de kris door hem 'bezield' werd, kwamen vaak enorme kunstwerken tot stand. Sommige krissen schreef men zelfs bovennatuurlijke krachten toe. Dat waren dan heilige erfstukken, *pusakas*, die vaak in het bezit waren van een vorstenhuis. Dikwijls offerde men ook wierook en voedsel aan zulke gewijde krissen. Ook nu nog wordt de kris met veel respekt behandeld. Er wordt zelfs beweerd dat de voormalige president van Indonesië, Sukarno, tot zijn kris zou hebben gebeden.

Het is niet bekend hoe lang de kris in Indonesië al in gebruik is. Misschien kwam zij in de bronstijd al in Achter-Indië voor. In elk geval is zij nu een levend onderdeel van de Indonesische kultuur.

Hoewel hiermee niet bewezen is dat de kris niet al veel eerder in Indonesië in gebruik was, stamt de oudst bekende kris uit het jaar 1264 van de Caka-jaartelling (1342 na Chr.). Op de reliëfs van de Borobudur is geen enkele kris afgebeeld, hoewel men onder de hoofdkoepel wel een kris heeft gevonden. Het is niet bekend wanneer deze hier is neergelegd. Bij de Panataran-tempel werd echter wel een reliëf aangetroffen met een dolk die aan een kris doet denken. Dit reliëf stamt uit de tijd van het rijk Majapahit, want later werden geen reliëfs meer vervaardigd.

Krissen kan men naar de aard van het materiaal in twee groepen indelen. De ene groep wordt gevormd door krissen waarvan het lemmet bestaat uit glad staal of ijzer; de andere hebben een lemmet dat samengesteld is uit stroken ijzer van verschillende kwaliteit. Zeer kostbare exemplaren bevatten zelfs stroken nikkelhoudend meteoorijzer. Inderdaad heeft men op Java enige meteorieten gevonden, maar de voorraad is nu uitgeput en sinds het einde van de negentiende eeuw gebruikt men daarom nikkelhoudend ijzer uit Sulawesi. Voor het verbinden van gewoon ijzer aan stroken nikkelhoudend ijzer is een speciale techniek vereist. Beide ijzersoorten worden volgens een bepaalde volgorde op elkaar gelegd en aaneengesmeed. De versiering, die men op het lemmet wil aanbrengen, wordt eerst op het nikkelhoudende ijzer aangebracht; om het patroon duidelijk te laten uitkomen wordt het metaal later met etszuren overgoten, zodat het patroon erin uitgebeten wordt.

Daarnaast kent men ook de techniek, waarbij het lemmet uit één stuk metaal wordt gesmeed; dit is de meest voorkomende kris, die duidelijk is geïnspireerd op de Majapahit-kris. De aanduiding Majapahit wil echter niet zeggen dat deze kris pas tijdens dit rijk op Java in zwang kwam; in ieder geval werd zij in deze periode wel steeds belangrijker en leverde dientengevolge een bijdrage aan de kulturele uitstraling welke van Java uitging.

Het lemmet is recht of gegolfd. Beide vormen zijn afgeleid van de mytische slang, de naga. Het rechte model symboliseert de rustende slang, terwijl het gegolfde het symbool is voor de slang in beweging. Vooral op Java bestaat ook nu nog een sterke relatie tussen kris en slang. Om de magische kracht van zijn kris te vergroten, brengt de Javaan dan ook het lemmet in kontakt met de hersenen en ingewanden van een slang.

Hoewel ieder gebied bepaalde basisvormen voor de kris kent, is het aantal verschillende dekoraties oneindig groot. De meest voorkomende vormen van krissen hebben een knop aan de handgreep in de vorm van een mens, dier of vogel. Op Java bijv. komen veel knoppen met een leeuwekop voor. Vaak gaat men bij het zoeken naar motieven terug in de mytologie en maakt dan mensenfiguren met dierekoppen. Daarnaast zijn er ook legio eenvoudige gevesten zonder enige versiering; men neemt aan dat deze soberheid het gevolg is van de invloed van de Islam.

Op Bali nl. komen deze simpele gevesten helemaal niet voor, omdat de Islam daar geheel geen invloed op de kunst heeft gehad.

De schede is onverbrekelijk verbonden met de kris. Ook hier vinden we veel varianten, van zeer eenvoudige houten exemplaren tot de polychrome en geciseleerde scheden van metaal. Heel vaak loopt het patroon van de schede door op het gevest van de kris. Schitterend van vorm is dikwijls de 'schoen', de afsluitrand aan de bovenkant van de schede. Vooral de scheden met gedreven zilveren beslag, waarop plantenmotieven zijn afgebeeld, zijn buitengewoon mooi.

2 Batikken

Op de tweede plaats van de meest ontwikkelde Javaanse kulturen komt het batikken van stoffen (kl.pl. VII). Het batikken komt voor op Sumatra, Centraal-Sulawesi en Midden- en Oost-Java; op Bali echter helemaal niet. Nergens heeft de techniek een zo hoge graad van perfektie bereikt als juist op Java. Wanneer en hoe deze techniek in Indonesië tot ontwikkeling kwam, is niet bekend. Hoewel in India een soortgelijke techniek voorkomt, mag men toch wel aannemen dat het batikken van Indonesische oorsprong is. In elk geval bereikte het batikken eerst na 1500 haar grootste bloei.

De batiks worden door de Javanen zowel als daagse dracht, als ook bij bijzondere gelegenheden gedragen. Men draagt ze om de heupen gedrapeerd, zowel voor mannen als vrouwen *(sarong)*, als schouderdoek *(slendang)* en ook geplooid om het hoofd *(kain kepala)*. Daarnaast kent men ook nog speciale feestkleding, de *dodot* voor de mannen en de *sampur* voor de vrouwen. Deze bestaan uit vier tot vijf meter lange lappen met schitterende patronen. Batiks worden ook gebruikt als offergaven en als grafgiften voor vorsten.

Vroeger gebruikte men om te batikken *mori*, een zeer fijne uit India afkomstige katoenen stof. Sinds vorige eeuw ging men over op uit Europa geïmporteerde katoen en soms zelfs op zijde. Batikken is een kleurtechniek waarbij men plantaardige verfstoffen gebruikt. De doeken worden geheel in een tobbe ondergedompeld en moeten er vrij lang in blijven liggen, zodat de verf kan intrekken en de kleuren krachtig genoeg worden. Om het patroon aan te brengen wordt het eerst getekend op een vóór het verfbad klaargemaakte lap. Langs deze lijnen wordt met behulp van een *tjanting* (een klein koperen pannetje met een bamboesteel) vloeibare was gegoten. Op deze manier kan men lijnen en figuren in was op de stof aanbrengen. Als de was is afgekoeld, wordt de stof in de tobbe met verf gedompeld; meestal wordt indigo als eerste kleur gebruikt. Nadat de stof gedroogd is, krabt men de was weg op die plaatsen, waar men bij een volgend verfbad een andere kleur wil hebben. De delen van de stof, die al met indigo geverfd zijn en die deze kleur moeten houden, worden nu met was afgedekt. Dit kan men net zo dikwijls herhalen als het aantal van de kleuren die men wil toepassen.

Het opbrengen van de was wordt uitsluitend door vrouwen gedaan, terwijl het verven mannenwerk is. Behalve deze wastechniek bestaat ook nog een ander procédé, waarbij de was met stempels wordt aangebracht. Deze techniek ontstond pas na 1850 en wordt uitsluitend door mannen toegepast. De oudste batiks hebben, behalve de oorspronkelijke kleur van de stof, alleen nog indigoblauw. Voor hofkleding nam men bij voorkeur een kleurenkombinatie van indigo, wit en sojabruin; soja wordt gemaakt uit de bast van een bepaalde palm. Daarnaast kent men nog een kleur rood, die uit boomwortels gemaakt wordt; de andere kleuren van het palet worden gevormd door geel, groen en zwart.

De motieven hebben een speciale betekenis. Men kent bijv. de *parang rusak*; dit is een diagonaal lopende balk met in elkaar verstrengelde S-vormen. Oorspronkelijk werd dit motief hoofdzakelijk gedragen door de vorsten aan de hoven op Midden-Java. Nu wordt het veel gebruikt voor handelsdoeleinden: het is inderdaad een van de fraaiste motieven. Zeer oud is ook de swastika, *bandji,* die eveneens diagonaal over de stof loopt.

In principe kan men de geometrische patronen in twee groepen onderverdelen: het zijn de horizontale-vertikale en de diagonale, die onder de verzamelnaam *garis-miring* bekend staan. Tot de eerste behoren een rozet-motief, *ceplokkan,* een ruit- en stermotief, *ganggong,* een motief met elkaar overlappende cirkels, dat men *kawung* noemt, en een schaakbordpatroon, *poleng,* dat alleen voor bepaalde wayang-figuren gebruikt wordt. Daarnaast ken men natuurlijk ook vrije motieven, waaronder het *semen*-patroon, dat uit bladrank- en bloesemmotieven bestaat. Soms worden er ook dierenfiguren tussengevoegd. Ook bestaat nog het *mirong*-ornament, dat uit een enkele of twee vleugels bestaat en het *sawat*-motief, waar men tussen de twee vleugels een vogelstaart aanbrengt. Dit motief is vermoedelijk

100 Javaans batikmotief, bestaande uit een gestileerde garuda. Men noemt dit motief sawat

101 Javaans batikmotief, bestaande uit de mytische slang Naga

geïnspireerd op de garuda, het rijdier van Vishnu. Ook hier komt de mytische slang Naga voor alsmede de tumpal aan de randen van de sarongs, een groot zigzag-motief.

Op Oost-Java, Bali en Lombok wordt nog een andere techniek toegepast, *langi* genaamd, die echter meer overeenkomst vertoont met het *ikatten*. Ook hierbij wordt het motief eerst op de stof getekend, waarna de omtreklijnen van dit motief met rijggaren worden samengetrokken. Hierdoor ontstaan kleine lussen, die men met boombast omwoelt. Als men de stof in de kleurstof dompelt, blijven de afgebonden stukken ongekleurd. Het mooist echter zijn de batiks, de techniek waarin de Javanen door hun eeuwenlange ervaring zo'n grote en kunstzinnige vaardigheid hebben gekregen.

3 Het wayang-spel

Ook bij het maken van wayang-poppen en het opvoeren van schimmenspelen heeft men op Java een bijzonder hoge graad van verfijning bereikt. Het wayang-spel is niet alleen een teateropvoering, maar dient ook als symbool van de kosmos. Wij toeschouwers worden meegevoerd naar het rijk der voorouders; hiermede worden niet alleen de werkelijke voorouders bedoeld, maar ook de 'geadopteerde', dat wil zeggen de grote helden uit de oude Indische verhalen. In de loop van het spel worden het tot leven gebrachte wezens en ze treden zelfs op als goden. Hierdoor is het schimmelspel een rituele handeling geworden, die tegen allerlei invloeden van buitenaf door de eeuwen heen stand hield.

Het Javaanse wayang-spel geschiedt met platte poppen waarbij zowel de poppen als de schaduwen van even grote betekenis zijn bij de opvoering. *Wayang* betekent weliswaar schaduw, maar het is een verzamelterm geworden voor allerlei teatervormen, zelfs die waarbij de schaduw in het geheel geen rol speelt. Wij noemen hier de belangrijkste; zij worden onderscheiden naar het materiaal van de poppen terwijl in de eerste groep ook nog een indeling bestaat naar het soort verhalen.

1. *Wayang kulit.* Dit is het eigenlijke schimmelspel met leren poppen: *(wayang =* schaduw en *kulit* = leer). De *wayang purva* komt het meeste voor. Hierbij worden legenden uit de beide grote heldendichten opgevoerd, de *Ramayana* en de *Mahabharata,* die een onderdeel van de folklore geworden zijn en die ook algemeen bekend zijn. De *wayang gedog* onderscheidt zich van de *wayang purva* door de kleding van de poppen. De Oost-Javaanse prins Pandji uit de late hindoetijd op Java speelt de hoofdrol. Bij de *wayang maja,* die ook tot de groep van de wayang kulit hoort, worden teksten opgevoerd van de dichter Rang-gawarsita; hierin worden de heldendaden van vorst Jayabhaya verteld.

2. *Wayang klitik.* Dit zijn platte, beschilderde houten poppen met beweegbare leren armen als van de wayang kulit. Hierbij gaat het niet om een schimmenspel maar

102 Dewi Sinta uit het wayangspel

duidelijk om een poppenspel. Het repertoire bestaat hoofdzakelijk uit de avonturen van prins Damar Wulan.

3. *Wayang golek.* Omdat golek rond betekent, is het duidelijk dat hiermee driedimensionale poppen bedoeld worden die ook echt gekleed zijn. Hun hoofden worden via spindels en hun armen door middel van aan de handen bevestigde stokken bewogen. Deze soort is waarschijnlijk eerst na de komst van de Islam ontstaan; op Midden-Java nl. gaat het spel over de belevenissen van de Arabier Amir Hamza, een voorvader van de profeet Mohammed. Op West-Java, waar het ook zeer populair geworden is, gaat het over de veroveringen van de vorst Menak en de bekering van de bewoners tot de Islam. Ook wordt het repertoire van de wayang purva hier door wayang golek-figuren opgevoerd. Op Bali, waar de Javaanse wayang kulit overgenomen werd, bestaan geen wayang golek-voorstellingen. De Balinezen zijn immers tot op de dag van vandaag trouw gebleven aan het Hindoeïsme.

4. *Wayang beber.* Hierbij zijn geen beweegbare figuren betrokken. Het hele verloop van de geschiedenis is op lange banen stof of papier geschilderd, die tijdens de voorstelling langzaam afgerold worden door de dalang, terwijl hij er de uitleg bij geeft, zoals vroeger bijv. op onze kermissen gebeurde. *Beber* betekent uitgebreid; deze soort wayang komt nu bijna niet meer voor.

5. *Wayang topeng.* Gemaskerde dansers (*topeng* = masker) voeren pantomimes op en de dalang reciteert de teksten.

6. *Wayang wong. Wong* betekent mens en daarom dragen de dansers hierbij geen maskers; ze dansen en spreken hun teksten zelf uit. De dalang spreekt alleen nog

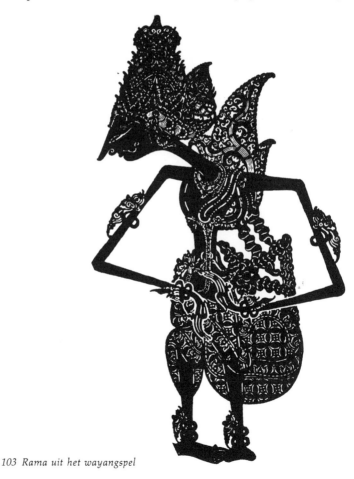

103 Rama uit het wayangspel

maar de verbindende teksten. Het repertoire komt uit de *Ramayana* en de *Mahabharata*; deze soort wayang is pas in de afgelopen honderd jaar ontstaan.

Men kan niet precies vaststellen hoe oud het Indonesische schimmenspel is, wel echter worden in de literatuur rond 1000 na Chr. meermalen wayang purvavoorstellingen genoemd. In elk geval is alleen de wayang kulit een echt schimmenspel; het is de meest interessante en gedifferentieerde van alle wayang-vormen en heeft veel andere kunstuitingen beïnvloed. Omdat een zeer fijnzinnige kunst als het wayang-spel niet van de ene dag op de andere ontstaat en het in de elfde eeuw reeds alom bekend was, moet natuurlijk de oorsprong veel vroeger liggen. Hoe diep de wortels van de wayang in de Javaanse geschiedenis vergroeid zijn is ook nu nog niet helemaal duidelijk. Naast Java waren er ook koncentraties van wayang-spelende volkeren in het Zuid- en Oost-Aziatische gebied, China, Thailand en India. Bij nadere beschouwing blijkt echter dat geen van deze gebieden zou kunnen worden aangemerkt als land van herkomst voor het Javaanse teater.

Nergens echter heeft ook de kunst van het schaduwspel zulk een graad van volmaaktheid bereikt als juist op Java. Steeds weer als men het wayang-spel op een van de andere Indonesische eilanden vond, bleek dat het, zoals bijv. op Bali, Zuid-Sumatra en Zuid-Kalimantan, door Javaanse kolonisten was meegebracht.

Vervolgens moeten we natuurlijk de juiste betekenis van het schimmenspel bepalen. Het wordt niet zomaar als volksvermaak opgevoerd; zelfs als er komische scènes in voorkomen, dan behouden ze toch steeds hun oorspronkelijke religieuze betekenis. Het is en blijft een magisch ritueel, waarbij de poppenspeler een soort priester wordt; in de poppen en schaduwbeelden herkent de Javaan het tastbaar geworden silhouet van de geest van één van zijn voorvaderen. De voorstellingen worden ook niet lukraak gegeven, dat gebeurt alleen maar bij speciale gelegenheden. Soms is het een bruiloft of een andere belangrijke gebeurtenis in een familie; soms echter dienen ze om een naderend onheil (bijv. het uitbarsten van een vulkaan) af te wenden. De dalang wordt bemiddelaar tussen de mens en de andere wereld, hij trekt een soort tovercirkel, waarin de toeschouwers tijdens de voorstelling helemaal veilig zijn.

Evenals het verloop van het schimmenspel aan vaste regels is onderworpen, is ook het maken van de poppen streng gereglementeerd. De wayang kulit-figuren worden uit buffelleer gesneden. Alle figuren zijn gestileerd; bij de vaste typen heeft ook elk detail zijn vaste betekenis, zodat zij volgens het voorgeschreven patroon moeten worden uitgesneden. Men begint bij de omtrek. Als men tot het uitsnijden van de kenmerken van de bepaalde pop komt, begint men met het oor, waarna met bijzondere zorgvuldigheid het gezicht zijn vorm krijgt. Na de neus komt de mond en tenslotte het oog; pas nadat een figuur zijn oog heeft gekregen kan het in de handen van de dalang tot leven komen.

Hierna gaat men over tot het beschilderen van de poppen. Nadat het perkament

104 Kresna uit het wayangspel

geschuurd is wordt het met een witte basisverf bewerkt. Verdere kleuren zijn ook vastgelegd. De hoofdkleuren zijn blauw, zwart, geel en rood, waarbij men door menging weer tussenkleuren kan maken. Sommige poppen krijgen ook nog een dun laagje bladgoud. Alle figuren hebben hun eigen betekenis, speciaal wanneer het om de kleur van het gezicht gaat. Een zwart gezicht dicht men wijsheid en rijpheid toe. Een rode huidskleur duidt op een agressief type en goud geeft de waardigheid van de figuur zeer duidelijk aan. Vaak ook komen dezelfde figuren die in één wayang-spel voorkomen in de loop van het verhaal terug met verschillende huidkleuren. Zo komt bijv. Kresna (afb. 104) eerst op als een jonge held met een goudkleurig gezicht; later (het is dan al ver na middernacht) komt hij weer op als een oudere man met een zwart profiel.

Niet alleen de kleuren geven een beeld van de karaktertrekken, ook de houding van het hoofd is belangrijk. Alle lichamen staan *frontaal,* terwijl de gezichten meestal *en profil* staan. De voeten staan zo gebogen dat men vijf tenen ziet. De mannen worden wijdbeens voorgesteld, terwijl de vrouwen hun benen gesloten houden. De vorm van het gezicht is uitermate belangrijk; daaraan weet de toeschouwer onmiddellijk met wat voor een figuur hij te maken heeft. Demonen hebben kogelronde uitpuilende ogen en een grote neus, die een hoek met het voorhoofd vormen. Heel belangrijk zijn vooral de ogen en de richting waarin ze kijken. Beschaafde mensen hebben amandelvormige ogen, die meestal omlaag gericht zijn. Dit is over het algemeen het geval bij vrouwen. Grovere typen hebben bolle neuzen en grote, wijd opengesperde ogen. Reuzen en apen herkent men gemakkelijk aan hun slagtanden. Edele, hooggeboren figuren, koningen en goden dragen het hoofd omhoog en hebben vanzelfsprekend ook amandelvormige ogen en een zeer recht voorhoofd.

Op Bali, waar men het wayang-spel van Java heeft overgenomen (en waar men het nu ook nog in ere houdt), bedient men zich van dezelfde technieken om de poppen te maken en hebben ze ook dezelfde kenmerken; de figuren zijn er echter gedrongener en realistischer dan de Javaanse, zodat men ze duidelijk uit elkaar kan houden. Er zijn echter twee afwijkingen vàn de Javaanse poppen op Bali te vinden: het gezicht van Hanuman wordt in *half-profiel* en met twee ogen afgebeeld, terwijl Semar, de knecht van de held, die ook een narrenrol heeft, een beweegbare onderkaak heeft.

Een niet te verwaarlozen rol speelt op Java de *gunungan (gunung* = berg) en op Bali de *kekajon (kajon* = boom) (afb. 105). Zowel de berg als de boom zijn in Indonesië magische symbolen, die de as van de wereld voorstellen. De Javaanse gunungan is bladvormig en loopt uit in een punt, terwijl de Balinese kekajon de vorm heeft van een paraplu met omgebogen randen. Beide hebben in het midden een gestileerde boom die versierd is met bloemen en vogels, een hemelsboom of een levensboom, zoals we ook zagen op de reliëfs van de Prambanan. Op de Javaanse gunungan ziet men aan de onderzijde een poort, die waarschijnlijk de ingang naar een beeldschone tuin moet voorstellen. Links en rechts staan tempelwachters *(butas),* die de demonen moeten weghouden. Onder de boom ziet men een stier en een leeuw. Op de Balinese kekajon is geen poort; daarvoor in de plaats zijn in elkaar verstrengelde slangen afgebeeld. De gunungan wordt aan het begin van de voorstelling, tijdens de pauze en aan het eind in het midden van het beeldscherm gezet. Als hij tijdens de voorstelling gebruikt wordt is dat om vuur te symboliseren.

De opvoering van het schimmenspel is dus een rituele handeling. Iedere aanwezige gelooft aan de dubbele kracht van de figuren, maar alleen de dalang kan de figuren leven inblazen. Een goede dalang heeft een enorme uitstraling, die hem in staat stelt alle mensen onder zijn ban te brengen. Op Java bestaan speciale opleidingsinstituten voor dalangs. Het is een lange studie, meestal duurt het een jaar of

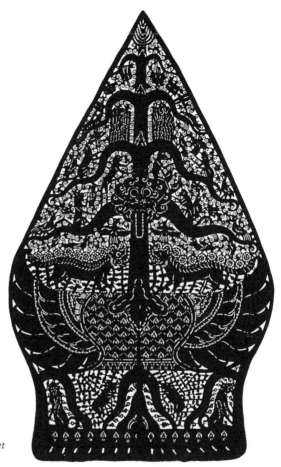

105 De berg en/of de boom uit het
wayangspel (gunungan/kekajon)

zeven. Op Bali, waar de dalang uit de kaste der brahmanen voortkomt, moet hij zich ook laten instrueren door een *pedanda*; na deze studie mag hij zich dan *amangku dalang* noemen, waardoor hij een priesterfunktie krijgt.

De dalang heeft niet alleen de taak alle wayang-figuren tot in alle finesses juist te hanteren, hij moet ook de tekst van elke figuur met de daarbij aangepaste stem kunnen reciteren en soms zelfs zingen; bovendien moet hij ook nog het *gamelan*-orkest dirigeren. De *lakons* (zoals de teksten genoemd worden) moet hij allemaal uit het hoofd kennen, wat bij het enorme repertoire hoge eisen stelt aan het geheugen.

Bij zeer sporadisch voorkomende gelegenheden wordt op Bali ook de *janolarang* gespeeld; dat betekent dat de dalang als hij in trance is geraakt, een bepaald huis of een bepaalde persoon aanwijst die behekst zou zijn. De mensen zijn erg bang voor

157

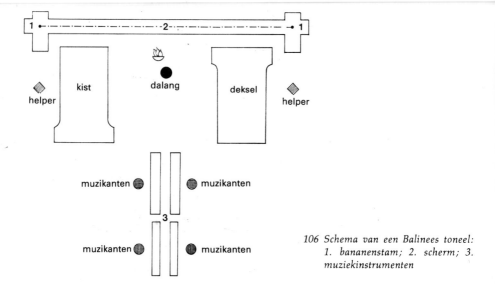

106 Schema van een Balinees toneel: 1. bananenstam; 2. scherm; 3. muziekinstrumenten

dit spel, maar toch zijn er altijd zeer veel nieuwsgierigen bij een voorstelling; soms raken ze zelf in trance, waarbij het gevaar van amokmaken niet denkbeeldig is.

Op Java is een wayang kulit-voorstelling aan vaste regels gebonden. In het paleis van de vorst *(kraton)* gebeurt het in de feestzaal of in een speciale wayang-zaal; buiten de kraton in een grote zaal of paviljoen. In het midden van de zaal wordt de kelir *(scherm)* opgezet en de toeschouwers nemen aan beide zijden hiervan plaats. Aan de kant achter de dalang zitten de mannen, die dus de verlichte figuren zien; aan de andere kant van het scherm zitten de vrouwen, die wel een echt schimmen-spel te zien krijgen maar wat ze echter niet zien, zijn de kleuren met hun zo symbolische betekenis.

Helemaal boven in het midden, meestal 20 cm van het doek verwijderd, hangt de lamp *(belenjong)* die vaak de vorm van een garuda heeft. Links van de dalang staat een kist *(kotak)*, waarin zich de poppen bevinden en alle andere voor de voorstelling benodigde rekwisieten. De dalang steekt de poppen met hun scherpe steekpennen in twee vlak bij het scherm liggende bananenstammen; rechts van hem staan de goeden, links van hem degenen die het kwaad uitbeelden. De kotak staat dus links van hem, terwijl het deksel rechts van hem ligt. Hierop legt hij zolang die wayangs, die hij tijdens de voorstelling niet meer nodig heeft. Het gamelan-orkest, dat de voorstelling begeleidt, zit achter de dalang. Met een klein, tussen de tenen geklemd houten hamertje waarmee hij tegen de kist klopt, geeft hij aan wanneer de musici moeten beginnen. De dalang is dus dirigent, toneelspeler en regisseur in één persoon verenigd. Uitermate knap hanteert hij de poppen en leidt hij hen door de

109 *Semar en zijn beide zonen Nalagareng en Petruk uit het schaduwbeeldenspel* Wayang Purwa

volk staat. De verhalen hiervoor zijn ontleend aan de *Ramayana* en de *Mahabharata,* vooral hieruit de belangrijkste delen van de *Arjuna-sasra-Bau*-cyclus, de *Rama*-cyclus (afb. 103) en de *Pandava*-cyclus. In deze stukken komen niet alleen mensen, maar ook demonen, goden en halfgoden voor. Heel populair is de figuur Arjuna, die een inkarnatie is van Vishnu. De tekst van deze stukken is niet in detail vastgelegd; de leerlingen van een dalang maken echter aantekeningen die later als leidraad zullen dienen bij hun eigen opvoeringen.

Een bepaald aantal personages, die het publiek erg dierbaar zijn, zullen bij geen enkele opvoering mogen ontbreken. Hoewel de stof hoofdzakelijk geïnspireerd is op heldendichten uit India, zijn het Javaanse helden met Javaanse namen. Eén van de hoofdpersonen uit de twee eerstgenoemde cycli is de demon Dasamuka (in de Indische versie heet hij Ravana), die steeds met een rood gezicht opkomt. Vol spanning en angst wachten de toeschouwers hem af. Ook Hanuman, de koning der apen die in de Rama-cyclus een hoofdrol speelt, is erg geliefd als verdediger van het goede. Zijn gezicht is daarom altijd wit. Ook in het door mensen opgevoerde Ramayana-dansspel draagt hij een wit masker (afb. 108). Eén van de vijf *pandavas* is het prototype van de Javaanse held, Arjuna. Zijn nobele aard wordt uitgedrukt door zijn fijne profiel, de amandelvormige ogen en zijn uit bescheidenheid licht gebogen hoofd.

Heel anders, maar daarom niet minder geliefd, is zijn broer Bima of Werkodara, die atletisch gebouwd is en demonische trekken heeft. Als spion bevindt hij zich vaak temidden van de demonen, maar toch blijft hij de ridder zonder vrees of blaam, trouw en eerlijk. Kresna toont zich zelfverzekerd (afb. 104). Hij draagt een kroon en geldt als de raadgever van de pandavas. Zijn gezicht is zwart. Verder mogen in geen enkele wayang-voorstelling de *panakawans* ontbreken: Semar en zijn beide zoons Petruk en Nalagareng (afb. 109). Semar is de dienaar en raadgever van de vorst. Op zijn doldrieste manier en met zijn platvloerse humor draagt hij tussendoor steeds weer bij tot het plezier van het publiek. Hij heeft natuurlijk magische krachten en brengt dus ook zo nu en dan demonen ten val. Alle toeschouwers (ook de jongens aan de hekken, wie het niet toegestaan is de voorstelling van de volwassenen bij te wonen) kennen de stukken ongetwijfeld uit hun hoofd.

Ondanks alle moderne vormen van vermaak beleeft het Javaanse volk nog steeds plezier en een diepe vreugde aan het schimmenspel; de wayang kulit leeft voort. De laatste tijd worden er zelfs verhalen opgevoerd, die gebeurtenissen uit de wereldgeschiedenis uitbeelden en levende politieke leiders tot onderwerp hebben.

V De Hindoeïstisch-Indonesische kultuur van Bali

1 De maatschappij

Door een uiterst smalle zeestraat gescheiden ligt Bali ten oosten van Java. Met zijn 2000 m hoge vulkaan maakt het deel uit van de grootste vulkanische keten van de wereld. Het eiland heeft een oppervlakte van 5396 km² en telt 1,2 miljoen inwoners. Hun leven wordt bepaald door hun godsdienst; de hindoeïstisch-Indonesische kultuur hebben zij bewaard. De Balinezen zijn er hun goden dankbaar voor dat zij hun dit sprookjesachtig mooie eiland hebben geschonken; dit eiland met zijn groene bergen, zijn rijkdom aan bloemen, zijn schitterende branding en het onvoorstelbaar groene water van het vastelandsplat achter de koraalriffen.

Bali is het enige eiland, waar de Islam geen voet aan de grond kreeg. De hindoeïstische kultuur, die op het eiland een bijzondere vorm aannam, heeft zich hier tot op de dag van vandaag gehandhaafd. Wanneer de Indische invloed op Bali is begonnen staat niet vast. Uit de negende eeuw stamt een inskriptie in het Oud-Balinees, waaruit blijkt, dat er toen al een hindoeïstische kultuur voorkwam. Pas in de elfde eeuw, toen het Oost-Javaanse vorstenhuis nauwe banden kreeg met dat van Bali, verbreidde het Hindoeïsme zich over het hele eiland. In het jaar 991 na Chr. werd op Bali een kind van een Balinese koning en een Javaanse prinses geboren. Zijn naam was Airlangga. Toen de knaap volwassen was, werd hij naar Java gestuurd om daar een prinses te trouwen. Toen zijn schoonvader, de vorst Dhamawansa, vermoord werd, nam Airlangga de heerschappij van het koninkrijk op Java over, waardoor het nog nauwer met Bali verbonden werd. In naam van de koning regeerde de broer van Airlangga voortaan op Bali. Airlangga zelf regeerde dertig jaar lang onder de moeilijkste omstandigheden. Plotseling deed hij afstand van de troon en werd kluizenaar. En nu loopt de geschiedenis weer eens over in een myte. Airlangga's koninkrijk werd door de heks of tovenares Rangda met een rampzalige plaag geteisterd. Volgens de sage zou Rangda Airlangga's moeder zijn geweest. Op de myte over de strijd van de tovenares tegen de macht van de grote koning is het beroemde Balinese dansspel 'Calon Arang' gebaseerd.

In de volgende jaren konden de koningen van Bali hun zelfstandigheid behouden, totdat de koning van Singasari het land in 1284 weer onder zijn heerschappij dwong. Acht jaar later, toen de nieuwe dynastie van Majapahit aan de macht kwam, was Bali echter weer vrij. In 1343 veroverde Gaja Mada, generaal van koning Rajasanagara opnieuw Bali. Het eiland werd wederom van Java afhankelijk en daarom geregeerd door vazallen van Majapahit. Ondanks dit eigenlijk altijd aanwezige kontakt met Java, hebben de Balinezen toch hun eigen vormen in de dagelijkse gebruiken, hun kunst en hun religie tot op de huidige dag weten te bewaren.

Toen in de vijftiende eeuw de Islam zich op Java steeds meer verbreidde, ging Bali zijn eigen weg en kwam zodoende uiteindelijk tot een eigen kultuurvorm. Deze was gebaseerd op overleveringen van het hof; de Oud-Javaanse literatuur en vooral muziek en dans ontwikkelden zich daarin tot een hoge kunst, zoals wij die op geen enkel van de andere eilanden aantreffen. Onder de betovering van muziek en dans voltrekt zich het leven van de Balinezen. Zo ervaren wij het leven op dit toverachtige eiland als behorende tot een wereld die duidelijk niet de onze is.

De kasten

Van de hindoes hebben de Balinezen het kastenstelsel overgenomen, maar het onderscheidt zich in vele opzichten van dat in Voor-Indië. Paria's, de uitgestotenen, zijn er op Bali niet. Al voor de Javaanse invasie kende het Balinese volk een zekere klasse-indeling, die ook nu nog in afgelegen berggemeenschappen geldt; niet alle gebieden werden door de nieuwe heersers bereikt. Hierdoor zijn er nog steeds dorpen, die het hindoe-kastenstelsel niet erkennen. In de andere gebieden echter paste de bevolking zijn vanouds overgeleverde klasse-indeling aan die van de vazallenvorsten aan, waarbij ongeveer 93% van de bevolking van Bali tot de laagste kaste, de Sudra, behoort.

De Hindoe-Balinese adel is in drie kasten verdeeld. De hoogste is die van de *brahmanen,* de priesters. Dan volgt de kaste van de heersende adel; dit zijn de leden van de vroegere koningshuizen waarvan de nakomelingen nu nog op Bali leven. Zij heten *ksatriyas* of *satrys.* De derde kaste is die van de *vesiya,* de nakomelingen van de van Java gevluchte lagere adel en de krijgers. Deze kaste is weer in een reeks groepen onderverdeeld, net als de kaste van de ksatriyas. De brahmanen beroemen zich erop nakomelingen te zijn van de hogepriester Wau Rauh, die in legendarische tijden over geheel Bali is getrokken en bij vrouwen van verschillende kasten kinderen zou hebben verwekt.

De leden van de drie adellijke kasten worden met bepaalde titels aangesproken. Brahmanen met de titel *ida bagus* (eerwaarde of verhevenheid) voor mannen, en *ida ayu* voor vrouwen. De ksatriyas, waartoe dus de leden van de oude koningshuizen behoren, worden aangesproken met *anak agung* (koningskind) of met *ratu* (koninklijke) en met *tokorde.* Tenslotte de vesiyas met de titel *gusti.* De grond is op Bali over het algemeen in handen van de ksatriyas.

De taal

De oorspronkelijke volkstaal wordt nu nog in het leven van alledag, thuis, op de markt en op het land, gesproken. De zaak wordt echter gekompliceerd, wanneer lieden van verschillende rang een gesprek met elkaar voeren. Er bestaat een groot verschil tussen de taal die aan de vorstenhoven en door de leden van de hogere kasten gesproken wordt en de taal van de eenvoudige bevolking. Hierbij gaat het niet alleen om twee verschillende dialekten van dezelfde taal, nee, het zijn twee geheel verschillende talen. De taal van de bovenlaag is verwant aan het Javaans, terwijl de taal van de oorspronkelijke bewoners tot de grote Maleis-Polynesische taalgroep behoort. In de taal van de bovenlaag bestaan soms tien verschillende woorden voor hetzelfde begrip. Er zijn maar weinig Balinezen die deze taal werkelijk goed beheersen. Als mensen van verschillende rang met elkaar spreken en als het de een niet duidelijk is tot welke rang de ander behoort, dan onderhoudt men zich in de 'midden-taal', een mengsel van de taal van de bovenlaag en die van de gewone bevolking. Deze 'middentaal' leerden de eenvoudige mensen waarschijnlijk onder de Hindoe-Javaanse feodale heerschappij, toen de vorsten verlangden, dat zij in de hoftaal werden aangesproken. Zelf spraken zij de boeren in hun eigen taal aan. Bovendien bestaat op Bali nog een vierde taal, het *kawi*; deze taal, die op het Oud-Javaans gebaseerd is, wordt alleen door de priesters bij de eredienst, in de literatuur en in de poëzie gebruikt (afb. 134). Nog moeilijker werd het spraakgebruik op Bali, toen na de Nederlandse periode het Maleis werd ingevoerd. Sinds 1945 geldt de Bahasa Indonesia ook hier als officiële taal.

De dorpsgemeenschap

Het werkelijke leven van Bali koncentreert zich in de ontelbare kleine dorpen en gehuchten, die verscholen in het groen onder tropische bomen en te midden van plantages en tuinen liggen; onder prachtige bomen, die de mensen van fruit voorzien (manga's, papaya's, broodboomvruchten, bananen en kokosnoten). Alle erven worden door lemen muren omsloten. Niet om zich tegen de dieren te beveiligen, nee, men wil zich tegen de kwelgeesten, de *buta's*, beschermen. Men neemt hen niets kwalijk, ze zijn er nu eenmaal, zij moeten alleen gunstig gestemd worden. Daarom legt de huisvrouw 's avonds, als het donker wordt, een bananenblad met een handje rijst en wat bloemen, op de weg voor de poort en zo mogelijk ook nog een kruik met water en een olielampje. Op deze manier houdt men de kwelgeesten ver van het huis.

De manshoge lemen muur, die het erf omsluit, is met gevlochten palmbladeren of rijststro afgedekt en zij is al vlug door de snelgroeiende tropische klimplanten overwoekerd. Ieder erf heeft een eigen poort. Twee lemen pijlers dragen een klein met rijststro of palmbladeren bedekt dak; twee schrijnen voor de geesten flankeren de ingang. Het pad door de poort leidt over een hoge stenen trap, waarvoor gewoonlijk nog een bruggetje over de sloot naast de weg voert. De hoofdstraat van een dorp volgt de richting van de bergen naar de zee, wat voor Bali ongeveer neerkomt op noord-zuid. Op een zo aangelegde hofstede is vooral de familietempel met de altaren voor de voorouders belangrijk. Hij staat naar de heilige berg Gunung Agung gericht. Daarnaast bevindt zich het woon- en slaaphuis, een huis voor gasten, hutten voor de kinderen, voor de weefstoelen, en een rijstschuur (lumbung, afb. 110). De keuken neemt een aparte ruimte in die zich in het deel bevindt dat naar de zee is gericht.

In het midden van elk dorp ligt het dorpsplein met een grote waringin, de tempel (pura desa), de vergaderhal (balé agung) en het paleis (puri) van de plaatselijke vorst of prins. In het midden van dit geheel staat een naar alle zijden open paviljoen, met een rieten dak (balé gedeh), dat dienst doet als eetzaal en ontvangst-hal. Op het dorpsplein vindt ook de markt plaats en staat de toren met de houten klok (kulkul); hiermee worden de leden van de dorpsraad voor samenkomsten opgeroepen (afb. 111); ook staat er een vergaderruimte van de banjars, een korporatief genootschap, waarvan de leden zich bezighouden met alle familie-aangelegenheden, zoals bruiloften, lijkverbrandingen en vooral met de gamelan-orkesten en de dansgroepen. De instrumenten, maskers en kostuums, zijn eigendom van de banjar en worden in een van leem vervaardigd huis bewaard.

Buiten het dorp ligt de begraafplaats met de tempel voor de godin van de dood, de pura dalam. Weer iets verder weg ligt de wasplaats aan de rivier of bij een waterval.

De samenleving wordt in elk dorp door de adat bepaald, het gewoonterecht dat oorspronkelijk, net als bij de Bataks en de Toraja's, mondeling werd overgeleverd. Pas toen de hindoes in het land kwamen werden de oeroude bepalingen opgeschreven op lontarbladen (afb. 134). Hieruit putten de dorpsoudsten raad, wanneer zij bij volle maan in de balé agung hun zittingen houden. Deze vergaderhal is uit bamboe opgetrokken en staat op een verhoging van vastgestampte aarde. De hal is vijf meter breed en tot vijfentwintig meter lang. Slechts één van de vier zijden is gesloten en bestaat vaak uit een rijk versierde houten wand. De deelname aan een raadsbijeen-komst is beperkt tot familiehoofden, die gewoonlijk afstammen van de stichter van het dorp. Bij volle maan worden zij om middernacht door een luide slag op de kulkul naar de bijeenkomst geroepen. Wie niet kan komen (door ziekte bijv.) stuurt zijn kris en zijn overkleed welke op zijn plaats in de raadszaal worden gelegd.

Op deze maandelijkse bijeenkomsten worden allerlei zaken behandeld, zaken die enkelingen of de hele dorpsgemeenschap aangaan. Ook rechtsgeschillen worden op deze bijeenkomsten afgehandeld. Meestal worden de partijen het eens en verzoenen zij zich. Zeer zelden werd vroeger de vorst of zijn plaatsvervanger gehaald om als scheidsrechter op te treden. Volgens het geloof van de Balinezen is de mens goed. Uit de bereidheid tot hulpverlening zijn ook de dorpsgemeenschappen ontstaan. Iedereen helpt zijn naaste als dat nodig is, iedereen is met een zeer eenvoudig leven

110 Voor het huishouden bestemd gedeelte van een boerenerf op Bali. Daarboven de rijstschuur

tevreden. Niemand hoeft te verhongeren, daar zorgen de dorpsgenoten voor. Trouw aan dit mooie eiland, trouw aan hun dorp en trouw aan de familie zijn typische eigenschappen van de Balinees. De Balinees krijgt over het algemeen pas aanzien in zijn dorp als hij een gezin sticht. De vrouw wordt hier niet, zoals in zoveel andere oosterse landen, naar de achtergrond verwezen. Zij speelt niet alleen bij de landbouw (vooral bij de rijstoogst) een belangrijke rol, zij draagt ook de zorg voor de kinderen, die later voor de ziel van hun overleden ouders moeten zorgen. Wie anders dan de vrouwen en meisjes zouden alle offerschalen moeten klaarmaken, die 's morgens naar de tempel gebracht worden?

De rijstkoöperatie

De basis waarop Bali rust, is zijn boerentraditie. Sinds eeuwen heeft de Balinees zijn vreugde in de landbouw behouden. Deze vreugde bepaalt zijn leven. Dat geldt vooral voor de rijstbouw, die uniek op de wereld is. Dit hoge peil is alleen te bereiken als de één de ander helpt bij het ploegen, het planten en oogsten. Hiertoe zijn de rijstkoöperaties, *subak,* gesticht. Deze verenigingen hebben op Bali de rijstbouw met hun irrigatiesysteem tot zo'n hoog peil gebracht, dat de beste Europese waterbouwkundige systemen in de schaduw worden gesteld.

Tanam Bali, de 'paradijstuin', noemen de Balinezen hun eiland. Wanneer men van de bergen op de duizenden glinsterende rijstvelden kijkt, die op kunstig aangelegde terrassen de hellingen volledig bedekken en aan de overzijde van het dal weer omhoog klimmen, dan gelooft men werkelijk in het paradijs te zijn. Dit alles is echter alleen door de noeste arbeid van talloze mensenhanden geschapen.

De rijst heeft rijkelijk vochtigheid nodig om te kunnen gedijen. Op de vruchtbare vulkanische bodem van de Indonesische eilanden neemt de rijst alle bouwland in beslag. Waar genoeg water is (en dat is op Bali het geval) maakt de bodem twee tot drie oogsten per jaar mogelijk. De *sawa's,* de kunstmatig bevloeide rijstvelden, worden in terrassen aangelegd (afb. 112). Ieder plekje grond wordt benut. Zo maken de Balinezen vaak nietig-kleine door een dammetje omgeven sawa's, zó klein dat maar drie plantjes er een plaatsje vinden. Deze rijstplanten worden uit zaad opgekweekt en daarna plantje voor plantje met de hand in de bevloeide sawa's gezet. Op Bali heerst door de talrijke rivieren en beken geen gebrek aan water, maar men moet met het water kunnen omgaan; vaak moet het vele kilometers ver van de rivier afgeleid worden om dan op de spaarzaamste manier over de talrijke sawa's verdeeld te worden. Dat is de kunst van de Balinezen, waarin zij ware meesters zijn. Zelfs van Java, waar men een niet minder intensieve terrasbouw vindt, komt men naar Bali om daar de irrigatiekunst te leren. Aangezien men bij de rijstkultuur niet afhankelijk is van de jaargetijden kan men op Bali op de rijstvelden van één dorpsgemeenschap alle stadia van de teelt (van het ploegen via het planten tot en met de oogst op de al drooggevallen sawa's) tegelijkertijd beleven. In de subak

111 Bij de Balinese tempel hoort de kulkul, de klokketoren. Hier in Bangli bevinden de houten 'klokken' zich in een waringin

112 Rijstvelden (sawa's) waarvan de aanplant in verschillende stadia te zien is

wordt precies vastgesteld wanneer iedere boer zijn land kan bewerken, wanneer zijn sawa bevloeid wordt en wanneer hij kan oogsten.

Deze intensieve akkerbouw geeft in de eerste plaats de dichte bevolking op Java en Bali een levensmogelijkheid. Vele streken van Java hebben het op deze wijze tot een bevolking van 400 mensen per km² gebracht. Alleen omdat door dit intensieve bodemgebruik voor de voedselvoorziening van een talrijke bevolking gezorgd kon worden, heeft zich aan de vorstenhoven van Midden- en Oost-Java een zo hoge kultuur kunnen ontwikkelen die ook na de Javaanse invasie op Bali haar uitwerking liet gelden. Zoals alles op Bali, is ook de rijstbouw nauw met de cultus verbonden. Voordat er ergens iets gebeurt, bijv. de aanleg van een nieuw rijstveld, wordt een afvaardiging bestaande uit één priester en vijf leden van de subak naar een heilige bron of naar het heilige water van het Batur Meer gestuurd met offergaven, die de watergoden genadig moeten stemmen. In een versierde bamboehouder wordt het heilige water naar het dorp gebracht en op een altaar in de subak-tempel gezet in het geloof dat de god van de heilige bron in die houder aanwezig is. Te zijner ere wordt nu een feest gegeven. Hierbij wordt het heilige water over de velden, die voor de rijstbouw in gereedheid zijn gebracht, gesprenkeld.

2 De religie

Het leven van een Balinees wordt zeer duidelijk bepaald door zijn geloof. Dit geloof is een mengeling van hindoeïstische en boeddhistische elementen. Er heeft zich op Bali een dualistisch wereldbeeld ontwikkeld, dat zich in de tegenstellingen van hemel en aarde, zon en maan, dag en nacht, goden en demonen openbaart. Het een is even belangrijk als het ander. Men moet het kwaad weliswaar bestrijden, uit de wereld helpen kan men het echter niet, het is alleen te beperken. Hetzelfde geldt voor de demonen. Men moet hen ook offers brengen, opdat zij geen onheil aanrichten (afb. 113). In de grond zijn het de magische riten van het Oud-Balinese geloof, gekombineerd met invloeden van Hindoeïsme en Boeddhisme. In werkelijkheid is de Balinese religie een voorouderscultus; de gestorven stichter van een dorp wordt bijv. als een god vereerd. Toen dan ook de veroveraars hun eigen gestorven koningen als 'vooroudergoden' vereerden, kwamen ze zeer dicht bij de Balinese opvattingen en het was gemakkelijk de religie van de hindoevorsten met de Oud-Balinese cultus te versmelten. Zo ontstond een konglomeraat van hindoeïstische en boeddhistische principes op basis van voorouderverering en geloof in de goden van aarde, water, vuur en vruchtbaarheid. Ook tantristische bloedoffers, zwarte magie en lijkverbrandingen kwamen hierbij.

Dit alles namen de Balinezen op en vormden het geheel om tot een totaal eigen cultus. In zekere mate geschiedde dit ook op Lombok, dat de riten van Bali weer overgenomen heeft. Daar Balinezen in godsdienstzaken uiterst liberaal zijn, absorbeerden zij elk nieuw idee dat ze tegenkwamen. Het is dus begrijpelijk, dat Boeddha hier gezien wordt als de jongere broer van Shiwa.

Tempels en goden

Op Bali zijn de goden overal aanwezig. Er bestaat geen wet of plicht die niet door de goden is voorgeschreven en er bestaat ook geen vreugde, die niet van goddelijke oorsprong is. Van het begin af waren zij er, deze goden, in de bronnen en in de

113 *Zelfs midden in het centrum van Den Pasar staan Togog-batu (demonenfiguren) om de kruispunten te beschermen. Hier worden dan ook regelmatig offergaven gebracht*

bomen; ze tronen op de hoogste bergen van het eiland en komen van hun tronen af om zich om het welzijn van de mensen te bekommeren. Daarom ook is het de eerste plicht van een subak een tempel voor de god te bouwen, onder wiens bescherming het dorp zich wil stellen. Bij het huisaltaar van ieder gebouw worden de mooiste bloemen en struiken geplant, die steeds de heerlijkste bloemen voor de zo noodzakelijke offers verschaffen. Hoe talrijk ook de goden zijn, in werkelijkheid zijn het slechts verschillende verschijningsvormen van de trimurti, de hindoeïstische drie-eenheid, waarin Brahma en Vishnu de behoedende en scheppende goden zijn, terwijl Shiwa (Sanskriet voor 'genadige') de materiële vorm van het zijn weer vernietigt.

Nergens zijn zoveel tempels als op Bali. Het is dan ook te begrijpen dat men Bali het 'eiland van de 10.000 tempels' noemt. Ieder dorp bezit gewoonlijk drie tempels: de *pura desa* (dorpstempel) waarin de feesten plaatsvinden; de *pura puseh* die voor de goden van het heelal openstaat en de *pura dalam,* de tempel voor de godin van de dood Durga en de zielen van de doden. Hier vangen ook de riten van de lijkverbrandingen aan. Tempels zijn er overal: op de bergen, op de rijstvelden voor Dewi Sri en aan zee voor de zeegoden en geen enkele tempel lijkt op een andere.

Evenals de Panataran op Oost-Java zijn ook de Balinese tempels terrasvormig van

172

opbouw. Een uniforme lijn ontbreekt. In plaats hiervan is er een overvloed aan versieringen en ornamenten, waaronder de verschillende delen van het tempelcomplex lijken te bezwijken. Er is geen ruimte waar de gelovigen plechtig hun riten kunnen vieren. Bij een Balinese tempel wordt in de vrije natuur gebeden. Men vindt er altaren en paviljoens, overdekte verhogingen en de pagodeachtige *meru's* (kl.pl. IV), maar geen beelden, die aanbeden zouden kunnen worden. In enkele tempels vindt men nog beelden uit oude tijden; die zijn er neergezet als geschenk voor de goden of het zijn erfstukken van de voorouders. De goden zelf zijn onzichtbaar en ongrijpbaar.

Miguel Covarrubias en Walter Spies, die samen honderden tempels op Bali hebben bezocht, ontdekten op elk tempelterrein steeds iets nieuws (afb. 114). Ze kwamen echter toch tot de konklusie dat er één grondplan bestaat: meestal bestaande uit twee hoven of terrassen. De eerste hof die men door de 'gespleten poort,' *candi bentar* (A), betreedt, heet *jaban* (binnen), de tweede hof die men via een poort, *padu raksa* (F), binnenkomt heet *dalam* (binnen). De candi bentar is typisch voor de Balinese architectuur (kl.pl. I, afb. 115, 116). Hij bestaat uit twee van elkaar verwijderde helften van een monument, een kleine candi. Het symboliseert twee bij elkaar horende en toch van elkaar gescheiden grondelementen. Zo merkt men al bij het betreden van dit heiligdom dat licht en donker, goed en kwaad naast elkaar bestaan en dat niets ter wereld volmaakt is.

In de rechter hoek van de eerste hof staat de toren met de houten klok *kulkul* (B). Vaak ook dient een oude eerbiedwaardige waringin als klokketoren (afb. 111). In dezelfde hof bevinden zich verder nog enige overdekte platforms. De ene dient als

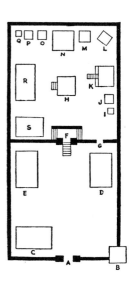

114 *Schema van een Balinese tempel (naar M. Covarrubias): A. gespleten poort (candi bentar); B. toren met houten klokkenspel (kulkul); C. keukenplatform (paon); D. plaats voor het gamelanorkest (balé gong); E. plaats voor de offergaven (balé); F. overdekte poort (padu raksa); G. zijingang; H. paviljoen (pepelik); I., J. altaren voor de 'Sekretarissen der Goden' ngrurah alit en ngrurah gedéh; K. altaar voor de plaatselijke god, gedong pesimpangan; L. stenen troon, padma-sana; M. altaar voor de vulkaan Gunung Agung; N. meru; O. altaar voor de vulkaan Gunung Batur; P. altaar Maospait; Q. nissen voor de vertolkers der goden, taksu; R., S. plaatsen om de offergaven te leggen, balé piasan*

116 *Candi bentar (links) en zetel voor de voorouders in het tempeldistrikt van Mengwi*

keuken, *paon* (C), bij feestelijkheden; de andere is gedacht als plaats voor het gamelan-orkest, *balé gong* (D), weer een andere *balé* is bestemd voor het klaarmaken van de offergaven (E). Hier vinden ook bij speciale gelegenheden de hanengevechten plaats, die over heel Bali zeer geliefd zijn en waarbij zelfs met heel grote inzetten gewed wordt. We moeten dit niet alleen zien als een volksvermaak, maar meer als een overblijfsel van de vroegere bloedoffers van de Oud-Balinese cultus. Bij sommige tempelfeesten zijn hanengevechten voorgeschreven. Hoewel ze officieel eigenlijk verboden zijn, ziet men ook nu nog op Bali vaak genoeg hanengevechten. Ze mogen alleen met bijzondere toestemming gehouden worden.

Via een overdekte poort, *padu raksa* (F), komt men van de eerste in de tweede hof (afb. 119-121). Deze poort heeft ook de vorm van een candi en is gewoonlijk het rijkst versierde onderdeel van alles. Aan elke kant staat een stenen *raksasa*. Direkt achter de poort is een stenen muur, de *aling-aling*, waarop in reliëf demonen staan afgebeeld; men gelooft daarmede het kwaad vér van de tempel te kunnen houden.

De eerste hof dient als voorbereidingsruimte van de ritus en de tempelfeesten; in de tweede hof, die het eigenlijke heiligdom is, waarin geen godenbeelden maar wel altaren staan, houden de goden zich op wanneer zij van de vulkaantoppen afdalen naar de tempels. De plaatsing van de altaren is gebonden aan de Balinese windroos, *nawa sanggah,* die niet noord-zuid gericht is, maar van de bergen naar zee.

←115 *Rijk versierde candi bentar (gespleten poort), geflankeerd door demonen als wachters; hierlangs bereikt men de eerste tempelhof*

117 *Een aan Shiwa gewijde meru van elf verdiepingen in Besakih. Op de achtergrond de Gunung Agung*

118 *Altaar voor de trimurti tijdens de tempelfeesten in Besakih*

*119 Besakih. De padu raksa, waardoor
men van de eerste in de tweede tempelhof komt*

De grote en kleine altaren staan in twee rijen opgesteld: de ene rij bij de buitenste muur naar de bergen, *kaja,* gericht, de andere rechts hiervan bij de *kangin*-muur. Het belangrijkste altaar staat in het midden van de *kangin*-zijde; het kan met houten deuren afgesloten worden en heet *gedong pesimpangan* (K). Hierin wordt meestal een of andere offergave bewaard. Dit altaar is gewijd aan de plaatselijke god, de tot god geworden voorvader van de stichter van het dorp.

Bijzonder indrukwekkend en typisch voor de Balinese tempels is de *meru* (N), een hoge houten pagode op een stenen onderbouw met etagegewijs gestapelde daken; deze zijn vervaardigd uit *ijuk,* de kostbare en zeer goed houdbare vezels van de suikerpalm (kl.pl. IV, afb. 117). Het zijn symbolen voor de 'hemelberg', zetel van de grote Hindoegoden en zij symboliseren de berg Mahameru. Het aantal daken geeft de rang aan van de god aan wie ze gewijd zijn. Alleen Shiwa komen elf daken toe, de Maha-Deva, de hoogste godheid die op de Gunung Agung woont. De meru's voor Brahma en Vishnu hebben negen daken. Het aantal daken is altijd oneven, hoe minder daken, hoe lager de rang van de god. In de bovenste dakverdieping van de meru staat een urn, die negen kostbare stenen en metalen plaatjes met magische formules bevat. Twee altaren ontbreken nooit: de een voor de vulkaan Gunung Agung (M) en de andere voor de Batur (O). Zeer belangrijk is de *padma-sana (padma* = lotus) (L), een stenen troon die aan de zonnegod Surya gewijd is.

121 *Padu raksa van de Pura Beji van Sangsit als voorbeeld voor de typische manier van tempels bouwen in het noorden van Bali*

Hij staat in de uiterst rechtse hoek, met zijn rug gewend naar de Gunung Agung. Deze troon moet eveneens de kosmos voorstellen. Het fundament heeft de vorm van een mytische schildpad, *bedawang,* waar omheen zich twee stenen slangen winden. Hierboven bevinden zich trapsgewijze drie platforms en er bovenop staat een stenen zetel met een hoge rugleuning.

Ook de 'sekretarissen' van de goden hebben altaartjes, *ngrurah alit* (I) en *ngrurah gedéh* (J); zij moeten erop toezien dat de juiste offers gebracht worden. Een stenen nis is bestemd voor de *taksu* (Q), de tolk van de goden. Taksu spreekt via het medium, als dit in trance is, namens de god. Het is niet de god zelf, die spreekt.

In het midden van de tempelhof staat een paviljoen, *pepelik* (H) dat een gemeenschappelijke plaats van samenkomst voor de goden is en de *balé piasan* (R, S) met simpele plaatsen voor de offergaven. Deze offers worden niet door de hoge brahmanenpriester, *pedanda,* in ontvangst genomen; hij bekommert zich ook niet om het ceremonieel in de tempel. Daarvoor is de lekepriester, *pemangku,* verantwoordelijk. Deze pemangku, die tegelijkertijd huismeester van de tempel is, is een man uit het volk. Zijn ambt kan erfelijk zijn; hij kan echter ook via een medium door één of andere vooroudergeest tot zijn ambt geroepen worden. Alleen bij de tempelfeesten en de feestelijkheden, die jaarlijks ter bevrijding van het dorp van demonen plaats-

←120 *De padu raksa van het tempelcomplex te Sangeh. Verder ziet men op de foto nog de heilige apen*

vinden verschijnt de pedanda en zegent het offer met gewijd water. Dit is de dag van de 'hemelse schoonmaak', *njepi,* waarop de goden de hemel schoonvegen van alle slechte invloeden. Daarbij vallen, naar het geloof van de Balinezen, erg veel boze geesten op Bali neer. Om deze ver weg te houden, moeten veel offers gebracht worden: bloemen, vruchten, allerlei spijzen, waaraan de geesten zich te goed kunnen doen. Daarna wordt een groot vuur aangestoken om hen te verjagen. Vroeger durfde niemand zich de volgende dag buitenshuis te wagen. Men wilde dat de geesten zouden geloven dat het eiland uitgestorven was.

Feesten

Volgens de Balinese kalender, *wuku,* die 210 dagen telt, worden er bijna 200 feesten in de tempels gevierd. Het hoogtepunt van het jaar is het grote tempelfeest, *odalan,* dat in elk dorp ter herinnering aan de stichting van het heiligdom met groot entoesiasme wordt gevierd. Vier dagen voor het feest begint men met de voorbereidingen (kl.pl. II, XIII, XIV). Speciale altaren van bamboe worden voor de talloze offergaven opgesteld, want de balé piasan in de tempel kan deze enorme hoeveelheid in de verste verte niet dragen. Al deze offers en de versieringen, waarmee het gehele tempelcomplex wordt opgetuigd, zijn zo groot in aantal en met zoveel liefde en vlijt zo schitterend verzorgd, dat ware monumenten ontstaan, niet uit steen of brons maar uit bamboe, gevlochten palmbladeren en rijstkoeken, verschillend van vorm en kleur. Al deze kunstwerken worden slechts éénmaal gebruikt.

De grote bouwsels worden door de mannen gemaakt, terwijl de ontelbare dekoraties uit palmbladeren en de rijstkoeken, *jaja,* door de vrouwen gemaakt worden. Voor het maken van de palmbladversiering in eindeloze variaties is niet alleen een onuitputtelijke fantasie nodig, maar ook een buitengewone handvaardigheid. Als materiaal worden hierbij de jonge, groengele bladeren van de kokospalm en de stevige nerven gebruikt, evenals de bladeren van de suiker- en de lontarpalm.

Drie typische voorbeelden van palmbladdekoraties moeten genoemd worden: *sampian, lamak* en *penjor.* Helemaal bovenin een offertoren wordt de *sampian* aangebracht. Hoe simpel dit bouwsel ook mag lijken, het eist toch een ongelofelijke kunstzin en handigheid. Oneindig rijk zijn ook de motieven die gebruikt worden: schepen, zeilen, windmolens en lange naar beneden hangende guirlandes. *Lamak* (iets wat hangen moet) een uit palmblad gevlochten strook, die soms ook uit stof bestaat (kl.pl. XXVI). Men laat deze bij de feesten uit de offernissen omlaaghangen. Een lamak heeft een lengte van een halve meter of meer. Ook hier verrast ons de altijd nieuwe vormgeving van de vanouds overgeleverde motieven, die alle een symbolische betekenis hebben. Zeer vaak is op de lamak als centrale figuur een *cili* afgebeeld, een symbool voor de aarde en de vruchtbaarheid in de vorm van de 'rijstmoeder', *niní panturn,* die weer identiek is met Dewi Sri of Melanting. Zeer vaak heeft de sampian boven op hoge torens uit vruchten en rijstkoeken ook de

122 Processie met offergaven bij een tempelfeest op Bali

vorm van de cili; hier betekent het meer 'klein en mooi', wat voor de Balinezen niet meer dan een abstrakt vrouwelijk motief is. Aan beide zijden van de tempelingang worden bij de feesten *penjors* opgericht. Deze bestaan uit lange bamboestammen, met aan de top uit palmbladeren gevlochten guirlandes met bijzonder fraaie dekoraties, die aan de wuivende bamboe in de wind schommelen. Vaak hangt er ook een klein fluitje bij, dat door de luchtstroom zachtjes zoemt. Deze fluitjes bindt men ook onder de vleugels van duiven. Vishnu houdt van deze muziek, zeggen ze.

De penjor is niet alleen een symbool voor Dewi Sri; het is ook een symbool voor Ganesha, de zoon met de olifantskop van Shiwa, de god die bij feesten alle hindernissen uit de weg ruimt. Ook de beide stenen demonen worden versierd. Zij krijgen zwart-wit geruite doeken (de kleuren van Vishnu en Shiwa) voorgebonden en hibiscusbloemen in het oor.

De vrouwen en meisjes van alle families brengen de offergaven naar de tempel, waar deze door de *pemangku* in ontvangst worden genomen. Iedere dag ziet men op Bali wel ergens kleine of grotere groepen vrouwen en meisjes met offerschalen naar een of ander heiligdom gaan (kl.pl. XII en XIV). Bij de feesten is de pemangku al vanaf 's morgens vroeg in de tempel. Ononderbroken worden de offergaven bin-

181

123 Priester bij een rituele handeling in een tempel op Bali

nengedragen. Steeds meer mensen nemen deel aan de tocht naar de tempel (afb. 122), nu ook mannen met witte en rode vlaggen (kl.pl. XVI). Er komen ook muzikanten met de *gamelan angklung* (afb. 130, 141). De instrumenten, die aan bamboestokken opgehangen zijn, worden tijdens de processie bespeeld.

Het tempelfeest *odalan* moet apart vermeld worden. Hierbij worden uit de met houten deuren gesloten altaren de *arjas* gehaald: twee fraai gesneden beeldjes uit sandelhout, een mannelijk en een vrouwelijk. Deze beeldjes kunnen op zo'n dag door de priesters 'tot leven geroepen' worden, wanneer de geest van de lokale goden hen tijdelijk 'bezielt'. Vaak symboliseren deze figuren ook Rama en Sita, de reïnkarnaties van Vishnu en Sri. Beide beelden worden nu in een grootse processie naar zee (of wanneer die te ver weg is, naar de dichtstbijzijnde rivier of heilige bron) gedragen. Voorop gaan de vlaggendragers, dan volgt een lange rij vrouwen en meisjes met de offerschalen; vervolgens de kleine, fraai versierde beeldjes welke door twee meisjes op kussens op het hoofd gedragen worden, beschut door twee grote parasols (kl.pl. II). Dan volgt er weer een rij vrouwen en een groep mannen met de gamelan angklung besluit de stoet. Bij het water bidt de priester tot de arjas, waaraan de offers gebracht worden en de deelnemers aan de processie zingen en dansen om deze arjas genoegen te doen. Dan gaat de hele stoet weer terug naar de tempel, waar het feest nog de gehele nacht doorgevierd wordt.

Geesten en demonen

Offers moeten elke dag gebracht worden en niet alleen bij grote feesten. Dikwijls is een bananenblad met een handvol rijst voor de deur gelegd al genoeg om kwade geesten ver weg te houden. De Balinees schaamt zich ook niet voor zijn angst. Zo lag in Den Pasar voor de deur van een moderne apoteek elke morgen een verse offergave en iedere voorbijganger liep hier vol eerbied omheen. Ook bij elk belangrijk kruispunt ziet men, niet alleen op het platteland maar eveneens in het drukke centrum van Den Pasar, talrijke stenen *buta's* en *kala's* staan. Dit zijn de demonen die kommer en ellende brengen; ze verblijven op eenzame plaatsen in de bossen en aan de stille kusten. Ook komen zij in de dorpen voor op plaatsen die als gevaarlijk bekend staan, zoals kerkhoven en wegkruisingen. Zij scheppen er een waar genoegen in de mensen te kwellen, hen lichamelijke en geestelijke ziekten te bezorgen en wanneer men deze geesten niet in toom weet te houden kunnen zij zelfs epidemieën verspreiden.

Twee zaken houden de Balinees voortdurend bezig: het eerbiedigen van de voorouders en het bezweren van demonische machten. Weliswaar zijn deze niet uit te bannen (er bestaat nu eenmaal goed en kwaad op de wereld), maar door middel van offers kan men ze gunstiger stemmen. Wanneer een Balinees terechtgesteld werd, dan vroeg de beul hem eerst om vergiffenis, opdat er tussen hun beider zielen geen vijandschap zou bestaan. Ook het dier, dat hij moet doden als offer of om in leven te blijven vraagt hij tevoren om vergeving.

Nog gevaarlijker dan de buta's en de kala's zijn de *leyaks*. Dit zijn mensen die 's nachts de gedaante van een dier aannemen en als zodanig onheil aanrichten. Iedere dorpeling is er van overtuigd ooit een leyak gezien te hebben; het gaat hier weliswaar steeds om een dier, dat hij 's nachts tegenkwam en dat zich volgens hem vreemd gedroeg. De leyaks zitten vaak 's nachts op de kerkhoven om daar hun magische krachten uit te oefenen. Mensen met bijzondere kentekenen of littekens in het gezicht worden er dan ook van verdacht leyaks te zijn; dit gebeurt vaak bij mensen met afwijkingen aan mond en ogen. Niemand zal echter ooit hardop de naam van een verdachte noemen. Alleen zieken en zwakken kunnen door leyaks worden beïnvloed, op gezonde mensen hebben deze duistere krachten geen enkele invloed. De medicijnman *(balian)* kan echter bescherming bieden aan zieken en zwakken. Een vrouw in het uur van haar bevalling, als zij een grote hoeveelheid levenskracht moet opbrengen, loopt ook bijzonder veel gevaar en kan dan bij deze *balian* terecht.

De lijkverbranding

Niet de tempelfeesten, maar de uitgebreide ceremoniën bij de lijkverbranding *(ngabén)* vormen voor de Balinezen de belangrijkste religieuze gebeurtenissen. Door de verbranding wordt de ziel definitief van het lichaam gescheiden; de ziel treedt in in een hogere wereld en kan dan door middel van reïnkarnatie een beter leven beginnen. Daarom ook is een krematie voor de Balinezen geen treurige maar een zeer vreugdevolle gebeurtenis. Op Bali zijn de lijkverbrandingsceremoniën pas tijdens het rijk Majapahit onder hindoeïstische invloed gekomen. Dit moet ongeveer in de dertiende eeuw zijn geweest; ook voordien bestond reeds het animistische geloof dat de ziel onsterfelijk is en na de dood in een ander lichaam terugkeert. Dit geloof bestaat nog steeds bij de Bali-Aga, die zeer geïsoleerd in de bergen leven en het oude animistische geloof in ere hebben gehouden. Zij verbranden hun doden niet, maar plaatsen deze op een rots of in een boom; daar laten zij aasdieren hun werk doen, want eerst als de beenderen geheel van het vlees zijn ontdaan is de ziel vrij om een nieuw leven in een andere gedaante te beginnen.

Vooral wanneer het de verbranding van een vorst of een lid van de *triwangsa* (de drie adellijke kasten) betreft, worden kosten noch moeite gespaard. Hoe hoger de kaste, hoe meer pracht en praal. Dikwijls wordt hieraan een geheel vermogen besteed. Het komt zelfs voor dat honderden, zelfs duizenden rupiahs, in één keer ten overstaan van een jubelende menigte in de vlammen worden geworpen, terwijl toch iedere aanwezige dagelijks elke cent twee keer moet omdraaien. Het is vaak zo dat een zoon zijn leven lang moet sparen om voor zijn ouders een waardige krematie te kunnen organiseren. De voorbereidingen alleen al kosten veel tijd en geld; dikwijls is men daar maanden of zelfs jaren mee bezig. Om alle onderdelen van de ceremonie op te noemen zou al een heel boek vergen; vandaar dat hier dan ook alleen maar de belangrijkste elementen worden vermeld.

Wanneer het spaargeld van de familie nog niet toereikend is wordt de verbranding gewoon uitgesteld en wordt de dode nog dezelfde dag op het kerkhof begraven. Een holle bamboestengel wordt boven zijn mond in de grond gestoken, opdat zijn ziel een uitgang heeft. Op een overdekt bamboe-altaartje worden nog 42 dagen na zijn dood offers gebracht. Dikwijls ook laat men voedsel en drank door een hiervoor opengelaten spleet in het graf zakken. Wanneer leden van hoge kasten om andere redenen op hun krematie moeten wachten worden zij gebalsemd en in een speciaal paviljoen, de *balé lagon,* opgebaard, totdat de voor de verbranding gunstige dag is aangebroken. Dit wordt bepaald door de priester, die immers tot taak heeft de mysterieuze kosmische orde te verklaren. Is deze dag eenmaal vastgesteld, dan worden de doden van de armen weer opgegraven om tegelijkertijd verbrand te worden. Hoewel slechts één familie het feest organiseert, draagt ieder naar vermogen bij.

De verbrandingsplechtigheden bestaan uit drie delen: eerst wordt het lijk opgebaard in een afgesloten of omheinde ruimte. Reeds drie dagen voor het eigenlijke feest worden de beenderen van de dode(n), die reeds begraven was (waren) weer opgegraven en gereinigd. In de buurt van het kerkhof wordt een plein met bamboeen palmbladeren omheind. Daar worden hoge, overdekte tafels opgesteld, waarop de in witte doeken gewikkelde beenderen gelegd worden, versierd met bloemen en allerlei andere voorwerpen, voorzien van magische tekens. Onder een afdak zit een gamelanorkest, dat drie dagen lang regelmatig speelt. Ook 's nachts worden de plechtigheden met schimmenspel en muziek voortgezet. Als men maar dicht genoeg langs de tafels loopt, kan men soms een zacht gepiep horen: dat zijn kuikentjes, die men samen met de beenderen in de doeken wikkelt, opdat de doden iets levends in hun nabijheid hebben.

De *balé bandung,* de afgesloten ruimte waar de stoffelijke resten van de rijke leden van de *triwangsa* worden opgebaard, wordt met veel zorg ingericht. Voorwerpen, die de dode bijzonder dierbaar waren, worden hier geplaatst, zoals bijv. fraaie stoffen, sieraden, zijn kris, talloze bloemen en bonte linten. Daarnaast natuurlijk ook voorwerpen die boze geesten moeten verdrijven zoals lotusbloemen *(padma)* en een bamboespruit als symbool van de wedergeboorte. Over de opgebaarde dode wordt een net gelegd, gemaakt van garen en *kepengs* (een oud Chinees muntje, dat vroeger de kleinste muntsoort op Bali was). Dit net noemt men *ukur;* het wordt ook in de kist gelegd. Allerlei plechtigheden maken verder nog deel uit van de voorbereiding tot de eigenlijke verbranding. Ook hiervoor moet de priester het juiste tijdstip bepalen. Voor het halen van het water uit een speciale gewijde bron is dit bijv. uitermate belangrijk.

Het tweede gedeelte van het gekompliceerde ceremonieel bestaat uit het overbrengen van de dode naar de eigenlijke verbrandingsplaats, op het kerkhof zelf of daar vlakbij. Reeds vroeg in de morgen komen van heinde en verre de belangstellenden naar het sterfhuis. Daar staat een bouwsel vol symbolische versieringen dat op een onderstel van lange bamboelatten rust. Door deze lengte kunnen veel mensen tegelijk helpen de toren naar de verbrandingsplaats te dragen. Deze stellage wordt *badé* genoemd (kl.pl. XXII, XXIII). De vorm wordt bepaald door de kaste waartoe de overledene behoorde. Bij een Balinees, die tot geen der kasten behoorde, is het een afgeknotte piramide, die soms tot 10 m hoog kan zijn. Een edelman heeft een toren, die op een schildpad rust; boven de nis, waarin de dode gelegd wordt, bevindt zich een pagodedak, zoals bij de meru. Symbolisch bevindt de dode zich nu tussen hemel (het pagodedak) en aarde (de basis), voordat hij aan de vlammen wordt toevertrouwd. De bloemen waarmee de badé is versierd, zijn een symbool van de levensboom, terwijl demonenkoppen de boze geesten moeten verdrijven en de gelouterde ziel op de garuda de hemel binnengedragen zal worden. Hoewel deze verbrandingstorens met een oneindige liefde en geduld worden opgebouwd, worden ze ook meeverbrand. De badé van een vorst kan wel 30 m hoog zijn. Een brahmaan-

se priester wordt op een obelisk in de vorm van een *padmasana* (altaar) naar de verbrandingsplaats gebracht. Bovenaan bevindt zich een platform met aan drie kanten een leuning. De armere lieden, die niet over de middelen voor een echte verbrandingstoren beschikken, dragen hun geliefde doden in een soort troonzetel, die ook versierd is met symbolische motieven. Voor de verassing wordt een eenvoudige houten kist gebruikt. Mensen uit de hogere kasten worden daarentegen in prachtige kisten verbrand. De indrukwekkendste zijn die in de vorm van een stier, welke alleen worden gebruikt voor brahmaanse priesters (afb. 124). Hierna komen dan, afhankelijk van rang en stand, kisten in de vorm van een leeuw en een garuda (kl.pl. XXI).

Als de stoet zich in beweging zet, wordt zij begeleid door beeldschoon geklede meisjes en vrouwen, die vaten met gewijd water, bloemen en vruchten als offers voor de dode op het hoofd dragen. Ook de draagbare gamelan angklung en de vaandeldragers lopen mee. Een paar jongens zijn ondertussen op de badé geklommen met een levende duif 'om de ziel te leren vliegen'.

Om alle betrekkingen tussen de ziel van de overledene en die van de nabestaanden onmogelijk te maken wordt de badé op weg naar de verbrandingsplaats al enkele malen in het rond gedraaid. Op de verbrandingsplaats aangekomen wordt dit nog een paar keer herhaald, snel lopend, afwisselend linksom en rechtsom. Een priester, die het einde van een lange witte lap in de hand houdt bepaalt de richting; het andere eind zit vast aan de bovenkant van de badé. Bij de verbranding van vorstelijke personen is deze lap, die het symbool is voor de slang naga, rijk versierd en soms wel 50 m lang. De priester draagt het hoofdeinde, het middenstuk wordt door dragers ondersteund. Wanneer de toren eindelijk tot stilstand is gekomen, wordt de naga door de priester ter dood gebracht doordat hij vanuit de vier windrichtingen 'pijlen' van *yempaka*-bloemen op de kop afschiet. Dan wordt de naga (dus de doek) om de toren gewikkeld en mee verbrand.

De derde en laatste fase voltrekt zich op de verbrandingsplaats of *sema,* waar zich nu ook de prachtige doodkisten in de vorm van dieren bevinden: een wit rund is voor een *pedanda,* een zwart voor de *ksatryas* of een gevleugelde leeuw voor de *vaishya.* Ook de eenvoudige doodkisten van de armen zijn dikwijls versierd met een dierekop. Ondertussen is ook de *tratag* (bamboeladder) aangekomen en het lijk kan van de badé naar de kist omlaag gebracht worden. Tegelijkertijd worden speerdansen, *baris gedéh,* uitgevoerd. De rugzijde van het dierelijf waarin de doodkist zich bevindt, wordt geopend; het lijk wordt hierin gelegd en met wijwater besprenkeld. Dan volgt het belangrijkste ritueel: de *pedanda* reciteert Sanskriet-verzen *(mantras),* waarna de kist wordt gesloten (afb. 125) en met de *naga-banda,* de lange witte of bontgekleurde doek, wordt omwonden. Nu ontsteekt men de onder de kist

---

← *124 Doodkist in de vorm van een witte stier, die alleen bestemd is voor de lijkverbranding van een priester (pedanda)*

aangelegde brandstapel en geeft zo het lichaam en de daarbij behorende gaven aan de vlammen over.

Vroeger stortte de weduwe zich ook in de vlammenzee en volgde vrijwillig haar echtgenoot in de dood. Ook de badé, waaraan vele maanden gewerkt is, wordt aangestoken. Slechts voor dit ene moment waarop de ziel van de gestorvene eindelijk vrij komt en opgaat naar de Balinese hemel, is dit allemaal gemaakt. De familieleden zijn tot diep in de nacht bezig uit de smeulende resten de as te verzamelen in kokosdoppen om die de volgende morgen op plechtige wijze in de zee of in een rivier uit te strooien.

Geen gelegenheid wordt door zoveel pracht en praal begeleid als dit grootse feest van de lijkverbranding, waarbij eerst de ziel door het vuur gelouterd wordt en later door het reine water schoongewassen. Geen grotere wens zal een Balinees ooit hebben dan zo snel mogelijk met de morgendauw weer neer te dalen op zijn paradijselijk eiland Bali en een nieuw leven te beginnen.

←125 *Priester die de dienst leidt bij een lijkverbranding op Bali*

3 Muziek en dans

De gamelan

In de beeldende kunsten, die ten tijde van de grote kulturen op Java en Bali op Maleise basis tot bloei kwamen, herkent men steeds weer de invloed van de Hindoe-kultuur. Anders is dit echter bij de muziek, waarvan de oorsprong op invloeden uit Oost-Azië is terug te voeren. De instrumenten, de muzikale toonladders en systemen kwamen van het Aziatisch kontinent en hebben hun zelfde vorm tot op heden behouden. Men heeft zich juist in de muziek, die in Indonesië naast de dans wel de meest verfijnde en gekompliceerde kunstuiting is, bij alle bewegingsvrijheid die er is konsekwent aan de oude vormen gehouden. Dit is zoals Jaap Kunst aangetoond en steeds weer gezegd heeft, terug te voeren op de angst voor magische gevolgen, want muziek is oorspronkelijk zuivere toverkunst. De magische formule, gegoten in een melodie, zal precies het tegendeel bewerkstelligen van waarvoor zij gebruikt wordt, wanneer deze niet op de voorgeschreven manier en alleen bij heel bepaalde gelegenheden gezongen wordt. De opeenvolgingen van tonen van bepaalde gamelans werden en worden ook nu nog angstvallig bewaard. Zij mogen niet op andere gamelans overgebracht worden. De in zijn tijd beroemdste danser en musicus Raden Mas Avia Tondakusuma probeerde een van de oudste, wellicht de oudste, *gamelan mungan* van de vorst van Solo op Java, die een reeks van slechts drie tonen bezit, na te maken. Het lukte hem ook, maar spoedig daarna werd hij blind. Naar men geloofde was dit een goddelijke straf voor zijn misdadig handelen.

Er bestaat nog een drietonige gamelan, *kodok ngorek,* die ook oud is, maar alleen bij bepaalde gelegenheden bespeeld mag worden. Het woord gamelan komt overeen met ons 'orkest'. Het is dus de naam voor een ensemble van instrumenten, die afhankelijk van het aantal door drie tot veertig spelers bespeeld kunnen worden. Het grootste ensemble vinden we op Bali. Het heet *pelegongon.* Op Java koncentreerde het gamelan-musiceren zich vroeger in de kratons van Yogyakarta en Surakarta. Op Bali is het gamelan-spel gebaseerd op de interesse en de muzikaliteit van het hele volk. Vrijwel iedereen kan een of ander instrument bespelen. Het leven van de *tanis* (zij die de rijst verbouwen) in de dorpen is zonder gamelan niet voor te stellen. Er zijn op Bali ongeveer 6000 gamelans, en op Java meer dan 17000. Zelfs in de grote steden is de gamelan door het oprukken van de westerse kultuur volstrekt niet verdrongen. Bij Radio Jakarta bijv. maakt westerse muziek slechts 10% uit van alle uitzendingen. Op Bali speelden bij de verbrandingsceremoniën van de vorst van Ubud 150 gamelans.

Er bestaan zeer veel verschillende gamelans, waarvan de instrumenten altijd weer op elkaar lijken, maar die in spel en klank toch vaak wezenlijk verschillen. Javaanse instrumenten verschillen slechts weinig van die op Bali; toch is het Balinese instrumentarium niet alleen uitgebreider – op Java allang niet meer gebruikte instrumenten hoort men op Bali nog steeds – ook de muzikale vormen, melodieën en ritmen zijn hier veelvoudiger. Steeds weer wordt men verrast door de geraffineerde menging van klankkleuren en de nuanceringen in klanksterkte. Nergens heeft de inheemse muziek een zo oorspronkelijke levenskracht als op Bali, waar iedereen een groot kunstzinnig talent bezit. Het kenmerkende van de Indonesische muziek ligt meer in haar objektieve en expressieve karakter, dan in de stemming en de orkestratie.

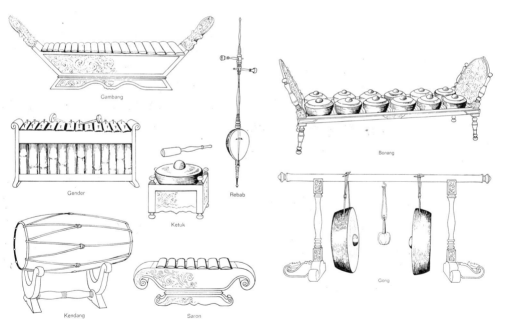

126 *Instrumenten die de belangrijkste rol spelen bij de begeleiding van het Javaanse schimmenspel*

Op Bali klinkt geen enkele gamelan precies zo als een andere. Niet alleen heeft elk orkest zijn eigen repertoire, dat steeds weer met nieuwe komposities wordt uitgebreid, ieder instrument is ook met de hand gemaakt. De instrumenten zijn geen persoonlijk eigendom, maar behoren toe aan de dorpsgemeenschap. Wanneer een nieuw instrumentarium besteld wordt, dan ligt weliswaar de volgorde der tonen vast, afhankelijk van wat er besteld wordt (de tonen richten zich naar de vijftoons-toonladder, *slendro* of naar de Javaanse zeventoons-toonladder *pelog*). De absolute toonhoogte van een gamelan staat echter niet vast. Eerst moet de precieze hoogte van de begintoon van de toonladder gevonden worden, waarop de gamelan gestemd zal worden. Dit is de hoogste toon die de maker van de gamelan met zijn eigen stem, zonder deze te forceren, bereiken kan. Deze metode leidt tot zeer verschillende stemmingen; reeds in een buurdorp kan de gamelan heel anders klinken, zowel wat toonhoogte als toonladder betreft. Naar hun funktie kan men de verschillende instrumenten van de gamelan in de volgende groepen indelen:

1. *Niet aan melodie gebonden instrumenten,* die tonaal en ritmisch los van de hoofdmelodie staan en die boven de zware, massale klank van het orkest lijken te zweven: fluit en *rebab* (tweesnarige vedel).

2. *Melodie-spelende instrumenten,* die de hoofdmelodie in zijn eenvoudige, streng ritmische vorm ten gehore brengen: de *gendér* (afb. 127-129), een metallofoon met klankkasten van bamboe, waarboven de metalen toetsen zwevend zijn opgehangen en de *bonang,* een lang naklinkend ketelgongspel.

3. *De melodie-omspelende instrumenten,* die de melodie in een netwerk van kleine tijdswaarden oplossen: de *saron,* een slechts kort naklinkende metallofoon zonder klankkasten en de *gambang,* een xylofoon.

4. *Interpunkterende instrumenten,* die door krachtige slagen op de slottonen van de afzonderlijke onderdelen de struktuur van de melodie onderstrepen: *gong* en ketel-gongs.

5. *Ritme-benadrukkende instrumenten; kendangs,* trommels die ritmisch contra-punteren; de *kendang gending,* de hoofdtrommel en de kendang ciblon, een kleine-re trommel. Deze worden met de vingers bespeeld. De eerste kendang-speler is tegelijkertijd de leider van de gamelan (afb. 128).

De toonaarden en toonladders van de Balinese gamelans zijn uiterst wisselend. Er is dan ook geen enkele Balinees, die alle samenstellingen en toonaarden van de gamelans van zijn land werkelijk kent. Juist door zijn bijzondere stemming, zijn absolute toonhoogte en de struktuur van zijn toonaard heeft iedere gamelan een specifiek karakter, een spanningswaarde. Deze muziek klinkt ons zeer vreemd in de oren.

Een volledige opsomming van alle Balinese gamelan-soorten is onmogelijk. De

127 *De gendèr-spelers van een gamelan-orkest. De geluidsbladen zijn van metaal gemaakt, de bekers van bamboe*

128 *Een kendang-speler met zijn cilindrische trommel, naast hem een kécer-speler met op de achter-grond de gendèr-spelers*

129 De kasten van de gendèr zijn vaak rijk versierd met houtsnijwerk

belangrijkste kunnen hier echter tot slot genoemd worden en wel volgens de indeling en met verklaringen van Walter Spies, de helaas veel te vroeg gestorven schilder en musicus, die naast Jaap Kunst de beste kenner van de Balinese muziek en dans was.

1. *Gamelan Gong,* vijftoonssysteem, het grootste Balinese orkest, zo genoemd omdat hierin de grootste gongs meespelen. Deze gamelan speelt bij tempelceremoniën en bij feestelijkheden de klassieke melodieën, de zgn. *lambatans.*
2. *Gamelan kebyar,* vijftoonssysteem, een uit de vorige gamelan ontstaan orkest. Deze gamelan speelt bij de *kebyar,* de dans die rond 1920 ontstond en door de danser Mario beroemd werd. De grote gongs ontbreken. Daarentegen zijn er enige *gendérs* aan toegevoegd, omdat ze geschikt zijn om snelle figuren te spelen.
3. *Gamelan semar pegulingan,* zes- of zeventoonssysteem, voorts echter vrijwel identiek aan de Gamelan kebyar. De muziek klinkt licht en vloeiend en wordt in hoofdzaak bij liefdesscènes gespeeld, bijv. in de *legong*-dansen.
4. *Gamelan legong,* identiek aan de Gamelan semar pegulingan (afb. 132).

5. *Gamelan jogéd,* vijftoonssysteem, een orkest van zes tot tien spelers. Alle instrumenten zijn uit bamboe vervaardigd. Deze gamelan speelt bij de jogéd.
6. *Gamelan angklung,* viertoonssysteem (zeer verwant aan de *slendro,* een klein, eenvoudig ensemble van tien tot twaalf spelers, dat vaak bij tempeloptochten speelt. De instrumenten worden dan aan bamboestangen gedragen (afb. 130).
7. *Gamelan gambuh,* zeven- of vijftoonssysteem, een eenvoudig orkestje, dat bij de gelijknamige dansen, zowel als bij andere gelegenheden speelt.
8. *Gamelan arja,* identiek aan de gamelan gambuh. De *arja*-danseressen dragen een kroon, die veel op een diadeem lijkt.

De gamelan kebyar heeft dezelfde samenstelling als de gamelan semar pegulingan, alleen klinken de instrumenten luider. Tegenwoordig zijn de meeste gamelans op Bali, die bij de dansen bespeeld worden, aan dit orkest aangepast. Om een grotere eenheid in het samenspel te bereiken wordt de gamelan kebyar in een vierkant opgesteld.

130 Gamelan Anklung, de kécer, een klein soort bekkens, en een xylofoon, waarvan de geluidsbladen gevormd zijn uit gespleten bamboe

In Tenganan, een dorp aan de oostkust van Bali, waar men ook nu nog tamelijk geïsoleerd volgens eigen wetten leeft, vinden we een zeldzaam geworden gamelan, de *gamelan selunding*, bestaande uit grote ijzeren platen in de zeventonige *slendro*-stemming. Bovendien heeft men daar nog de origineelste 'kamermuziekvereniging' van Bali: het *gonggong*-orkest, waarvan de instrumenten nauwelijks groter zijn dan een hand. Het instrument bestaat uit een bamboestaafje, waaruit aan drie kanten een tong gesneden is. Door handig tokkelen op een aan de tong bevestigde hennepdraad raakt de tong in trilling en ontstaat een zachte toon. Bij het spelen wordt het instrument tegelijk met een lontarblad als klankbeker met de mond vastgehouden. Alle spelers van dit ensemble, waarbij zich ook nog twee fluitspelers voegen, behoren tot de kaste der brahmanen.

In Bangli kent men een bijzondere gamelan, de *gamelan gambang,* die bestaat uit vier xylofoons met bamboe-speelbladen en twee metallofonen uit de *saron*-familie. Deze gamelan wordt alleen bij verbrandingsceremoniën in Bangli en Badung bespeeld. De doorlopende melodie, waarbij de xylofoons als het ware een tapijt van zachte klanken spreiden, wordt op een of twee metallofonen gespeeld. De Balinezen beweren dat het buitengewoon moeilijk is de gamelan gambang te bespelen. De speler van de hoofdmelodie moet aan een poëtische tekst, *kidung,* denken om de temata te leren. De gedichten suggereren hem de melodie en de maten. De indeling van de tekst dient als voorbeeld voor de ritmen en pauzes in de muziek. Daarom denkt de speler aan de woorden terwijl hij speelt.

Tenslotte zij hier nog vermeld dat één van de instrumenten van de Javaanse en Balinese gamelan wereldberoemd is geworden in Afrika en Amerika: de in zijn vaderland tot grote ontwikkeling gebrachte *gendér,* de metallofoon of xylofoon met zijn resonantiekokers onder de speeltoetsen (afb. 127). Hier is sprake van één van de zeldzame gevallen waarin Indonesië, voornamelijk Java, de oorsprong is tot de verspreiding van een kultuurgoed. Van hieruit ging het instrument allereerst naar Oost-Afrika, naar Mozambique en later ook naar verscheidene Westafrikaanse landen. Hier is het als xylofoon met kalebassen als klankkasten onder de naam *balafon* bekend. Het feit dat zowel de toonhoogte als de intervallen tussen de tonen absoluut gelijk zijn aan die in Indonesië, bewijst dat er werkelijk nauwe banden tussen de Javaanse en Afrikaanse instrumenten moeten hebben bestaan. Toen in de tijd van de slavenhandel de *balafon* of *marimba,* zoals het instrument ook wordt genoemd, naar Centraal-Amerika kwam, heeft het daar zo'n grote weerklank gevonden, vooral in Guatemala, dat het ook nu nog het meest geliefde instrument is. Toen weer veel later de Noord-Amerikanen de marimba in Guatemala ontdekten, maakten zij het instrument na, waarbij zij de klankkokers uit koper en nikkel vervaardigden. Een firma in Chicago maakte honderden van deze instrumenten en verkocht ze onder de naam van vibraharp of vibrafoon aan de jazz-bands. Een catalogus van deze firma bereikte eens een der toen regerende prinsen van Solo, Mangku Nagara VII. De prins bestelde meteen zo'n instrument, echter weer in de oude Javaanse stemming, want de firma uit Chicago maakte zijn instrumenten seriegewijs in getempereerde stemming. De *gendér* had toen zijn duizendjarige reis om de wereld beëindigd.

Met deze beschrijvingen is, zoals reeds vermeld, alleen een bepaalde tak van muziek van de Indonesische archipel belicht. Vanzelfsprekend hebben volksstammen als die van de Oud-Maleisiërs en de stammen van Papua-Australische afstamming, die zich geestelijk en in hun levenswijze zeer sterk van de Javanen en Balinezen onderscheiden, een geheel andere muziekopvatting en -beoefening. Dat is echter een gebied dat niet in het kader van dit boek past. Men kan dus in geen geval van een 'Indonesische' muziek in het algemeen spreken. Er is geen algemeen geldende karakteristiek, maar de Javaans-Balinese muziek is verreweg de belangrijkste.

Dans en toneel

De dansers van Bali gaan als uitverkorenen het rijk der geesten in en uit. Men gelooft zelfs dat deze mensen dansend ter wereld komen. Als door een onzichtbare hand geleid bewegen zij zich in de ruimte volgens een ons vreemde wetmatigheid, in een magische aaneenschakeling van spanningen uit de oerwereld. De dansers beschikken over een betoverende, bezwerende kracht, die ons onbekend is. Zij geven gestalte aan het leven. De danser is bezeten van zijn rol en van deze bezetenheid hangt zijn sukses af. Het Balinese teater omvat tegelijkertijd zang, dans en pantomime. De inhoud en logische volgorde van de stukken interesseren de Balinees niet zo zeer, hij kent de stukken immers uit zijn hoofd. Ook kent hij de traditionele kleding en gebaren van de dansers. Het is ook niet noodzakelijk dat de voorstelling begint bij het begin van het drama of epos.

Dansen zijn op Java en Bali (kl.pl. XVII-XX) een exacte wetenschap. De techniek van de dansers is uiterst precies. Iedereen die het podium betreedt, beheerst de persoonlijk genuanceerde passen en gebaren. Er zijn veel verschillende gebaren en bewegingen; elk heeft zijn eigen naam en iedere toeschouwer kent de betekenis. Tot de talrijke uitdrukkingsmogelijkheden behoren zeer bepaalde voetbewegingen, de manier waarop men zijn kleding opneemt of alleen maar beroert; waarop men op de grond hurkt, waarop men zijn hoofd houdt of zijn heupen wiegt; elke beweging spreekt een eigen taal. Zeer belangrijk is de taal van de ogen. Een stekende blik met wijdgeopende ogen kan een vijand afschrikken, en een speciale oogopslag kan treurigheid betekenen. Alle dansers houden zich precies aan de traditie, alleen de grappenmakers zijn niet aan bepaalde voorschriften gebonden. Zij spelen de rollen van hovelingen en dienaren en improviseren op kluchtige wijze.

Geen enkel feest op Bali is een echt feest als daarbij niet een of andere uitvoering plaatsvindt. Of het een tempelfeest, een dodenverbranding of een bruiloft is, altijd zal de gastheer een schimmenspel, een dansuitvoering of een *wayang topeng* laten optreden. Zo'n voorstelling duurt de hele nacht en strekt zich vaak uit tot de dag erna. Niemand zal zo'n gelegenheid willen missen, ook niet wanneer hij misschien de hele dag op de sawa heeft gewerkt. Slaap kan hij wel op een andere keer inhalen.

Hoewel de dans oorspronkelijk op Bali religieus bepaald was, kreeg hij later een meer profaan karakter. Natuurlijk komen er ook religieuze en magische dansen voor. In veel oude dorpsgemeenschappen vinden we nu nog feestelijke tempel- en trancedansen. Men geeft niet, zoals bij ons, een 'dansavond', een 'toneelstuk' of een 'Concert'. De Balinees deelt zijn voorstellingen in naar de stof: het Ramayana-epos levert de stof voor het schimmenspel en voor de *wayang wong*. Historische stukken worden door de *wayang topeng* (het maskerspel, kl.pl. XIX) vertolkt. De gamelan hoort bij elk dansdrama. Hij wordt gedirigeerd door de trommelspeler met zijn cilindervormige trommel, *kendang,* waarvan hij de klank op vijfentwintig manieren door middel van de aanslag kan variëren. De trommelspeler 'praat' niet alleen door zijn instrument met de andere spelers; hij geeft door middel van hoofdbewegingen of een oogopslag het teken voor een inzet of een ritme-wisseling.

De Balinezen kennen alle onderwerpen en verhalen: zij wachten op het optreden van hen bekende personages. Iemand heeft eens gezegd, dat de Balinese dansdrama's niet gemaakt zijn om gezien en dat de muziek niet gemaakt is om gehoord te worden. Beide moeten gezien en gehoord worden als bomen en beken van een woud. Ieder geniet er op zijn eigen wijze van.

Alle verhalen die in de dansdrama's behandeld worden, worden voortdurend in nieuwe variaties opgevoerd. Geen enkele teatergroep speelt een stuk net zo als in het buurdorp. Altijd worden er nieuwe episoden bijgemaakt. Juist hierdoor worden de belangstelling en het entoesiasme van de spelers wakker gehouden. Naast het oude (dat zorgvuldig gekoesterd wordt) rust de vindingrijkheid van de Balinees nooit. De traditie leidt daarom nimmer tot steriliteit, noch bij de muziek, noch bij dans en drama.

De uitvoering van een dans vindt gewoonlijk plaats voor een tempel of in de eerste tempelhof, met als achtergrond de gesloten tempelpoort *(padu raksa).* Dat is het decor dat nooit verandert. De kunstenaars (waarvoor het Balinees geen apart woord kent, alle Balinezen zijn immers 'kunstenaars'), drukken de 'andere wereld' door middel van hun lichaam uit. Zij gebruiken geen rekwisieten. De kracht van de betovering toont deze 'andere wereld' telkens in geest en gebaren. Twee *payongs* (parasols) schermen de magische ruimte af, waarin zich het gebeuren afspeelt. Maar ook hier heeft het aardse, dagelijkse werk voorrang. Moet toevallig tijdens een *barong*-voorstelling, die overdag plaatsvindt, een ganzenhoeder met zijn snateren-de dieren passeren, dan wordt de afsluiting geopend; de beide payongs buigen, de magische kring wordt verbroken, de jongen trekt met zijn ganzen voorbij, de parasols gaan weer omhoog en het spel wordt voortgezet.

Barong

Op Bali heeft elke dans een sociale en religieuze achtergrond. Hiervan is het Barong-drama een klassiek voorbeeld. De maskers en kostuums zitten vol symboliek. De Barong is een toverstuk; deze stukken vinden figuurlijk op het kerkhof plaats, want de maskers van Barong en Rangda, de tovenares-weduwe (kl.pl. XX) moeten *tenget* zijn (geladen met magische kracht). Deze kracht kregen zij op het kerkhof, waarheen ze de avond voor de dag van de uitvoering gebracht worden. Barong betekent 'wild dier' in de wijdste zin van het woord. De Balinezen zien hierin een beschermdier. De Barongkop lijkt veel op die van een leeuw. De *boma*- of leeuwekop boven de tempelpoort, die van de Javaanse kala-kop afstamt, is immers ook een beschermend symbool. Misschien stamt de Barong wel af van een 'beschermdier' uit de prehindoeïstische tijd. Hij zou dan een vriend van de voorouders zijn, een menselijke leeuw, een reïnkarnatie van Vishnu, als beschermgod van het leven.

De figuur van Barong wordt in het toverteater door twee mannen gespeeld, net zoals bij ons in het circus twee mannen in de huid van een paard kruipen. Bij een opvoering van de Barong raakte eens een speler zo in trance, dat hij uit het masker van het mytische dier gehaald moest worden. De geest van het machtige dier had zich gewroken, want deze man kwam uit een naburig dorp en dat is eigenlijk niet toegestaan.

De Barong vertegenwoordigt de witte magie, terwijl Rangda de zwarte magie vertegenwoordigt. Rangda is gewoon het Balinese woord voor weduwe. Deze weduwe is de weduwe van een man, wiens geest niet tot rust gekomen is, omdat zijn vrouw hem niet vrijwillig volgde in de dood, zoals het volgens oud-Balinees gebruik had moeten gebeuren. Hierdoor werd zij heks, tovenares. Onder deze naam is nu in de volksmond Rangda in het algemeen de heks-weduwe, het symbool voor de schrikaanjagende vertoornde godheid.

In het spel is Rangda de tegenspeelster van Barong. Zij heerst over de boze geesten met behulp van de zwarte magie. Beide figuren zijn aardse wezens met magische krachten. In de myte staat Barong aan de kant van de mensen. Hij wil hen tegen de verderfelijke invloeden van Rangda beschermen. Barong werd dus een beschermdier. Waartegen beschermt hij? In welke relatie staat hij tot Rangda, de andere wachter bij het kerkhof? Deze vragen kunnen wij met ons traditioneel-christelijke dualisme tussen goed en kwaad niet beantwoorden. Barong en Rangda behoren tot de donkere, aardse zijde van de dingen. De hemelse god Shiwa speelt zelf ook een rol in de zwarte magie en zijn echtgenote Parvatti, de godin van de vruchtbaarheid, is tegelijkertijd ook Durga, de godin van de dood... Het zou daarom fout zijn de strijd tussen Barong en Rangda met de begrippen 'goed' en 'kwaad' te willen verklaren.

Rangda draagt een wit masker met uitpuilende ogen en enorme slagtanden (kl.pl. XX). Bij sommige opvoeringen treedt zij in de loop van het stuk met verschillende

131 Krisdansers bij de Barong

maskers op, die de verschillende stadia van haar persoonsverandering uitdrukken. Zowel het masker van Barong als dat van Rangda worden, als zij niet gebruikt worden, op speciale plaatsen in de tempel bewaard. Hier 'leven' de maskers. Zij moeten echter steeds opnieuw met magische krachten opgeladen worden.

Het drama kent drie verschillende versies. Volgens de eerste wordt de zege van Barong als voorvechter van de mensen tegen de duistere macht van Rangda een ogenblik in twijfel getrokken. De krisdansers (afb. 131) komen Barong echter te hulp en vallen de toverheks aan. Ook hun rol wordt verschillend uitgelegd. Volgens de ene opvatting zouden zij door de buta's, de demonen, bezeten zijn; volgens een andere zouden de dansers de buta's zelf voorstellen, die in het gevolg van Banapasti Raja bereid zijn voor hun heer te sterven. Omdat zij Rangda niet kunnen doden, daar haar macht te groot is, richten zij in hun woede de wapens tegen zichzelf. Nu toont Barong zijn kracht en maakt de dansers onkwetsbaar. Volgens de derde versie wreekt Rangda zich door de dansers met geheugenverlies te slaan, zodat zij bewusteloos neerstorten. Barong, die denkt dat zij dood zijn, wekt hen weer tot leven. De krisdansers keren zich nu tegen Rangda. Daar zij echter machteloos zijn tegen de machten van de tovenares-weduwe, richten zij de krissen tegen zichzelf. Men probeert hen de kris te ontrukken, wat echter niet lukt, omdat zij deze op hun borst, arm, wang of mond richten. Bij zulke voorstellingen raken niet alleen de dansers, maar ook enkele toeschouwers in trance. Barong heeft uiteindelijk overwonnen, als symbool van het 'overleven' in een vijandelijke omgeving. De zwarte magie is niet vernietigd. Deze wordt nu naar zijn plaats, het kerkhof, verwezen. De dorpspriester verschijnt, besprenkelt de op de grond liggende dansers met wijwater en probeert hen op deze manier uit hun trance-toestand te halen. Barong wordt triomferend naar de tempel gebracht, samen met het masker van Rangda, wier lichaam in een afgedekte mand van het toneel wordt gedragen.

De kostbare maskers zijn, net als de instrumenten van de gamelan, het eigendom van de *banjar*, welke hiervoor zelfs een speciale organisatie heeft opgericht, de *sekeha*, waarin elk lid gelijke rechten heeft.

Jalon Arang
Jalon Arang is het andere grote drama, dat bij voorkeur 's nachts bij volle maan in de buurt van de dodentempel wordt opgevoerd. Hier treedt in de hoofdrol de tovenares-weduwe op als Jalon Arang. Het stuk speelt in de tijd van koning Airlangga. Jalon Arang baart diep in het oerwoud een dochter. Het kind, Ratna Menggali, ontwikkelt zich tot een schoonheid. Jalon Arang wil haar dochter met een prins van het hof van Airlangga laten trouwen, maar dat lukt haar niet. In haar woede neemt zij, door middel van zwarte magie, wraak op haar geboortedorp Girah; hier breekt een epidemie uit, waardoor veel mensen sterven. Als Airlangga hiervan hoort vraagt hij de hogepriester Mpu Bharadha om raad, die daarop voor zijn eigen zoon om de hand van Ratna Menggali vraagt. Het huwelijk vindt plaats en de epidemie loopt ten einde. Ratna Menggali is echter in het bezit van een lontarblad, waarop een toverformule geschreven staat. Haar man vindt dit blad en geeft het aan zijn vader; deze ontcijfert de formule en komt zo achter de duistere plannen van Jalon Arang. Wanneer de tovenares-weduwe merkt dat haar geheim ontdekt is, verklaart zij de priester de oorlog. Een felle strijd tussen beiden (zwarte en witte magie) eindigt met de dood van Jalon Arang. Vóór zij sterft vraagt zij Mpu Bharadha vergiffenis, welke haar gegeven wordt.

Dit verhaal levert in talrijke variaties de stof voor de handeling van het Jalon Arang-drama, waarin dansscènes en gesproken en gezongen dialogen voorkomen; een drama, waarin met exorcisme en magie niet zuinig wordt omgesprongen.

Kecak
Geen ander dansspel op Bali is zo boeiend als de met adembenemende intensiteit en fanatieke overgave gespeelde *kecak* (kl.pl. XVII). Oorspronkelijk was het een bezwerende, pantomimische koordans om epidemieën en catastrofes af te wenden. Het dansen duurt de hele nacht, totdat de dansers volledig uitgeput zijn. Bij de kecak speelt geen gamelan. Het muzikale gedeelte wordt overgenomen door het koor. Met zijn trommelende, sissende, fluisterende, knisterende geluiden is deze

muziek niet minder indrukwekkend dan die van de gamelan. De kecak was eerst een dans om boze geesten uit te drijven. Hij is ontstaan uit de Sanghjang-Dedari, waarin uitgebeeld wordt, hoe de twee *widadaris* (hemelnimfen) die door de goden naar de aarde gestuurd worden, zich voor hun reis gereedmaken; hoe zij via een regenboog en de hoge meru-daken bij de Sanghjang-Dedari-danseressen komen en in hun lichamen slippen. De danseressen fungeren dan als medium en geven de priester, die steeds bij deze dansen aanwezig is, het antwoord van de goden. Zij delen hem mede, wat er gedaan moet worden om het door ongeluk getroffen dorp te redden. Aan het eind vertelt het koor, hoe de widadaris afscheid nemen en hoe zij terugkeren naar de hemel.

De hoofdhandeling valt het koor ten deel, dat met zijn wilde, extatische bewegingen en het uiterst gedifferentieerde spreekkoor de strijd tussen het apenleger en de demonen tot leven brengt. Aan het scherp geskandeerde, ritmische kecak-ecak-ecak-geroep van het koor heeft deze dans zijn naam te danken. Tijdens het opzwepende kecakgeroep worden de alleen in een lendendoek geklede mannen als door een storm voortgejaagd; ze worden tegen de grond geworpen, weer omhooggetrokken, dan weer van rechts naar links door hun eigen stemmen (kl.pl. XVII). De kecak, beter bekend als de 'apendans' vormt op Bali de grootste toeristische attraktie. Ook opvoeringen 'op bestelling' verliezen niets van de spanning en het entoesiasme van de dansers; er zijn op Bali groepen, die elke opvoering met de grootste perfektie dansen. Al is deze dans in de loop der tijden aanzienlijk veranderd, het is en blijft een extatisch-rituele dans.

Legong

De meest gracieuze Balinese dans is wel de legong (afb. 132). Deze dans, die door kleine meisjes wordt uitgevoerd, is eveneens uit een tempeldans ontstaan. Volgens de legendes betekent *legong* 'hemelse dans van de goddelijke nimfen'. Er bestaan vele versies van de legong, steeds weer met andere legenden erin verwerkt. De bekendste versie is de *legong kraton,* die opgevoerd werd aan de vorstenhoven. Vroeger had vrijwel iedere raja zijn eigen legong-groep. De opvoeringen vonden plaats in de *puri,* de residentie van de koninklijke familie. De mooiste kleine meisjes werden al op hun vijfde jaar hiervoor uitgezocht. Zij moesten een uiterst zware opleiding volgen, terwijl hun loopbaan als danseres op hun dertiende of veertiende alweer ten einde was. Het verhaal waarop de dans stoelt kent veel variaties, de rollen echter van de drie jonge danseressen staan vast: *jondong,* de dienares aan het hof en de twee steeds identiek geklede *legongs,* de koninklijke figuren. Zij treden op in kostbare goudbrokaten kleding; hun gebaren zijn uiterst fijn en zorgvuldig afgemeten. De geringste beweging, het beven van twee vingers of een plotselinge oogopslag, alles heeft een symbolische betekenis. Met een ongelofelijke zekerheid voeren zij samen gelijke passen en bewegingen uit, alsof de een het spiegelbeeld van de ander is; soms gaan zij plotseling uit elkaar: elk danst dan weer haar eigen rol.

Al is ook de dans het belangrijkste onderdeel van de legong, toch beeldt deze als alle andere Balinese dansen een verhaal uit. Een bijzonder geliefd onderwerp is de vertelling over koning Lasem (uit de 12e of 13e eeuw) van Oost-Java. Koning Lasem vindt in het bos een eenzaam meisje, Rang Kesari. Hij neemt haar mee naar zijn paleis, waar hij haar opsluit. Als de prins van Daha, een broer van Rang Kesari, dit hoort, bedreigt hij koning Lasem met oorlog om zijn zuster vrij te krijgen. De koning geeft echter niet toe en bereidt zich voor op de strijd. Op weg naar het slagveld ziet hij het teken van zijn naderende dood: een zwarte vogel komt uit het noordoosten aangevlogen en blijft boven hem zweven. Lasem laat zich hierdoor echter niet weerhouden en begeeft zich in de strijd; hij wordt gedood.

Hoe leren deze kleine prille schepseltjes al die gekompliceerde passen en gebaren? Op Bali waren altijd al beroemde legong-leraren. De les begint zonder gamelan; de leraar demonstreert niet slechts de bewegingen, maar gaat achter het meisje staan en danst samen met haar deel voor deel, pas voor pas door. Hij houdt haar bij de armen vast, draait soms met zijn hand haar hoofdje in de juiste richting of plaatst een voetje zoals hij het hebben wil. Hierbij imiteert hij zingend en neuriënd de verschillende instrumenten van de gamelan. Zo leren de kinderen de passen en houdingen aanvoelen. De meisjes lijken helemaal niet zoveel aandacht aan hun leraar te schenken. Meer dromend dan bewust maken zij zich uiteindelijk alle gekompliceerde bewegingen eigen. Later wordt er ook met het orkest gerepeteerd; bij de legong is dat de grote gamelan gong. Ook nu heeft de kendang-speler, als bij alle andere dansen, een direkte invloed op de dansers en danseressen. Hij doet in zekere mate dienst als souffleur: hij geeft de muzikanten elke belangrijke inzet aan en geeft de dansers een teken wanneer zij moeten opkomen. Zonder de kendang-speler zou het hele orkest uit elkaar vallen.

Baris

De baris is een krijgsdans. Het woord *baris* betekent lijn of rij, waarmee de rij van krijgers, die voor hun koning strijden, wordt bedoeld. De baris mocht vroeger bij geen enkel ritueel feest ontbreken; nu wordt hij nog bij lijkverbrandingen gedanst. Uit deze dans, de *baris gedé,* waarbij tien of twaalf met speren bewapende dansers een krijgsdans opvoerden, ontstond later de *baris pendét,* een dramatisch schouwspel waarbij vooral de rol van de solodanser opvalt.

Een goede baris-danser moet zich aan een zeer zware training onderwerpen; werkelijk goede baris-dansers zijn zeldzaam. Hij moet elk lichaamsdeel volledig beheersen en zijn gezicht moet in plotselinge afwisseling elke emotie zoals bewondering, angst, wreedheid en zachtmoedigheid kunnen uitdrukken. De grote gamelan gong moet op iedere verandering van uitdrukking van de danser reageren; hierbij onderwerpt nl. de krijgsdanser het orkest aan zijn overwicht. De hoofdbedekking van de baris-danser is karakteristiek voor zijn kleding: een witte naar achteren afhangende doek, uitlopend in een spitse tuit, met een diadeem van verse

cempaka-bloesems. Vroeger behoorde het bij de opvoeding van een prins om de baris te leren dansen; dat was een goede training voor de volledige beheersing van zijn lichaam.

Kebiyar

Deze dans werd pas in de jaren dertig bekend en was de schepping van de toentertijd beroemde danser Mario. Deze dans wordt in tegenstelling tot de andere dansen door slechts één persoon uitgevoerd. Het bijzondere van deze dans is dat hij zittend, met gekruiste benen, wordt gedaan. Hiermee is natuurlijk niet gezegd dat de danser niet van zijn plaats komt. Met buitengewone behendigheid glijdt en hupt hij tijdens de dans van de ene plaats naar de andere. De belangrijkste bewegingen voert hij met zijn bovenlichaam en zijn armen uit, terwijl bovendien zijn gelaatstrekken buitengewoon bewegelijk en vol uitdrukking zijn. De hele dans wordt met de soepelheid van een slang of een wilde kat uitgevoerd. Een andere bijzonderheid van de kebiyar is dat hier de danser niet de gamelan beheerst, zoals bij de baris, maar dat hij zelf iedere nuance, iedere stemming, elk ritme van de muziek in beweging omzet. De kebiyar kan alleen gedanst worden door iemand, die ook ieder instrument van de gamelan kan bespelen, zoals Mario eens zei: 'Alleen een goed musicus kan een goed kebiyar-danser worden.'

De danser zit in het midden van het vierkant, dat door de instrumenten van de gamelan gevormd wordt. Bijzonder opvallend is de kleding, die bestaat uit een lange, met gouddraad doorstikte doek die strak om zijn lichaam gewikkeld wordt en in een lange sleep eindigt. De bewegingen met de doek spelen in het verloop van de dans een belangrijke rol. De dans bereikt zijn hoogtepunt als de danser plotseling zijn waaier laat vallen, twee stokken pakt en zelf spelend in de muziek invalt, doordat hij tussen het aanslaan van de tonen met de stokken bezwerende handbewegingen uitvoert. Het instrument, dat hij nu bespeelt, heet *trompong*. Dit is verwant aan de *bonang* en bestaat uit een rij kleine knop-gongs. Het instrument wordt anders alleen bij de eredienst gebruikt, de enige uitzondering hierop is de kebiyar.

De maskerdansen
Jauk
Evenals bij de baris dirigeert de danser ook bij de jauk het orkest. Dit betekent dat iedere schokkende of slaande beweging door een slag op de trommel gemarkeerd moet worden. De danser, die niet aan een verhaal gebonden is, draagt een wit demonenmasker met uitpuilende ogen en handschoenen met extreem lange vinger-

---

←132 *Legong-danseressen, geflankeerd door demonenfiguren met hun zwart-wit geruite doeken, die symbolisch zijn voor Vishnu* nagels. In de jauk wordt gesproken noch gezongen. Het is een pure pantomime, waarbij de danser veel ruimte tot improviseren heeft. Hij stelt een griezelige figuur voor, die de toeschouwers angst en schrik aanjaagt.

Topeng
Slechts twee of drie mannen treden in de *topeng* op (kl.pl. XIX). Het zijn meestal oudere mannen, waarvan de hoofdrolspeler steeds met een ander masker verschijnt. Daardoor kan hij verschillende figuren, van een jonge prins tot een oude gebrekkige man, uitbeelden. Het woord topeng betekent masker. De stof voor de topeng-pantomimes wordt gevonden in episodes van de Balinese geschiedenis, *badad,* die de familiebetrekkingen van de vorsten en de oorlogen tussen de diverse koninkrijken behandelen. Daarbij hult de hoofdrolspeler zich herhaaldelijk in een ander kostuum en een ander masker; de andere spelers beelden clowns uit. Zij dragen halve maskers, die de mond vrijlaten, want zij spreken en zingen, terwijl de hoofdrolspeler steeds puur mimisch optreedt.

Het maskerspel staat op Bali op een hoog peil. Het vereist een absolute koncentratie, vooral bij de statische dansen, waarbij het vaak alleen maar op de lichte beweging van slechts een vinger aankomt.

Het begin is altijd bijzonder spannend, wanneer het doek zachtjes begint te bewegen. Plotseling verschijnt dan tussen een kier van de gordijnen het hoofd van de danser, getooid met een masker; daarna gaat het doek iets verder open en de danser wordt helemaal zichtbaar, in een onbeweeglijke houding. Dit houdt hij minutenlang vol, om plotseling voor het doek te springen en zijn dans te beginnen. Als de danser later plotseling weer verdwijnt, speelt de gamelan door tot hij weer terug komt met een ander masker. Hij is nu een geheel ander personage. Niet het gebeuren van de handeling is belangrijk, maar de trefzekerheid, waarmee de verschillende karakters worden uitgebeeld. In de *topeng padjagan,* dat waarschijnlijk het oudste maskerspel is, treedt de speler met dertig tot veertig verschillende maskers op, die alle zijn persoonlijk eigendom zijn. Deze maskers, die in een doek gewikkeld in een mand liggen, zijn voor hem heilige maskers, geladen met magische krachten. Bij deze oude vorm van de topeng gebruikt men gewoonlijk géén doek. De hele voorstelling is een ritueel, waarbij de speler als een soort priester fungeert. De mand wordt voor de gamelan geplaatst met aan beide zijden offergaven. Als de topeng-speler voor de mand knielt en het ene masker na het andere eruit neemt, dit opzet en half in trance de bijpassende bewegingen uitvoert, heeft hij de geesten van de voorvaderen bezworen, die hij in zijn maskerdans, de een na de ander, belichaamt.

4 De toegepaste kunst

Iedere Balinees is een kunstenaar in hart en nieren. Prins of boer, goudsmid of eenvoudige timmerman, zij allen houden zich op de een of andere manier met kunst bezig. De een bespeelt een instrument, de ander danst, weer een ander maakt beeldhouwwerken in steen of hout of schildert. Toch kent de taal geen enkel woord voor 'kunst' of 'kunstenaar' in de betekenis, die wij eraan geven. De Balinees schept zijn kunstwerken voor zijn eigen plezier en voor het plezier van de gemeenschap waarvan hij deel uitmaakt; hij hecht geen enkele waarde aan roem of eer. Als er voor de tempel in zijn dorp een nieuwe poort of een nieuw altaar gemaakt moet worden, is elke Balinees onmiddellijk bereid om hieraan, zonder hiervoor een beloning te ontvangen, mee te werken. Natuurlijk wil dit niet zeggen dat er in elk dorp in dezelfde mate aan kunst gedaan wordt. Er zijn bepaalde families, die een grote naam hebben op het gebied van snijwerk, zoals bijv. een brahmanenfamilie in Mas. Ook Badung en Ubud zijn centra voor de houtsnijkunst. Aan de andere kant komt het natuurlijk ook vaak voor dat één en dezelfde persoon talenten heeft op verschillende gebieden en deze talenten ook ontwikkelt. Vroeger behoorde het bij de goede opvoeding van een prins dat hij niet alleen vertrouwd was met de geschiedenis van Kawi, maar hij moest minstens een instrument kunnen bespelen en kunnen schilderen en houtsnijden.

De bouwkunst

Omdat voor de tempelbouw een zachte zandsteen gebruikt wordt, is geen tempel of monument op Bali bestand tegen de tand des tijds. Deze zachte zandsteen is een samenklontering van vulkanische as en wordt hoofdzakelijk aan de oevers van de rivieren gevonden. Hoewel het materiaal gemakkelijk te bewerken is, brokkelt het na korte tijd toch af. Hierdoor is het duidelijk waarom er geen werkelijk oude bouwwerken op Bali bewaard zijn gebleven. Daarom is de Balinees echter ook verplicht zijn tempels konstant bij te werken en wat vervallen is te restaureren.

133 Voet van een meru, rijkelijk versierd met traditionele motieven zoals de Naga, Garuda en demonen

De kunst blijft daardoor voortdurend in beweging en is dientengevolge een zeer levende kunst. De overdadige ornamenten zijn vermoedelijk hiervan het gevolg; de bouwwerken zijn vaak zo overladen met rijke versieringen, dat de oorspronkelijke lijn niet meer te herkennen is.

Men kent in de Balinese tempels geen godenbeelden, maar wel stenen demonenbeelden; deze *togo-batu* beschermen tempels, viersprongen, huizen en hoven (afb. 113). De godenbeelden die toch wel door de Balinees worden gemaakt zijn uit hout en niet voor de tempel bestemd. Vroeger bestonden ook stenen beelden. In de periode dat Bali sterk door de Javaanse kultuur werd beïnvloed (van de elfde tot de vijftiende eeuw), werden de rots-candi's van *Tampaksiring* gebouwd. Ook het prachtige beeld van Mahendradatta, de moeder van Airlangga, die als godin van de dood (Durga) is afgebeeld in de tempel van *Bukit Darma*, stamt uit deze periode. Archeologen nemen aan, dat de moeder van Airlangga ook in deze tempel is bijgezet. Uit dezelfde tijd stamt het beeld van Ganesha in de 'olifantengrot' *Goa Gaja*.

Het meest opvallend aan de tempels zijn de poorten, die bijzonder kunstzinnig versierd zijn. Het bouwmateriaal bestaat uit blokken zandsteen *(para's)*, die zonder mortel of specie in elkaar gepast worden. Als de zandsteen pas is uitgehakt, is deze nog zacht en laat het zich door de beeldhouwer nog gemakkelijk bewerken. Soms echter begint men pas jaren na de voltooiing van de tempel met het aanbrengen van de versieringen.

Er is een duidelijk verschil in stijl te herkennen tussen de bouwkunst van Noord- en die van Zuid-Bali. In *Badung, Gianyar, Tabanan, Bangli* en *Klungkung* zijn de tempels van de koninklijke familie vaak uit rode baksteen gemaakt; voornamelijk bij de poorten; de muren rond de tempelhof worden meestal van para's gebouwd. De Zuid-Balinese bouwstijl maakt een kompakte indruk; de stijl van het noorden is veel weelderiger. Ook de poorten zijn slanker en sierlijker. Op bepaalde bouwwerken zijn de versieringen bovendien nog dikwijls wit, blauw of rood geschilderd zodat ze nog meer in het oog springen. De keuze van onderwerpen, die men in de versieringen als inspiratie gebruikt, is in het noorden veel vrijer. Hier worden ook veel scènes uit het dagelijkse leven en hedendaagse voorwerpen afgebeeld.

De houtsnijkunst

Hoewel juist deze kunstuiting samen met de schilderkunst zeer sterk door het toerisme van de laatste dertig tot veertig jaar beïnvloed is, heeft de houtsnijkunst toch zijn typisch Balinees karakter behouden. Omdat bepaalde figuren bijzonder in trek zijn bij de toeristen en hiernaar een grote vraag bestaat, moet zeer snel gewerkt worden. Daardoor ontstaat een stereotiepe stijl en hoewel de beelden, die nu op de markt verschijnen, de houtsnijder zeer veel geld opleveren, kunnen de moderne figuren op geen enkel punt meer vergeleken worden met het oorspronkelijke 'bezielde' beeldhouwwerk.

Hetzelfde geldt ook voor de maskers. De maskers, die in het bezit zijn van een befaamde topeng-danser, zijn vermoedelijk door hem zelf uitgesneden en beschilderd. Zij hebben een groot uitdrukkingsvermogen en lijken zelfs 'bezield' als ze door hem worden gedragen. De puur voor de verkoop vervaardigde exemplaren lijken op het eerste gezicht misschien dezelfde kwaliteiten te hebben, maar er ontbreekt een bepaalde uitstraling. Natuurlijk zijn ook hierbij uitzonderingen. Zo nu en dan kan men tussen al het houtsnijwerk dat te koop wordt aangeboden, nog echte kleine kunstwerken aantreffen.

De maskers worden uit harde houtsoorten vervaardigd; hiervoor gebruikt men o.m. het hout van de *jatí* (teak), de *nangka* (een soort moerbeiboom), en een mooi donkerrood hout dat *sawo* genoemd wordt. Een goede houtsnijder heeft een enorme ervaring; het is evenwel verbazingwekkend om te zien met welke handigheid en hoe zelfverzekerd ook jonge kinderen het hout soms al kunnen bewerken. Bij het houtsnijden worden soms wel dertig verschillende gereedschappen gebruikt. Vroeger, vóór 1930 werden alle houten beelden beschilderd en gelakt of zelfs met bladgoud bestreken. Bij uitzondering werden ze toen blank gelaten. Pas door het kontakt met buitenlanders raakten de onbeschilderde beelden in trek.

De schilderkunst

Tot aan het begin van deze eeuw speelde de schilderkunst lang niet zulk een belangrijke rol op Bali als dans, teater en muziek. Men beschilderde wél al heel lang de zelfgeweven stroken katoen, die bij feesten in de tempel of in huis werden opgehangen. Ook werden *pelelintangans* (Balinese kalenders met symbolische tekens) geschilderd, die gebruikt werden bij het trekken van horoskopen. De schilderkunst bleef echter zuiver traditioneel. Men schilderde mytologische verhalen, goden, demonen, koningen, prinsen en prinsessen in kostuums uit de Hindoe-Javaanse tijd. Deze schilderingen werden volgens strenge regels vervaardigd.

De schilderkunst was echter weinig expressief, omdat alle afbeeldingen tweedimensionaal waren en het doek geheel opgevuld moest worden. Bij afbeeldingen uit heldendichten werd één en dezelfde persoon vaak in verschillende situaties afgebeeld. De gezichten mochten nooit en profil en slechts zelden en face geschilderd worden. Meestal zag men ze schuin van opzij. Er waren 'goede' *(alas)* figuren, waartoe goden, prinsen en prinsessen behoorden en 'slechte' *(kasar)* zoals demonen en reuzen. Met behulp van kleuren en vooral ook door de oogopslag werd het karakter aangegeven. De ogen van edele figuren zijn amandelvormig, die der demonen rond. Er bestaat ook een verschil in oogvorm voor mannen en vrouwen. Voor de kompositie en het kleurenscala bestonden vaste regels; vijf basiskleuren stonden ter beschikking: zwart, wit, rood, indigoblauw en geel. Daarnaast werden de mengkleuren groen en bruin gebruikt. De verfstoffen werden uit mineralen en planten gewonnen.

134 Leporelloboek uit de bladeren van de lontarpalm; de Kawi-tekens en de bijbehorende illustraties worden in het blad geritst

Omdat hun handschriften met afbeeldingen versierd werden, kwam op Bali ook een unieke grafische kunst tot ontwikkeling. Uit de bladeren van de lontarpalm werden lange smalle, rechthoekige vellen gesneden. Hierop werden met een soort ijzeren griffel eerst de tekst en de minuskule illustraties gekerfd. Hier overheen werd een mengsel van olie en roet gestreken, dat in de ingekerfde delen bleef zitten en van het gladde gedeelte werd afgeveegd. Nadat de bladen op elkaar waren gelegd, kregen ze aan beide uiteinden een dunne, fraai versierde deksel van sandelhout. In het midden van de hele stapel werd een gat geboord, waardoor een koord werd geregen zodat het boek bijeengehouden werd (afb. 134). In Singaraja is een beroemde bibliotheek, waar veel oude lontarmanuskripten bewaard worden; hieronder bevinden zich ware juwelen van grafische kunst.

Omstreeks 1930 begon zowel voor de houtsnijkunst als voor de schilderkunst een nieuwe periode. In de omgeving van Ubud kregen enkele jongeren het idee om dingen uit het dagelijkse leven zoals landschappen, tempelfeesten, allerlei gebeurtenissen in het dorp te schilderen. Zij schilderden dus niet meer de stereotiepe goden en prinsen, maar hun dorpsgenoten op de markt, bij hanengevechten of tijdens de dans. Daardoor ontwikkelde zich een totaal nieuwe stijl, die een mengeling werd van realisme en formalisme, maar waarbij het symbolisme nog altijd een grote rol speelde.

In die tijd leefden op Bali twee schilders, de Nederlander Rudolf Bonnet en de Duitser Walter Spies. Beiden hadden op Bali hun tweede vaderland gevonden en beiden hebben zich er ook voor ingezet dat de Balinese kultuur in stand werd gehouden. Beide schilders hielpen het jonge talent door werkstukken te kopen en in het museum van Den Pasar tentoonstellingen te organiseren. Ze zorgden voor goed schildermateriaal en moedigden de jonge schilders aan in de nieuwe stijl verder te werken zonder hen daarbij te beïnvloeden. Deze jonge kunstenaars schilderden wel traditionele tema's zoals goden en prinsen, maar schiepen ook geheel nieuwe fantasiefiguren zonder rekening te houden met de traditionele regels en voorschriften. De figuren werden tegen een totaal andere achtergrond afgebeeld, waardoor alles plotseling tot leven scheen te komen. Elke boom, ieder blad en alle dieren van het oerwoud werden tot in detail afgebeeld, zij het nu driedimensionaal. De nieuwe kunst bleef echter trouw aan het Balinese karakter. Deze schilderijen worden wel met die van Rousseau vergeleken, maar ze vertonen meer overeenkomst met die van Beardsley. Men kan een gelijkenis ontdekken met de Perzische en Indische miniaturen, hoewel Covarrubias zegt, dat deze voor de Balinezen totaal onbekend waren. De traditionele schilderkunst werd echter ook in ere gehouden. Ook nu nog zijn er schilders, die in de oude stijl werken en volgens strenge religieuze regels de *ider-ider* (tempelgordijnen) en de *pelelintangan* (Balinese kalender) beschilderen.

Een Balinees is niet lang kind: op zijn vijfde jaar begint hij te dansen en als hij twaalf is, leert hij beeldhouwen en schilderen; al snel ontwikkelt hij zich dan tot een vaardig kunstenaar. Gelukkig bleef de Balinese kunst haar eigen karakter behouden en heeft zij zich niet aan de nieuwe westerse invloeden aangepast, zoals dat op vele plaatsen wél gebeurd is. Walter Spies heeft hierbij een grote rol gespeeld. Hij leefde zich in in de Balinese kultuur en bestudeerde de Balinese muziek. Hij stond bij de Balinezen in hoog aanzien. Hoezeer hij Bali liefhad en hoe goed hij de Balinezen begreep, blijkt uit enkele passages uit een van de laatste brieven voor zijn dood: 'Het leven is voor een Balinees iets heerlijks door zijn primitiviteit, zijn onbedorvenheid en het feit dat hij nog zo dicht bij de natuur staat; de religie dient om het leven te leren liefhebben, om het leven te leren leven; de kunst is er om de heiligheid van het leven tot uitdrukking te brengen. Buiten het geloof en het leven om heeft kunst hier geen bestaansrecht... Muziek bestaat niet om beluisterd te worden, maar om het heilige, het levende ook door middel van klanken te eren. De dans is er niet om te aanschouwen, maar beweging is een van de mogelijkheden om het heilige, levende element van ritme en beweging te onderstrepen...'

5 Belangrijke religieuze monumenten

Hoewel er niet veel bekend is over de prehindoeïstische periode, nemen we aan dat de megalitische kultuur op Bali parallel liep met die op Sumatra en Nias (de op Bali gevonden stenen sarkofagen zijn waarschijnlijk jonger, omdat zij duidelijk hindoeïstische invloeden vertonen). Aan het soort textiel en de motieven hierop en aan de gevlochten offergaven herkent men de prehindoeïstische tijd het best.

Oude monumenten

De maan van Bali. Het allerbelangrijkste kunstwerk, vermoedelijk afkomstig uit de prehindoeïstische periode, is een enorme bronzen trommel, die bekend staat als 'De maan van Bali'. Deze staat in Pejeng in de Pura Panataran Sasih. Deze trommel, die op een grote verhoging onder een afdak in een tempelpaviljoen wordt bewaard, heeft drie handvatten en wijkt dus af van de Chinese trommels van de Han-dynastie. Wél vertoont de trommel overeenkomst met het soort dat op Alor in de buurt van Timor is gevonden; hier zijn nog dergelijke trommels in gebruik. Het is in elk geval moeilijk de herkomst van 'De maan van Bali' vast te stellen. Eén ding staat als een paal boven water: de trommel is de grootste keteltrom ter wereld; dat dit juweel van echt Balinese oorsprong is valt volstrekt niet te bewijzen.

De trom van Pejeng draagt een ster op het slagvlak met daaromheen een rand van het op Bali zo geliefde speermotief *(tumbak).* Aan de zijkanten ziet men verder nog gestileerde mensenhoofden in reliëf; deze koppen vertonen géén Chinese trekken, maar zijn opgebouwd uit louter Indonesische elementen. Opvallend zijn de oorhangers in de uitgerekte oorlelletjes. De algehele stijl, de motieven en de bewerkingstechniek vertonen sterke overeenkomst met de bronzen bijlen van het eiland Roti, dat vlakbij Timor ligt. In Noord-Amman en in Tongking, de bakermat van de Dongson-stijl werden ook dergelijke bijlen en trommels gevonden.

De Balinezen hebben een diepe verering voor de maan van Bali, er worden soms zelfs offergaven bij de trommel neergelegd. De naam 'Maan van Bali' is afkomstig van een legende: heel vroeger stonden er aan de hemel dertien manen per jaar. Op een nacht viel er een maan naar beneden en bleef in een boom hangen. Deze maan scheen zo helder, dat dieven niet meer op roof konden uitgaan. Toen besloot de dapperste dief het licht uit te doven; hij klom in de boom en urineerde over de maan. De maan barstte hierdoor uit elkaar en viel op de grond in de vorm van een trommel, waarbij de dief werd gedood.

Tampaksiring. Er bestaan ook heel veel legenden over de heilige bron *Tirta Empul* in Tampaksiring. In een oud manuskript, de *Catur Yoga,* treffen we het volgende verhaal aan: 'De demon Maya Danawa viel de goden aan en dreef hen naar een bron die hij vergiftigd had. De dorstige goden dronken allen uit de bron en stierven, behalve Indra. Deze sloeg met zijn staf op de aarde; het water dat toen omhoog borrelde, *amreta,* was een elixer voor het eeuwige leven. Hiermee wekte Indra de goden weer tot leven.'

Kort geleden werd een inskriptie gevonden, waaruit blijkt dat het heiligdom bij de bron in 962 na Chr. werd gesticht. De tempel werd in 1969 geheel gerestaureerd en er werden vele bontbeschilderde altaren aan toegevoegd. Het heilige water stroomt in twee aparte bassins, een voor mannen en een voor vrouwen. Men dicht dit water genezende krachten toe. Ook Tirta Empul kent zijn eigen tempelfeest, het feest van het waterhalen, dat elk jaar met veel pracht en praal wordt gevierd.

Gunung Kawi. Niet ver van Tampaksiring heeft de rivier Pakrisan een diepe kloof uitgesleten. In de steile rotswand zijn, zeven meter boven de rivierbedding, monumenten in de vorm van candi's uitgehakt voor koning Udayana en zijn geslacht. Van links naar rechts dienen zij ter nagedachtenis van de volgende personen:

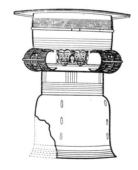

135 De 'Maan van Bali' of de Trommel met de hoofden, doorsnede 1,6 m. Ernaast: detail met één van de hoofden

koning Udayana, koningin Gunapriya, de eerste bijvrouw van Udayana en zijn beide zoons Marakata en Anak Wungsu. Hiertegenover liggen vier gelijksoortige candi's, die vermoedelijk bestemd zijn voor de bijvrouwen van Anak Wungsu. Waarschijnlijk zijn zij kort na zijn dood in 1077 ontstaan. Rechts van de hoofdgroep staat een kleine tempel met holen, die in de rotsen zijn uitgehakt. Dit zijn waarschijnlijk kluizenaarscellen geweest. Het hele complex van Gunung Kawi, dat te midden van schitterende rijstterrassen ligt, werd pas in 1920 ontdekt. De Balinezen kenden deze plek natuurlijk al veel langer en noemden hem vroeger Jalú. Ook hiervoor bestaat een mytologische verklaring. De reus Kbo Iwá zou de rots-candi's met zijn nagels uit de rotswanden hebben gekrabd.

Goa Gaja. Deze grot, die in 1923 werd ontdekt, stamt ook uit de elfde eeuw, evenals de baden die pas in 1954 werden opgegraven. Deze baden zijn versierd met zes stenen vrouwenfiguren, nimfen die kruiken dragen waaruit het water in de bassins klatert (afb. 136, 137). De naam *Goa Gaja* (olifantengrot) is afgeleid van de rivier met de oude hindoeïstische naam *Iwa Gaja,* de olifantenrivier. De natuurlijke grot, die later in een T-vorm werd uitgebreid, was vroeger een monnikenkluis. In een der nissen staat een beeld van Ganesha. Boven de ingang van de grot is een enorm beeld van de reus Pasupati uit de rotswand gehakt, dat de indruk wekt dat hij met zijn machtige knuisten de rots splijt. Volgens een legende zou deze reus met zijn enorme kracht zelfs de berg Mahumeru in twee delen geslagen hebben; hiermee schiep hij de vulkanen Gunung Agung en Batur.

De grot Goa Gaja, die vlakbij Bedulu ligt, wordt na de Gunung Kawi als het meest interessante en indrukwekkende voorbeeld van oud-Balinese kunst beschouwd. In de omgeving van Bedulu deed men ook nog andere vondsten, zoals gebarsten basreliëfs, die van de rotsen afgevallen waren en fragmenten van stenen beelden. Hiertoe behoort ook het prachtige beeld van Mahendradatta, de moeder van Airlangga, dat tegenwoordig in het heiligdom van Bukit Darma staat; helaas is dit beeld zwaar beschadigd.

Yeh Pulu. Vlak naast een tempel, die *Yeh Pulu* heet en die te midden van de rijstvelden ligt, bevindt zich een ruïnenveld. Men ontdekte hier in 1925 een fries op een rotswand die totaal overwoekerd was door planten. Behalve Ganesha, de zoon van Shiwa, zijn hier geen goden afgebeeld. Men weet niet precies wat de afbeeldingen voorstellen. Wel meent men dat de reliëfs uit de veertiende eeuw stammen en dat ook hier kluizenaarscellen geweest zijn.

Monumenten uit de Hindoe-tijd

Er bestaat op Bali haast geen plaats, die niet in een legende genoemd wordt. Dergelijke legenden omvatten dikwijls verhalen die in strijd zijn met andere legen-

den. Zojuist spraken we over de legende van het monster Pasupati, die de Mahameru, de kosmische berg in tweeën sloeg, waaruit de twee vulkanen Batur en Gunung Agung ontstaan zouden zijn. Een andere legende verklaart het ontstaan van de beide vulkanen als volgt: 'Oorspronkelijk was Bali helemaal vlak. Toen het Hindoeïsme op Java door de Islam werd verdreven, verlieten de beledigde goden Java en besloten zich op Bali te vestigen. Ze hielden echter niet van dit vlakke land. Daarom schiepen zij op de vier belangrijkste punten hoge bergen als rustplaats. De hoogste is de Gunung Agung in het oosten, dan volgen de Batur in het noorden, de Batukau in het westen en omdat de goden ook een woonplaats in het zuiden wilden hebben, schiepen zij het zgn. 'Tafelland'. Hier staat op een klip de tempel *Ulu Watu*. De zetels der goden zijn voor de Balinezen heilig. De hoogste en heiligste berg, de Gunung Agung, die 3145 m hoog is wordt dan ook als 'Navel van de Wereld' beschouwd.

Besakih. Het is dan ook geen wonder, dat men op de zuidhelling van de Gunung Agung het grootste heiligdom van Bali gesticht heeft op een hoogte van 1000 m (kl.pl. III, afb. 119). Deze tempel is een moedertempel van alle 10000 tempels op het eiland. Uit een oud-Balinees manuskript blijkt dat hier al in de elfde eeuw tempelfeesten gehouden werden. Het is ook zeer waarschijnlijk al vóór de hindoeïstische periode een offerplaats geweest voor de goden van de machtige vulkaan. Men kan het tempelcomplex, dat tegen de vulkaan aangebouwd is, via een serie terrassen bereiken; al klimmend ziet men de kegel van de vulkaan steeds voor zich (kl.pl. I). Hoe hoger men komt, hoe meer zwarte meru's men ziet (afb. 117).

Besakih is echter niet alleen de moedertempel van Bali, maar hier worden in de *Pura Panataran Agung Besakih* speciaal de goden van de *trimurti* vereerd (afb. 118) en voor elk van hen treft men een speciaal altaar aan: het zwarte aan de noordzijde is aan Shiwa gewijd, het witte in het midden aan Vishnu, en het rode in het zuiden aan Brahma. Besakih is ook niet alleen de tempel van de trimurti, maar sinds de vijftiende eeuw ook de tempel van de tot god verklaarde voorouders van de vorstendynastieën van Gelgel en Klungkung. Deze vorsten bezaten bovendien nog een staatstempel, Pura Penataran, vlakbij hun paleizen.

Op 17 maart 1963 vierde Besakih zijn grootste en heiligste tempelfeest, *eka dasa rudra,* dat volgens de Balinese kalender slechts om de honderd jaar gevierd wordt. Vanuit alle delen van het eiland waren pelgrims bij elkaar gekomen, toen plotseling de aarde begon te beven. Uit de krater van de Gunung Agung steeg een dikke zwarte rookwolk op en een enorme asregen daalde over de biddende menigte neer. Langs de helling van de vulkaan werd een smalle stroom rode lava zichtbaar. De priesters vroegen aan de menigte of ze bang waren. 'We kennen geen vrees,' was het antwoord. De plechtigheid werd voortgezet en de vulkaan kwam schijnbaar tot rust. De ramp bleef echter niet uit; er volgde plotseling een uitbarsting, die van het paradijs der kleine Sunda Eilanden een woestenij maakte. Meer dan 1500 mensen

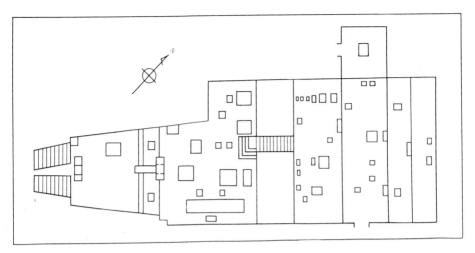

138 *Plattegrond van de moedertempel van Bali, de tempel van Besakih*

verloren hierbij het leven. De meesten van hen kwamen om door de explosie van gassen vermengd met verpulverde as en lava, die als gloeiende wolken met enorme snelheid langs de helling van de vulkaan naar beneden rolden en alles vernieldeen wat op hun weg lag. Vele dorpen werden daarbij bedolven. Vooral in de tempel van Besakih heeft deze uitbarsting zeer veel schade aangericht. Het was niet moeilijk de mensen te overreden hun dorpen te verlaten, maar hun tempels, en de tempel van Besakih vooral, wilden ze voor geen prijs opgeven. Zo werd ondanks alle waarschuwingen van de regering de moedertempel van Besakih weer opgebouwd.

Batur. Op de Gunung Batur bevindt zich ook een heiligdom, *Pura Ulun Danu,* dat door de bewoners van de omliggende dorpen bijzonder vereerd wordt. Ook de Batur heeft de bevolking al meer dan eens angst aangejaagd. Tussen 1921 en 1929 alleen al is er zesmaal een uitbarsting geweest. De ernstigste vond echter in 1917 plaats. Toen zouden er 1371 slachtoffers gevallen zijn terwijl 65000 huizen en 25000 tempels vernield werden. Het hele dorp Batur werd bedolven en alleen de tempel Pura Ulun Danu werd als door een wonder gespaard. Dat was voor de bevolking een gunstig voorteken. Ze vestigden zich weer op de helling van de vulkaan en bouwden een nieuw dorp. In 1926 werd de tempel bij een nieuwe vulkaanuitbarsting volledig met lava bedekt en slechts één altaar, dat gewijd was aan de god van de wateren (Dewi Danu) stak nog boven de gestolde lava uit. Toen vestigde de bevolking zich op de klif tegenover de vulkaan aan de oever van het Batur Meer. Het altaar, dat gespaard bleef, namen zij mee en de tempel werd bij het nieuwe dorp weer helemaal nagebouwd. De tempel zou 285 altaren krijgen, waarvan de meeste ondertussen ook voltooid zijn.

De vorm van deze tempel wijkt enigszins af van de gebruikelijke tempelvorm op Zuid-Bali. Twee imposante poorten uit zwarte lavasteen, die de vorm hebben van een candi, leiden naar de wijdse tempelhoven en maken samen met de talrijke meru's een sombere indruk. In *Kintamani,* het kleine nieuwe dorp met huizen van hout en bamboe, komen bij volle maan de dorpsoudsten bijeen in de balé agung om de *sanghyang* of trancedansen bij te wonen. De tempels van Besakih en Batur behoren tot de Pura Sad Kayangan. Tot deze groep van heiligste tempels rekent men ook die van *Watu Kaooh* vlak bij Tabanan en de *Ulu Watu* op de 'Tafelhoek' of Bukit Pejatu.

Klungkung. Klungkung was tot vlak voor de overheersing van de Hollanders de hoofdstad van het belangrijkste vorstendom op het eiland. In Klungkung zetelde de Dewa Agung. Drie eeuwen lang speelde deze plaats niet alleen een politieke rol, maar was ook een zeer belangrijk kultuurcentrum. Het vorstelijk paleis nam hierbij een uitermate grote plaats in. Bij de opstand tegen Nederland in 1908 werden zowel het paleis als de meeste gebouwen hier zwaar beschadigd. Grote gedeelten werden later gerestaureerd of zelfs herbouwd, waaronder ook het gerechtsgebouw, *Kerta Gosa,* een van de vele bezienswaardigheden van Bali. Dit gebouw staat op een stenen basis, die twee meter hoog is en is toegankelijk via een trap met stenen leuningen in slangenvorm. De meeste indruk maken echter de plafondschilderingen, die een zeer goed voorbeeld zijn van de traditionele Balinese schilderkunst (kl.pl. XXIV). De uitbeelding van de figuren is geïnspireerd op de Javaanse wayang-figuren. Allerlei afschrikwekkende scènes vormen de onderwerpen van deze schilderingen. Op deze manier werden aan de verdachte die terecht moest staan, alle folteringen voor ogen getoverd die hem na zijn dood zouden wachten als hij schuldig zou worden bevonden; richtte hij zijn blik nog verder omhoog, dan zag hij hoe het de brave ziel zou vergaan wanneer die onschuldig de hemel zou binnentreden. Tot voor zeer korte tijd waren in deze rechtszaal een schitterende tafel en met houtsnijwerk versierde zetels te zien, die nu echter verwijderd zijn (kl.pl. XXV). In dezelfde stijl is de troonzaal, *balé kambang,* die midden in een vijver is gebouwd.

Tenganan. Dit dorpje ligt niet ver van *Karangasem* tussen de heuvels van Oost-Bali en is heel merkwaardig geheel door een muur omsloten. De bewoners noemen zich Bali-Aga of Bali-Mula, de originele Balinezen, hetgeen ze volgens afstamming ook zijn. Hun voorouders leefden in kleine van de buitenwereld afgesloten gemeenschappen in de bergen. Ook nu nog zijn er Bali-Aga-dorpen tussen de Batur, Bratan en de Gunung Agung. Zoals alle Bali-Aga zijn ook de bewoners van Tenganan bijzonder konservatief. Ze leven in een streng-kommunistische of liever gezegd patriarchaal-kommunistische gemeenschap. Dit trotse kleine volk kijkt met een zeker dédain neer op de hindoeïstische Balinese adel. Individueel bezit kent men in Tenganan niet: alles is gemeenschappelijk eigendom. Zij hebben de vruchtbaarste en best in kultuur gebrachte gebieden, hoewel het de bewoners van Tenganan niet is toegestaan hun land zelf te bewerken. Vroeger hielden zij slaven en nu worden hun akkers bewerkt door Balinezen die niet tot hun stam behoren.

De huizen in Tenganan zijn allemaal op dezelfde wijze gebouwd. Dwars door het dorp loopt een brede geplaveide 'laan', waaraan ook het dorpshuis ligt. Er zijn vier poorten waarvan er drie leiden naar de tuinen en de plantages van het dorp. In veel opzichten hebben de bewoners van Tenganan zich aangepast aan hun omgeving, zodat men dit plaatsje eigenlijk niet meer kan beschouwen als een typisch voorbeeld van de Bali-Aga-dorpen. Zij baren hun doden bijv. niet meer op in de wildernis, waar zij werden overgelaten aan de aasdieren, zoals de bewoners van *Trunyan* aan het Batur Meer nog wel steeds doen. Hun religieuze opvattingen zijn erg onduidelijk. De Gunung Agung schijnt hun lot te bepalen. Hoewel niet ver buiten Tenganan een hindoeïstische tempel staat, worden onbewerkte stenen, *batu menurun,* die in het dorp staan vereerd.

Er zijn in Tenganan riten en gebruiken die verder nergens op het eiland voorkomen zoals bijv. de *rejang*-dansplechtigheden. Hierbij dragen de meisjes gouden kronen en heel lange vergulde namaaknagels aan de vingers. Het gaat hierbij om een inwijdingsceremonie, die eenmaal per jaar gehouden wordt. Dan speelt de *gamelan selunding,* een orkest dat men maar zeer zelden hoort. De instrumenten bestaan uit grote ijzeren platen, die in een raamwerk hangen en die met houten hamers worden bespeeld.

In Tenganan moet met talrijke taboes rekening worden gehouden: overtredingen worden met verbanning uit het dorp bestraft. Een huwelijk mag slechts binnen de dorpsgemeenschap gesloten worden. Omdat er in het dorp zelf niet altijd voldoende partners te vinden waren, hebben degenen die dit taboe doorbroken hebben buiten de dorpsgrenzen een nieuw dorp gesticht. Zij zijn echter door hun geboortedorp uitgestoten.

Tot de oeroude kunsten die al van voor de hindoeïstische tijd dateren, behoort de kunst van het schering ikatten. Deze techniek treft men nergens anders in Indonesië zo duidelijk aan. Hier is het de dubbel-ikat, waarbij zowel de schering als de inslag voor het weven geverfd moeten worden. Het afbinden van de strengen is het moeilijkste van het geheel: om het gewenste motief te verkrijgen moeten de afgebonden delen precies met elkaar overeenkomen. De toegepaste kleuren zijn roestachtig rood, zwart en beige tegen een gelige achtergrond. Opdat de kleurstoffen ook goed zullen houden moeten de strengen soms maandenlang in het verfbad liggen om daarna weer maandenlang in de zon gedroogd te worden. Het weven van een *kambeng gringsing* – zo heten deze ikats – kan wel vijf jaar duren. Aangezien *gring* ziekte en *sing* niet betekent is het duidelijk dat deze ikats als afweer tegen ziekten bedoeld zijn. Deze weefsels zijn buitengewoon kostbaar en worden dan ook alleen maar bij bijzondere gelegenheden gebruikt. Zij zijn ook voor geen enkele prijs te koop. Bij de ceremonie van het tandenvijlen spelen ze eveneens een belangrijke rol, evenals bij de ceremonie waarbij voor de eerste keer het haar van een kind geknipt wordt. Bij huwelijken wordt het jonge paar een gringsingdoek omgehangen. Ook worden ze als lijkwaden gebruikt en bij de verbrandingsplechtigheden worden ze aan lange stokken meegedragen in de processie naar de verbrandingsplaats.

Bangli. Eens was Bangli de woonplaats van de koning die een zijtak van de Gelgeldynastie vertegenwoordigde. De plaats is bijzonder bekend door zijn heilige staatstempel, de Pura Kehen, die zich in de traditionele tempelvorm over drie terrassen uitstrekt. Aan de voet van de grote stenen trap die naar het eerste terras leidt, staat een kleine, oude tempel. Hierin wordt een aantal bronzen platen met inskripties over de Balinese geschiedennis bewaard. Eén van deze inskripties vermeldt dat hier in 1204 ter gelegenheid van een groot tempelfeest een zwarte stier werd geofferd. De eerste tempelhof staat in de schaduw van een machtige waringin (afb. 111); de tweede hof bereikt men via een rijkversierde poort, *padu raksa,* met een indrukwekkende kala-makara-kop. Het complex wordt bekroond door een meru van elf verdiepingen, waarnaast een troon staat voor de oppergod. De overdadige versieringen zijn gemaakt uit para's, vulkanische gesteenten. Aan de voorkant zijn Shiwa, Vishnu, Ganesha, Durga, Garuda en Arjuna afgebeeld. Deze afbeeldingen hebben hier slechts een dekoratieve funktie. In de muren van de achterste tempelhof zijn als versiering oud-Chinese porseleinen borden aangebracht. Het beste overzicht van de Pura Kehen heeft men vanaf de heuvel boven de derde tempelhof.

Sangeh. Ongeveer 25 km van Den Pasar liggen, midden tussen de rijstvelden in een klein stukje ongerept oerwoud (het heilige woud), twee tempels die door grote bomen worden beschaduwd (afb. 120). Hier leven geen mensen, maar zijn scharen wilde apen de baas. Deze wilde apen hebben geen enkel bezwaar tegen de bezoeken van toeristen aan *Bukit Sari* want zij brengen apenoten en andere lekkernijen mee, die men bij de ingang van het heilige woud voor een paar centen kan kopen.

In het *Ramayana*-epos vinden we de verklaring voor de aanwezigheid van het apenvolk in het heilige woud van Bukit Sari. De demon Ravana kon noch op aarde, noch in de hemel sterven. Om hem aan zijn eind te helpen besloot de apenkoning Hanuman hem tussen de beide helften van de Mahameru, de wereldberg, te verpletteren. Terwijl hij hiermee bezig was, brak er echter een stuk van de Mahameru af en viel, samen met de zich hierop bevindende apen, bij Sangeh op aarde. De apen bleven daar en hun afstammelingen leven daar nog frank en vrij tot op de huidige dag.

Mengwi. Mengwi ligt ongeveer 15 km van Sangeh en was vroeger een machtig koninkrijk. Dit was ook door de Gelgels gesticht, die er nog tot 1891 aan de macht waren. Hier bevindt zich het op één na grootste tempelcomplex van Bali, de

139 Mengwi, Bali. De daken en de altaren van de meru's zijn gemaakt van hout en stro, de sokkels uit ➔ tufsteen en tegels. Rechts de zetel voor de voorouders

staatstempel *Pura Taman Ajun* (kl.pl. V, afb. 116, 139). Deze enorme, fraaie tempel met zijn prachtig versierde poorten en talrijke meru's (kl.pl. IV) behoort tot de mooiste en best onderhouden tempels van Bali. Een hoogtepunt vormt de 'tuin in het water' *(taman)*. Deze wordt gevormd door een eilandje dat omsloten wordt door een kunstmatige gracht. Deze beeldschone tempel is gewijd aan de voorouders van de vroegere vorsten van de Gelgel-dynastie. Het geheel maakt, onder meer door de drie altaren voor de trimurti en de talrijke paviljoens uit rode baksteen, een zeer levendige indruk. Alles is met beeldhouwwerk versierd.

Tanah Lot. Langs de zuidkust van Bali vindt men een hele serie tempels langs de zee, die gewijd zijn aan de beschermgoden van de zee zoals *Ulu Wat, Rambut Siwi, Petitenget* en *Tanah Lot.* De Pura Tanah Lot is door zijn ligging de meest indrukwekkende. Omdat men de tempel sinds kort ook met de auto kan bereiken, behoort een bezoek aan de Tanah Lot tot een van de mooiste exkursies die men op het eiland kan maken. Van Den Pasar rijdt men eerst richting Tabanan en gaat bij Kediri naar de kust. De weg eindigt bij een groene heuvel, vanwaar men een schitterend uitzicht heeft op de zee met zijn rotsachtige kust. Op een machtig rotsblok ziet men dan de Pura Tanah Lot. Bij vloed wordt de rots geheel door de zee omspoeld, maar bij eb ontstaat een schiereiland, zodat men zonder natte voeten de tempel kan bereiken.

Goa Lawah. Aan de zuidoostkust van Bali ligt een baai, Padang Bai, waar de grote passagiersschepen meren, die het eiland op hun reizen aandoen. De weg hierheen gaat van Den Pasar via Gianyar en Klungkung eerst naar Kusambe, een vissersdorpje dat tegenover het eiland Nusa Penida ligt. Zoals de meeste kustplaatsen ligt het dorp niet vlak aan zee, om te voorkomen dat men te dicht bij de geesten van de zee zou naderen. De zeestraat tussen Bali, Nusa Penida en Lombok is bijzonder rijk aan vis en men ziet er dan ook altijd de bontbeschilderde vissersboten (afb. 140). De bewoners van dit gebied leven echter niet alleen van de visvangst, zoutwinning is ook een belangrijk bestaansmiddel. De zandbanken langs de kust, die bestaan uit zwart lavahoudend zand, zijn bijzonder rijk aan zout. Uit dit zand wordt eerst een loogachtige massa gehaald, die in de bamboetroggen in de zon wordt gedroogd. Na enige tijd kristalliseert het zout zich eruit.

Vlak aan de weg naar Padang Bai staat tussen de primitieve zoutpannen en het achterland een kleine tempel voor een grot, de *Goa Lawah.* Deze tempel is gewijd aan de vleermuizen die bij duizenden in de grot huizen.

Singaraja. Singaraja, de hoofdstad van het distrikt Buleleng in het noorden van Bali was reeds in de veertiende eeuw onderworpen aan de vorsten van Gelgel. De autochtone vorsten maakten zich echter zelfstandig en hun macht reikte zelfs tot aan Kintamani. In het jaar 1882 begonnen de Nederlanders van hieruit de verove-

140 Versierde boten met de typische drijfarmen, zoals ze op Bali voor de visvangst worden gebruikt

ring van Noord-Bali en Singaraja werd zowel hoofdstad van dit Nederlandse koloniale gebied als zetel van de gouverneur van Bali. Singaraja bleef tot aan 1953 ook het Indonesische bestuurscentrum van Nusa Tenggara, de provincie van de kleine Sunda Eilanden. Tegenwoordig is Den Pasar veel belangrijker voor de handel en het toerisme, maar Singaraja, een stad met 15000 inwoners, heeft nog steeds een enigszins kosmopolitisch karakter. Hier vindt men de reeds genoemde bibliotheek met de oude lontar-manuskripten. Behalve deze manuskripten bevinden zich er ook de zgn. *prasastis* (metalen platen die beschreven zijn in het oud-Balinees). Zij bevatten koninklijke verordeningen uit de eerste periode van de Pajeng-Bedulu-dynastie. Zij behoren tot de oudste schriftelijke mededelingen, die wij over Bali kennen.

Ook zijn hier enige bezienswaardige tempels, die zowel wat de plattegrond als wat de stijl betreft enigszins afwijken van de tempels van Zuid-Bali. Hier zijn weliswaar geen meru's, maar des te meer beeldhouwwerken en reliëfs met voorstellingen van goden en dieren, arabesken en spiralen, zodat men door de dekoraties de oorspronkelijke lijnen niet meer kan herkennen.

225

141 Draagbare gamelan bij een processie voor een tempelfeest

Sangsit. Typisch voor de Noord-Balinese stijl is de *Pura Beji* in Sangsit. Dit is een subak-tempel, die aan de godin van de rijst en de vruchtbaarheid, Dewi Sri, is gewijd (afb. 121). Het hele bouwsel is bedekt met panelen vol beelden van fabeldieren, tropische planten, dekoratieve lijnen in verschillende vormen. Bij de afbeeldingen van deze noordelijke tempel zijn ook zeer humoristische scènes te zien uit het dagelijkse leven van de Balinees. Men ziet bijv. de invloed van de moderne tijd in een in zee stortend vliegtuig, een schip dat door een zeemonster wordt aangevallen of een roofoverval, die de Balinezen alleen van het witte doek kennen. In de *Pura Medrue Karang* van Kubutambahan (ook een subak-tempel, die tussen kokos-, maïs- en koffieplantages ligt) ziet men midden onder de religieuze motieven ineens een reliëf van een fietser; de wielen van zijn fiets worden gevormd door bloemen.

Deze tempel kan men het best bezoeken als onderdeel van een exkursie naar het noordelijke deel van het eiland. Als heenweg kan men bijv. de weg nemen die van Den Pasar via de route langs het Bratan Meer naar Singaraja gaat. Terug kan men via Kintamani en Penelokan langs het Batur Meer gaan. Voor een bezoek aan de tempel van Jagaraja zou men dan op de weg naar Sawan moeten afslaan tussen Sangsit en Kunutambahan.

226

TIJDTABEL

v. Chr.

vanaf ca. 400.000	'Java Mens' *(Pithecanthropus erectus)*. Schedelvondst bij Trinil (1891)
vanaf ca. 40.000	'Solo mens' *(Pithecanthropus mojokertensis)* Vondsten bij Sangiran en Mojokerto (1936-39)
vanaf ca. 20.000	Immigratie vanuit Indochina via Malakka
ca. 8000	'Wajak Mens' *(Homo mojokertensis)* Vondst bij Wajak (ca. 1900)
3500 – 3000	Veda-volken vestigen zich op Sumatra en Sulawesi Proto- en Deutero-Maleiers komen
500	Brons- en ijzerkulturen (Dongson en later Chou stijlkenmerken); voortbestaan van megalietkultuur; ontwikkeling van de dekoratieve kunst
200	Groeiende Indische invloed; handelsverbindingen met het Romeinse rijk (Ptolemaios)

na Chr.

100	Begin van de Indische kolonisering op Java
400	Tarumanagara, rijk van koning Purnawarnam op West-Java (Sanskriet-inskriptie, de oudst bekende op Java)
600 – 900	**Midden-Javaanse periode** Ontstaan van hindoeïstisch machtscentrum op Midden-Java Srivijaya, hindoerijk op Sumatra met Palembang als centrum van boeddhistische wetenschap (Hînayâna-Boeddhisme: 'het kleine voertuig')
700	Koning Sanjaya vestigt shiwaïstisch rijk op Java (ca. 732) Candi's van het Dieng Plateau Eerste sporen van het Boeddhisme op Bali Het rijk van Srivijaya breidt zijn macht uit tot Malakka (775) De dynastie van de Sailendra's op Java Verbreiding van het Mahâyâna-Boeddhisme ('het grote voertuig'): Candi Kalasan, Pawon, Mendut

800	Borobudur, Candi Sewu
	De Sailendra-dynastie verhuist naar Sumatra; Srivijaya wordt een Javaans protektoraat
	De Mataram-dynastie op Java
	Prambanan-complex
900	**Oost-Javaanse periode**
	Onder druk van Srivijaya verhuizen Javaanse koningen naar Oost-Java: Daksha (910-919), Tulodong (919-924), Wawa (924-929); uitbreiding van de Javaanse invloed op Sulawesi en de Kleine Sunda-eilanden
1000	Bloeitijd van het rijk van Srivijaya (860-ca. 1000)
	Sterke, vooral religieuze invloed (Boeddhisme) vanuit China en India
	Rijk van Pejeng (Bedulu – Pejeng) op Bali; koning Warmadewa (914-1080)
	Literaire aktiviteit: de *Mahabharata* en *Ramayana,* Oudjavaanse heldendichten
	Srivijaya, gestuurd door Wurawari, overvalt het rijk van Dharmavangsa; Wurawari sneuvelt
	Koning Airlangga (1019-1049) verdeelt zijn rijk onder zijn beide zonen (1041)
	Kediri-dynastie (1049-1222); vertaling van het Hindoe-epos, de *Bharatayyuddha*
	Rots-candi's van Tampaksiring op Bali; klassieke periode op Bali, dat na 1049 zijn zelfstandigheid herwint
1200	Singasari-dynastie (1222-1292); koning Kirtanagara (1268-1292) onderwerpt Bali voor een korte periode (1284-1292)
	Kirtanagara weigert zich te onderwerpen aan de Indische Kublai Khan, waarop een strafexpeditie van 20000 man onder Shih Pi en Kau Sing landt op Oost-Java en uiteindelijk wordt verslagen door de koningszoon Wijaya; Wijaya grondvest het Hindoe-Javaanse rijk van Majapahit (1292-1293)
	Op Sumatra ontstaat de eerste moslemstaat (ca. 1250); het begin van de islamisering van Indonesië
	Marco Polo bereikt Atjeh (1292)
1300	Panataran-complex
	Onder het ministerschap van Gaja Meda (1331-1364) breidt Majapahit zich uit in oost (Bali, 1343) en west (Oost-Atjeh, 1351)
	Tijdens het koningschap van Hayam Wuruk (1350-1389) bereikt Majapahit zijn grootste bloei (kunsten) en omvang (geheel Indonesië, Malakka en een deel van de Filippijnen); handel en rijstbouw
	Op Bali ontstaat het rijk van Gelgel; Besakih-tempel
1400	Neergang van Majapahit; de Javaanse invloed op de Balinese kultuur neemt af
	Sterke uitbreiding van de Islam op Sumatra, entree op Java
	Vasco da Gama bereikt Indië (1498)
1500	Malakka veroverd door de Portugezen (1511)
	Einde van de Hindoe-periode op Java, waar de moslem Pati Unus de macht overneemt (1513-1520); nog ruim een eeuw houdt de dynastie stand op Oost-Java

228

De Portugezen veroveren de Molukken (1522); specerijenmonopolie; Balinezen veroveren Lombok; het sultanaat van Atjeh beheerst heel Sumatra

Vestiging van het islamitische rijk van Mataram op Java (1575); faktorijen van Portugezen, Fransen en Engelsen op West-Java

De Hollanders nestelen zich in Bantam op Java (1596)

1600 Ontstaan van de Vereenigde Oostindische Compagnie (1602); J. P. Coen sticht Batavia (1619)

Makasaren en Buginezen op Zuid-Celebes geïslamiseerd; ondergang van het rijk van Gelgel (Bali); neergang van Atjeh; einde van de Wali-dynastie op Oost-Java (1639)

De V.O.C. neemt Celebes in bezit

1700 Het rijk van Mataram valt uiteen in drie vazalstaten onder Hollandse hegemonie: Surakarta, Yogyakarta en Mangkunagara (1755)

Korruptie, terreur en teruglopende winst brengen de V.O.C. aan haar einde (1799)

1800 Daendels goeverneur voor de Bataafse Republiek (postweg op Java)

Engels interimbestuur onder Thomas Stamford Raffles (1811-1816); na de teruggave aan Nederland behouden de Engelsen Singapore en blijft Atjeh onafhankelijk

In de loop van de 19e eeuw vestigen de Nederlanders hun gezag in de hele archipel: Java (1825-1830), Palembang, Bali (1850), Lombok (1894), Atjeh (1904)

Invoering van het zgn. Cultuurstelsel; Multatuli schrijft *Max Havelaar* (1860)

1900 Instelling van de Volksraad (1918); de Indische Sociaal Democratische Vereeniging wordt omgevormd tot een communistische partij (PKI, 1920) en later verboden (1926)

Sukarno grondvest in Bandung de Parti Nasional Indonesia (PNI, 1927); het onafhankelijkheidsstreven wordt onderdrukt, de leiders verbannen naar Boven-Digul op Nieuw-Guinea

Nederlands-Indië verklaart Japan de oorlog (1941), enkele uren na de Japanse overval op Pearl Harbor; de nederlaag in de Java-zee (27-2-1942) leidt tot de Japanse bezetting van heel Indonesië (1942-1945)

Onafhankelijkheidsverklaring door Sukarno en Hatta (17-8-1945); strijd van Nederland tegen de Republik, uiteindelijk gevolgd door de formele soevereiniteitsoverdracht door koningin Juliana (27-12-1949)

De Indonesisch-Nederlandse Unie wordt opgeheven (1954); Sukarno vernietigt de resterende Nederlandse invloed; onder druk van de V.S. draagt Nederland Nieuw-Guinea over aan Indonesië (1963)

Zgn. konfrontasi met Maleisië (1960-1966); verdrijving van de Chinezen

Verijdeling van een communistische staatsgreep door het leger kost tienduizenden slachtoffers (1965); machtsoverdracht van Sukarno aan Suharto (1966-1969)

Sukarno † (1970); Portugees Timor wordt door Indonesië bezet (1975)

REGISTER

Geografische namen

231

232

Praktische informatie

Het staatswapen van Indonesië vertoont de Garuda met 17 vleugel- en 8 staartpennen en 45 halsveren, herinnerend aan 17 augustus 1945, de datum van de onafhankelijkheidsproklamatie. De Oudjavaanse wapenspreuk 'Bhinneka Tunggal Ika' wil zeggen 'Eenheid in verscheidenheid'. Het schild symboliseert de Pancasila: de ster, geloof in één god; de waringin, nationaal bewustzijn; de ketting, medemenselijkheid; de banteng, demokratie en de rijstaar + katoentwijg, sociale rechtvaardigheid. De horizontale balk is een aanduiding van de evenaar.

Land en volk

Het gebied van de *Republik Indonesia* bestaat uit meer dan 13.000 eilanden met een bevolking van ca. 130 miljoen zielen; het totale oppervlak is ruim 1,9 miljoen km^2 (d.w.z. bijna 57× zo groot als Nederland); de afstand west-oost van Sabang (Sumatra) tot Merauke (Irian) is ruim 5000 km. Het belangrijkste eiland van deze immense archipel is Java (ca. 70 miljoen inw.) met Jakarta als regeringscentrum en steden als Bandung, Yogyakarta en Surabaya. Andere belangrijke eilanden zijn Sumatra, Kalimantan (Borneo), Sulawesi (Celebes), het toeristeneiland Bali en Irian Barat (Nieuw-Guinea); verder zijn er nog de kleine Sunda-eilanden met o.a. Flores en Timor, ten oosten van Bali en de Molukken, gelegen tussen Sulawesi en Irian Barat.

Het landschap is zeer gevarieerd. Op *Java* worden bergen afgewisseld met rijst- en suikerrietvelden. Het land is waar mogelijk in kultuur gebracht: grote aaneengesloten gebieden van desa's (dorpen) en rijstvelden. *Bali* vertoont vooral in het binnenland een lieflijker aanblik: terrasvormige sawa's, afgewisseld met groepen palmbomen in kombinatie met hoge bergen in het noorden en bekoorlijke stranden in het zuiden. *Sulawesi* is bergachtig, woester en verlatener, duidelijk minder ontgonnen. Ook *Sumatra* is bergachtig, maar hier is veel land in kultuur gebracht. Vooral rond Medan ligt het aksent op rubber-, palm- en cacaoplantages.

De Indonesische archipel wordt gekenmerkt door ca. 400 vulkanen, waarvan een groot aantal nog werkt. De bekendste zijn de Tangkuban Perahu, de Merapi en de Bromo op Java en de Gunung Agung op Bali. Dankzij de lava van deze vulkanen is de bodem enorm vruchtbaar. Vruchtbomen groeien overal; manga's, papaya's, bananen, salak, kokosnoten, ananas zijn ruimschoots te koop aan stalletjes langs de weg.

De bevolking bestaat uit verschillende etnische groepen; er worden honderden talen gesproken. De officiële taal, die door de overheid sterk gepropageerd wordt, is het *Bahasa Indonesia,* afgeleid van het Maleis. 90% van de Indonesiërs hangt de islamitische godsdienst aan; de belangrijkste uitzondering daarop vormt het Hindoe-eiland Bali. De gepropageerde staatsfilosofie, de *Pancasila,* berust op vijf principes: geloof in één god, nationaal bewustzijn, medemenselijkheid, demokratie en sociale rechtvaardigheid.
Het land is arm, maar de mensen zijn over het algemeen erg vriendelijk tegen de westerling. Regelmatig wordt de toerist aangesproken voor een aalmoes of worden hem diensten aangeboden. Wees er voorzichtig mee: wie één kind iets geeft, wordt onherroepelijk belegerd door een horde andere kinderen. Becak-rijders, de alom tegenwoordige fietstaxi's, blijven je soms hinderlijk volgen of zelfs de weg versperren bij een wandeling. Wil men iets kopen, dan is men doorgaans veel tijd kwijt aan het *tawarren,* het afdingen op hetgeen wordt aangeboden. De toerist wordt in eerste instantie een tweemaal zo hoge prijs gevraagd als de landgenoot, die overigens ook moet afdingen.
Op veel plaatsen is de invloed van de Nederlandse koloniale tijd nog waarneembaar, maar ondanks de grimmige ,konfrontasi' tijdens de onafhankelijkheidsstrijd staan de Nederlanders bij de bevolking hoog aangeschreven.

Nuttige adressen

Indonesische Ambassade
Tobias Asserlaan 8, Postbus 735
's-Gravenhage (tel. 070–63 39 60)

Indonesian Tourist Promotion Board
Am Hauptbahnhof 8
D-6000 Frankfurt/Main
(tel. vanuit Nederland 0949–611–23 29 57)

Garuda Indonesian Airways
Singel 540,Amsterdam (tel. 020–24 63 97)

Nederlandse Ambassade
Kebon Sirih 18, Jakarta (tel. 36 12 11 en 36 48 31)

Belgische Ambassade
Jalan H. Juanda 15, Jakarta (tel. 48 71 9)

Staatstoeristenbureau in Indonesië:
Bapparda Jakarta Raya
Jalan Merdeka Selatan 8–9, 2nd floor
Jakarta
(Verstrekt o.a. brochure met jaaroverzicht van alle festiviteiten in Indonesië. Uw informatie-aanvraag dient te zijn voorzien van retourporto.)

Informatie over land en volk, reisbemiddeling: *Stichting Overzeese Contacten*
Stadhouderslaan 2
's-Gravenhage (tel. 070–46 97 23)

Pasar Malam organisaties (Indonesische produkten): *Stichting Tong Tong*
Celebesstraat 62
's-Gravenhage (tel. 070–55 77 77)

Bureau Effendi BV
Zandvoorterweg 78
Aerdenhout (tel. 023–24 52 70)

Klimaat en reistijd

Indonesië, aan weerszijden van de evenaar gelegen, heeft een tropisch klimaat; de gemiddelde temperatuur ligt boven 22 °C, het dagelijkse maximum rond 30 °C. Tijdens de natte moesson (oktober-maart) kan dit door de grote luchtvochtigheid door buitenlanders als onaangenaam worden ervaren; in de hogere berggebieden is het meestal beter te verdragen. Voor een reis is niettemin de droge tijd (april/mei–september) aan te bevelen.

Vervoer en verkeer

Vliegtuig. De internationale luchthaven van Jakarta is het centrum van vliegverbindingen door heel Indonesië; meestal opgenomen in het programma van een georganiseerde reis, maar ook voor een individueel bezoek een goed uitgangspunt. Van hieruit zijn er dagelijks verbindingen met o.a. Surabaya (11×), Medan (5×), Ujung Pandang (4×), Bandung, Yogyakarta (4×), Den Pasar (7×). De belangrijkste Indonesische maatschappijen zijn de *Garuda Indonesian Airways* en *Merpati Nusantara Airlines;* de laatste is ca. 20% goedkoper, vooral omdat zij met oudere toestellen vliegt.

Spoor. Op Java twee komfortabele mogelijkheden (met air-conditioning): 1. *Mutiara Expres:* Jakarta–Bandung–Yogyakarta–Surabaya vv (reistijd 16 uur), 2. *Bima Express:* Jakarta–Cirebon–Semarang–Surabaya vv (reistijd 15¹/₂ uur). Beide treinen beschikken over restauratierijtuigen. Tussen Jakarta en Bandung is er voorts een regelmatige verbinding (meermalen per dag).

Op Sumatra bestaan spoorverbindingen tussen Belawan, Medan en Banda Aceh in het noorden en tussen Teluk Betung en Palembang in het zuiden, maar hier is het reizen per bus te prefereren.

Boot. Vermeldenswaard zijn de korte scheepsverbindingen van Java met Sumatra, Bali en Madura, die frekwent zijn en korter dan een dag duren. Voor de grotere afstanden kan men beter vliegen; de overtocht Jakarta–Padang (West-Sumatra) per schip duurt bijv. 2 à 3 dagen, per vliegtuig enkele uren.

Wegvervoer. Voordelige maar primitieve *busverbindingen* vindt men in geheel Indonesië; er wordt van alles mee vervoerd tot huisraad en vee toe. Een komfortabele, moderne buslijn is de *Sari Expres:* Jakarta–Bandung–Yogya–Den Pasar (Bali), enkele reis inklusief overtocht ca. *f* 60,–. *Oplets* bieden een typisch Indonesische oplossing van het vervoersprobleem op de korte afstand; het zijn over het algemeen zeer bejaarde automobielen met houten opbouw, waarmee 8 à 10 mensen kunnen worden vervoerd. Men kan vrij opstappen (prijs voor het gewenste trajekt afspreken). *Taxi's* zijn buiten Jakarta moeilijk te krijgen. Op Java vooral rijden ook *bemo's,* driewielige scooters met ruimte voor 4 à 6 personen. *Becaks* (fietstaxi's voor 2 passagiers) komen gemotoriseerd en ongemotoriseerd in vele vormen voor, behalve op Bali, en er wordt soms griezelig roekeloos mee gereden. Tenslotte is *paard-en-wagen* als plaatselijk vervoer nog veel in gebruik. Bij gebruik van al deze vervoermiddelen is afdingen op de vervoerprijs noodzakelijk. In Indonesië wordt links gereden. Het verkeer brengt een oorverdovende herrie voort; er wordt te pas en te onpas geclaxonneerd. In de dorpen wordt het beeld vooral bepaald door de becaks, de vrachtwagens met de meest kleurrijke beschilderingen, de stampvolle bussen met soms net zoveel mensen erop als erin, de andongs (paard-en-wagen) en uiteraard fietsers en voetgangers. De smalle doorgaande wegen zijn meestal geasfalteerd, maar slecht onderhouden. Vooral Sulawesi en Sumatra hebben zeer slechte wegen, die wel iets vragen van het inkasseringsvermogen van voertuigen en passagiers. Buiten de steden is wegverlichting vrijwel onbekend en ook andere lichtbronnen zijn uiterst spaarzaam. De schemering duurt heel kort en daarna zie je geen hand meer voor ogen. De talloze onverlichte weggebruikers vormen 's nachts een groot gevaar; zelf rijden is dan ook ten zeerste af te raden. Al met al is het verkeer in Indonesië een opwindende zaak; het bepaalt voor een belangrijk deel het beeld dat de toerist van dit land krijgt.

Taal en spelling

Met Engels komt u een eind, zeker bij de beter geschoolde jongeren; tal van oudere Indonesiërs spreken nog redelijk (een beetje roestig) Nederlands. Een eenvoudig taalgidsje (*Wat & Hoe Indonesisch*) is aan te bevelen.
In 1972 werd zowel in Indonesië als in Maleisië een nieuwe spelling ingevoerd, die ook in dit boek is gevolgd.

Nieuwe spelling	Uitspraak	Oude spelling
ny	nj	nj
j	dj	dj
c	tj	tj
y	j	j

Het woord 'tempel' wordt dus niet meer geschreven als tjandi (of chandi) maar als *candi;* betjak werd *becak,* Jogjakarta *Yogyakarta* en Djakarta *Jakarta.*
Ai en au als tweeklanken komen alleen nog in open lettergrepen voor. In gesloten lettergrepen worden de klinkers apart uitgesproken, bijv. *ba-ik* (goed) of *la-ut* (zee). Ai in een open lettergreep wordt vaak uitgesproken als een open e, bijv. *sungai* (rivier) wordt dan ongeveer uitgesproken als soengé. De oe-klank wordt al langer geschreven als u, bijv. *Bandung, Borobudur, Sukarno.*

Geld

De Indonesische munteenheid is de *Rupiah* (100 Rp = ca. *f* 0,60). Nederlandse girokaarten zijn bij de postkantoren te verzilveren. Reischeques in US-dollars zijn eveneens een aantrekkelijk betaalmiddel. Het geven van fooien is gebruikelijk (als indikatie: chauffeurs en gidsen Rp 500 à 1000, hotelpersoneel voor kleine diensten Rp 100).

Eten en drinken

Rijst (*nasi putih*) vormt het hoofdbestanddeel van de Indonesische keuken; dit kan met vlees (*ayam* = kip, *sapi* = rundvlees, *babi* = varkensvlees), groente, fruit, zuur, kroepoek, enz. worden uitgebreid en versierd tot de bekende rijsttafel, die in allerlei variaties en prijzen in de eenvoudige restaurants te krijgen is. Andere gerechten zijn *gado-gado* (groentegerecht), *udang goreng* (gebakken garnalen), *kodok* (kikkerbilletjes) en *cumi-cumi* (inktvis); deze zijn ook te vinden in de typische Chinese eettentjes of in stalletjes 's avonds op straat. (Eet geen rauwe groente!) De internationale (prijzige) keuken vindt u alleen in de grote hotels. Vruchten worden overal aangeboden en zijn spotgoedkoop. In dranken is de keus minder ruim: thee, bier, ijslimonade (pas op met ongekookt water) en gebottelde frisdranken.

Onderdak

De overnachtingsmogelijkheden variëren van zeer luxueus in een modern hotel met air-conditioning (boven 10.000 Rp voor een 2-persoonskamer zonder ontbijt) tot uiterst eenvoudig (ca. 1500 Rp of minder per nacht) in een *losmen* (logement). Buiten de grotere plaatsen en de typisch toe-ristische streken zullen de individuele reizigers het hierin van de mond-op-mond reklame moeten hebben (afdingen!).

Paspoort, visum, vaccinaties

Voor een bezoek aan Indonesië is een geldig paspoort vereist + een toeristenvisum met een looptijd van max. 30 dagen (aan te vragen bij de konsulaire afdeling van de Indonesische ambassade; bij een georganiseerde reis wordt deze rompslomp doorgaans door uw touroperator verricht).
Verplicht zijn inentingen tegen pokken, cholera en tyfus; aanbevolen wordt u ook te laten inenten tegen difterie, tetanus en polio (DTP-prik) en geelzucht. In overleg met uw huisarts kunt u zich ook nog wapenen tegen malaria (tablettenkuur).

Reissuggesties voor Java (afb. 45)

Jakarta, het regeringscentrum, is met 5¹/₂ miljoen inwoners de grootste stad van Indonesië. De stad maakt niet de indruk een metropool te zijn, omdat een groot deel nog steeds uit laaggebouwde kampongs bestaat. Het oude Batavia is nog te herkennen in het tegenwoordige *Kota,* een stadsdeel direkt achter de *Pasar Ikan,* de havenpromenade. Verschillende gebouwen zijn of worden er gerestaureerd. Voorbeelden van Nederlandse bouwkunst zijn hier het oude stadhuis, het gebouw van de Bank Indonesia en het station; verder zijn er oude pakhuizen en een gracht met ophaalbrug. In het oude stadhuis zijn nu zaken uit de koloniale tijd tentoongesteld: dokumenten, schilderijen, prenten en een verzameling oude meubels.

Ten zuiden van Kota begint het nieuwe gedeelte van Jakarta bij het paleis van de president, het vroegere paleis van de goeverneur-generaal. Geliefd bij toeristen is het *Taman Ismail Marzuki,* een teater- en tentoonstellingscomplex, waar ook folkloristische uitvoeringen worden gehouden. Interessant is het Nationale Museum (*Gedung Gajah,* Jalan Medan Merdeka Barat 12), stammend uit 1778, met verzamelingen op het gebied van archeologie, etnologie en kunstnijverheid; belangrijk is de kollektie oud-Chinees porselein met stukken uit de Han-, T'ang- en Ming-dynastie. Opvallend zijn hier ook het nationale monument met de gouden vlam en de oude (neo-gotische!) katedraal.

Van de moderne wijk is de *Jalan* (= straat) *Thamrin* de belangrijkste; hier staan de moderne kantoorkolossen met veel vertegenwoordigingen van buitenlandse maatschappijen en enkele luxe hotels. Ten oosten van de Jalan Thamrin bevindt zich de ambassadewijk *Menteng* en ten westen een daarmee sterk kontrasterend kamponggebied.

Direkt tegen het oude Batavia aan ligt de Chinezenwijk *Glodok,* met een wirwar van kleine armoedige straatjes en een groot warenhuis. Er wordt van alles verkocht: van Japanse hi-fi tot lederwaar (riemen) en kleding (batik).

Een bezoek aan de Pasar Ikan is de moeite waard; de kade ligt meestal vol met de stijlvolle zeilschepen uit Ujung Pandang (Makasar), die vooral hout aanvoeren. Tussen Pasar Ikan en de oude havenstad Tanjungpriok kan het groots opgezette projekt *Ancol* een trekpleister zijn; het is een kompleet pretpark met een hypermodern hotel, bungalows, golfbaan, race-circuit, Hai-Lai-spel (balwerpsport), drive-in bioskoop, zwembaden, strand, enz.

Van Jakarta naar Bandung. Vanuit Jakarta gaan drie verschillende routes naar Bogor, het vroegere Buitenzorg. Wie Jakarta als begin van een bezoek heeft gekozen, maakt hier voor het eerst kennis met het agrarische leven van de Indonesiërs: links en rechts kampongs, afgewisseld met sawa's. Het straatbeeld is levendig, vol met de vreemdste voertuigen, waaronder felbeschilderde vrachtwagens en overvolle bussen en busjes. *Bogor* ontleent zijn bekendheid aan de beroemde botanische tuin, aangelegd rond het oude buitenverblijf van de goeverneurs-generaal. Voor de liefhebber is ook een bezoek aan de in de tuin gelegen orchideeënkas interessant. Van Bogor uit gaat de weg snel omhoog naar de *Puncak-pas.* Op het hoogste punt zijn de hellingen geheel bedekt met theestruiken, waartussen men de pluksters aan het werk ziet met hun kegelvormige zonnehoeden. De Puncak biedt fraaie uitzichten, zowel richting Bogor als richting Bandung; het relatief koele klimaat maakte dit gebied tot een toevluchtsoord voor verschillende kapitaalkrachtige Jakartanen, die hier hun tweede huis hebben. In de nabijheid ligt de botanische tuin van *Cibodas* (op zondag erg druk, evenals Bogor).

Bandung ligt vrij centraal in West-Java op een hoogte van ca. 650 m; het is evenals Jakarta een miljoenenstad, maar zonder moderne hoogbouw. De enige in het oog springende gebouwen zijn overblijfselen uit de koloniale tijd, zoals de Technische School, het Lyceum en het Gedung Sate, nog altijd in gebruik als een soort provinciehuis. Sommige wijken herinneren sterk aan de Nederlanders, al staan de oude villa's er wel wat verkleurd en verwaarloosd bij. Het centrum wordt gevormd door de Alun-alun (plein) en de erlangs lopende Jalan Asia-Afrika. Aan deze weg ligt ook het Savoy-Homann Hotel, dat al in de Nederlandse tijd een begrip was. Haaks op de Jalan Asia-Afrika loopt de Jalan Braga, een tamelijk luxe winkelstraat.

Wie Bandung aandoet mag een tocht naar de *Tangkuban Perahu* niet missen. Deze vulkaan dankt zijn naam 'omgekeerde prauw' aan zijn uiterlijk; de tocht erheen gaat over een trajekt van ca. 30 km via Lembang. Een afdaling in de kratermond is, als er weinig zwavel vrijkomt, wel mogelijk, maar ga nooit met iemand mee die zijn diensten aanbiedt, zonder dat u weet of het een erkende gids is. Gevaar van bedwelming is aanwezig. In de omgeving van Bandung zijn nog bezienswaardig de hete bronnen van *Ciater* en de watervallen van *Maribaya;* bij een exkursie worden ze vaak samen met de Tangkuban Perahu bezocht.

Yogyakarta en omgeving (afb. 77): onmiskenbaar het kulturele hart van Java, door de eeuwen beïnvloed door animisme, Hindoeïsme, Boeddhisme en de Islam. Het huidige sultanaat is meer dan 200 jaar oud; het op 65 km noordoost van Yogya gelegen *Solo* of *Surakarta* is ervan afgesplitst.

Ondanks zijn 400.000 inwoners maakt Yogyakarta de indruk een groot dorp te zijn, zonder hoogbouw en met relatief weinig auto's. De belangrijkste straat is de Jalan Malioboro, lopende van noord naar zuid, met aan weerszijden winkels en kleine restaurants en uitmondend op een groot open veld tegenover de ingang van de *Kraton,* het paleis van de sultan. De verschillende lage gebouwen met grote ruimten ertussen zijn een bezoek zeker waard, vooral omdat er Nederlands-sprekende gidsen zijn. Niet ver van de Kraton ligt het *Taman Siri* (waterpaleis) met een stelsel van fonteinen en baden voor de sultan en zijn vrouwen; tegenwoordig dient het als behuizing van het personeel en er worden verschillende vormen van huisindustrie beoefend (batiken schilderwerk).

Ook zijn er in Yogya vele kleine ambachtelijke industrieën, vooral batik, de zilversmederij van *Kota Gede* en leerbewerking (wayang-poppen); de produkten zijn ter plaatse te koop.

Voorts heeft Yogyakarta een naam op het gebied van kultureel-religieuze kunst. De belangrijkste daarvan is de *Ramayana,* een zeer uitgebreide dansvoorstelling van een Hindoe-epos, dat voor de toeristen in het Ambarrukmo Paleishotel in zeer verkorte vorm wordt opgevoerd; de volledig uitgevoerde Ramayana neemt vier avondvoorstellingen in beslag. De uitvoering vindt plaats op het Prambanan-tempelcomplex, 15 km noordoost van Yogya, al-

leen tijdens volle maan in de maanden mei t/m oktober. In de Kraton kan eens per week een repetitie van klassieke Javaanse dansen worden bijgewoond en tweemaal per week een repetitie van het gamelan-orkest, dat deze dansen altijd ondersteunt. Populair zijn ook de verschillende wayang-voorstellingen (zie ook blz. 151 e.v.).
Rond Yogyakarta ligt een groot aantal tempels of resten ervan. De bekendste is zonder twijfel de *Borubudur* in het noord-westen, ongeveer een uur autorijden (zie blz. 104 e.v.). De Prambanan-tempels zijn zeker zo fraai als de Borobudur (zie blz. 88 e.v.).
Op 20 km ten zuiden van Yogya ligt *Imogiri* met de begraafplaats van de sultan Agung van Mataram (1613–1645) en zijn nakomelingen van Yogyakarta en Solo. Elke maandagmorgen en vrijdagmiddag en op alle Javaanse feestdagen vinden er offerceremoniën plaats; men moet er 300 treden voor klimmen.
Het *Dieng Plateau* op ca. 2000 m (afb. 77, 78) bereikt men vanuit Yogya via Magelang en Wonosobo per taxi of minibus. In de droge tijd is het een dagtocht. Van de Pasar (= markt) Dieng in Wonosobo moet men te paard of te voet verder voor een bezoek allereerst aan de *Bimoluko*-bron, de meertjes *Telaga Warna* en *Telaga Pengilon* en de grot *Goa Semar* op 1¹/₂ km van het dorp Dieng. De voettocht naar de voornaamste tempels duurt vanuit het dorp een klein half uur. De namen van de tempels zijn ontleend aan de helden van het Mahabharata-epos: *Semar, Arjuna, Srikandi, Puntadewa* en *Sembadra;* zij vormen min of meer een groep. De *Gatotkaca*- en *Bima*-tempels liggen op de weg naar de Sidikang-krater met zijn borrelend hete water; vanuit het dorp in tegenovergestelde richting ligt de *Candi Darawati.*

Het hele vulkanische gebied is bepaald interessant, maar niet zonder gids te bezoeken. Men moet vroeg starten, aangezien het plateau zich 's middags meestal in nevels hult; vang de terugtocht niet veel later dan 1 uur aan.

Oost-Java met zijn tempels (zie blz. 130 e.v.) wordt bezocht vanuit *Surabaya,* een stoffige en hete havenstad met ca. 4 miljoen inwoners, die toeristen niet veel te bieden heeft. Men kan het best logeren in *Malang* (dat er nog erg Nederlands uitziet) op 90 km van Surabaya; van daaruit zijn Singosari, Kidal en Jago makkelijk bereikbaar. De *Panataran*-tempel ligt op 10 km van *Blitar,* dat een goede busverbinding met Malang heeft (ca. 80 km).
Niet ver van *Mojokerto,* op 60 km van Surabaya, ligt het dorpje Trowulan, ooit het centrum van het rijk van *Majapahit.* Er zijn talrijke ruïnes en een museum met vondsten uit de 14e eeuw, in welke tijd het Majapahit-complex ontstond met de tempels *Bajangratu, Brahu, Tikus* en de 16 m hoge poort *Gapura Bojongratu.*
Een bijzondere gebeurtenis is de nachtelijke beklimming van de nog aktieve *Bromo*-vulkaan (2614 m) ten oosten van Malang. Uitgangspunten hiervoor zijn de dorpjes Sukapura of Ngadisari (met overnachtingsmogelijkheid), waar de klim te voet of te paard een aanvang neemt. Vanaf de kraterrand heeft men een schitterend uitzicht over het woeste, grillige en verlaten landschap, zodra de zon opkomt.

Geliefde vakantieoorden zijn ook *Tretes* en *Selecta* in het aangename bergland tussen Surabaya en Malang. Tenslotte kan Surabaya het uitgangspunt zijn voor een tochtje naar de stierenrennen in *Bankalan* op Madura.

Reissuggesties voor Bali (overzichtskaart binnenzijde achterflap)
De meeste reizigers zullen Bali per vliegtuig bereiken. Over land kan men er ook komen vanuit Java met een veerverbinding tussen Banjuwangi en Gilimanuk (5× per dag). Alle busdiensten eindigen in *Den Pasar,* waar men evenals in de kustplaatsen *Sanur* en *Kuta,* talrijke hotels, bungalows en pensions vindt in alle prijsklassen. Een bezoek waard zijn het Bali-museum, gebouwd in 1932 in de Balinese stijl, met een historisch/etnografische verzameling en het Pemetjutan-paleis met oude wapens en manuskripten.
Vanaf het strand kan men zich met een prauw naar het eiland Serangan laten overzetten met een van de heiligste tempels van Bali, de *Pura Sakenan.* Het eiland is een centrum voor de vangst van reuzezeeschildpadden. Het strand bij Kuta is fraaier dan bij Sanur, dat bij eb vrijwel geheel droog valt.
Op Bali wemelt het van de toeristenbureaus, die dagelijks trips organiseren naar de verschillende tempels en andere bezienswaardigheden. Afgezien daarvan is het hele eiland van goede busverbindingen voorzien en er zijn taxi's, bemo's en dokars (verbastering van dog-car, thans voorzien van paardentraktie); ook zijn er scooters te huur.

Het centrum van Den Pasar.
1. Bali-museum, 2. Pemetjutan-paleis, 3. Goevernementskantoor, 4. Marktplein,
5. Busstation, 6. Jagatnata-paleis, 7. Postkantoor, 8. Paputan-plein

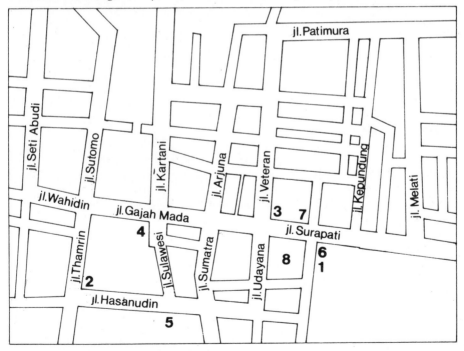

Enkele aanbevolen trips vanuit Den Pasar:
De Kintamani-tour
Batubulan (beeldhouwers) – Celuk (zil-
versmeden) – Blahubatu (kop van de reus
Kbo Iwa) – Kutri (Bukit Darma met beeld
van Mahendradatta) – Bangli (tempel Pura
Kehen) – Penelokan (uitzicht op Batur-
berg en -meer) – Trunyan (Bali-Aga) –
Batur (tempel Pura Ulun Danu, gebouwd
na de uitbarsting van 1927) – Kintamani
(bergdorp aan de rand van de Batur-krater)
– Penulisan (hoogste tempel van Bali met
beelden uit de 11e eeuw) – Tampaksiring
(heilige baden) – Gunung Kawi (rotsgraven van de koningen) – Pejeng (tempel
Panataran Sasih met de 'Maan van Bali') –
Bedulu (vroeg-Balinees centrum, 14e
eeuw) – Goa Gaja (olifantsgrot) – Yeh Pulu (rotsreliëfs) – Ubud (kunstschilders) –
Mas (houtsnijders).

De Kintamani-tour

Trip naar het oosten
Klungkung (gerechtshal met beschilderd
plafond) – Besakih ('moedertempel' aan de
voet van de Gunung Agung) – Kusambe
(vissersdorp, zoutwinning) – Goa Lawah
(vleermuistempel) – Padang Bai (rede voor
oceaanschepen, haven) – Tenganan (Bali-
Aga) – Karangasem (oude koningsresiden-
tie) – Iseh (bergdorp temidden van rijstterrassen).

Oost-Bali

242

Trip naar het westen
Sangeh (tempel in apenbos) – Sempidi, Lukluk en Kapal (dorpen met verschillende rijk versierde tempels) – Mengwi (Pura Taman Ajun, staatstempel der Gelgel-dynastie) – Blaju (wevers) – Tanah Lot (rotstempel in zee) – Tabanan (vruchtbaarste rijstgebied van Bali) – Negara (stierenrennen op bepaalde feestdagen).

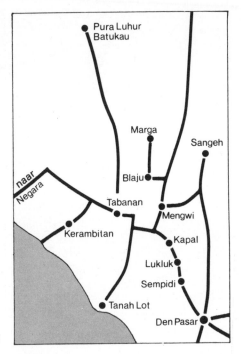

West-Bali

Trip naar het zuiden
Ulu Watu (rotstempel op de kust) – Serangan (schildpadeiland, bereikbaar vanaf het strand bij Kuta).

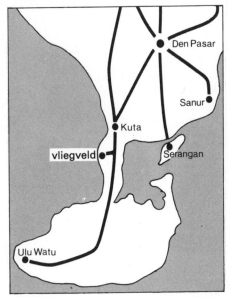

Zuid-Bali

243

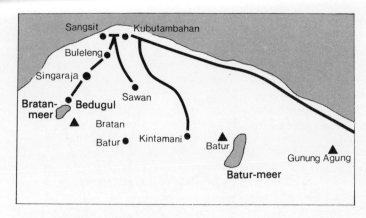

Noord-Bali

Trip naar het noorden

Bedugul (bergdorp aan het Bratan-meer) – Singaraja (centrum van het noorden) – Sangsit (Subak-tempel Pura Beji) – Sawan (tempel Pura Jagaraja met reliëfs, ontleend aan het dagelijks leven) – Kubutambahan (idem, o.a. Hollander op de fiets).

Reissuggesties voor Sumatra
(afb. 5, 6 en 29)

Aanbevolen uitgangspunt is *Medan* met regelmatige luchtverbindingen van en naar Singapore, Kuala Lumpur, Penang en Jakarta. De stad op zich is niet bijster aantrekkelijk: drukte, stof en lawaai. Het is vanouds een planterscentrum (rubber, cacao, koffie, thee, tabak). Bezienswaardig zijn het sultanspaleis en de moskee. De winkelstraat in het centrum is de Jalan Jen. A. Yani, uitlopend op een groot plein voor het oude station. In de Chinese wijk kan men lekker en goedkoop eten.

Enkele tochten naar het binnenland:
1. Naar het *Toba-meer* via Pematang Siantar (afb. 7). Na de overnachting te Parapat per motorboot naar het eiland *Samosir*, bezichtiging van de dorpen Tomok en Ambarita. De volgende dag terug naar Medan via *Brastagi* en de typische Batakdorpen *Lingga* en *Barusyahe* met eventueel een tussenbezoek aan het paleis te *Simalungun* en het oude dorpje Pematang Purba. Het landschap wordt hier beheerst door de vulkanen Sibayak en Sinabung.

2. Naar het *Toba-meer* via Brastagi tot Parapat (afb. 6, 29). Overnachten op Samosir en de volgende dag binnendoor naar *Sibolga* aan de westkust, een prachtige tocht langs rijstvelden en de grens van het oerwoud, waarbij Bukit Barisan (de wandelende berg) wordt gepasseerd. Vanuit Sibolga kan de oversteek worden gemaakt naar het eiland Nias, maar de verbinding is er onregelmatig.
Vervolgens door naar *Bukittingi* (het vroegere Fort de Kock) in het prachtige berggebied van de Menangkabau. Van hieruit zijn prachtige tochten te maken, o.a. naar de kratermeren Singkarak en Maninjau,

de 5 km lange druipsteengrot Ngalau Kamang en het kunstnijvere dorp Kota Gadang (borduur- en zilverwerk). Aan de rand van Bukittingi ligt een overweldigende bergkloof, de Ngarai Sianok. In de stad zelf is het etnologische museum *Taman Bundo* of *Taman Puti Bungsu* de moeite van een bezoek waard; het dateert uit 1935 en werd in de Menangkabau-stijl gebouwd.
Padang ligt op ca. 2 uur rijden van Bukittingi; het is de toegang tot West-Sumatra met spoor- en wegverbindingen naar Palembang en vliegtuig- en bootverbindingen naar Jakarta. In de *Akademi Seni Karawitan* in Padang Panjang worden regelmatig traditionele dans- en muziekvoorstellingen van de Menangkabau gehouden.

3. Het eiland *Nias* (afb. 6) is in het programma van enkele georganiseerde reizen opgenomen. Er is ook een onregelmatige vrachtbootverbinding met Sibolga (vaartijd 15 tot 40 uur). Normaal wordt *Gunung Sitoli* aangedaan, maar soms vaart men direct naar *Telok Dalam*. Het eiland is gekerstend; er zijn nog tal van getuigen uit de vervlogen steentijdkultuur. In de omgeving van Telok Dalam zijn enkele dorpen in hun oorspronkelijke staat te bezoeken: Orahili, Bamöwataluo en Hilisimaenatö. In het gebied *Gomosusua* zijn vele verlaten dorpsvestigingen, waarvan er een tweetal is vrijgelegd en provisorisch gekonserveerd: Lahusa Idanö Tae en Tudrubaho. In de buurt van Gunung Sitoli, waar een hotel is, zijn enkele dorpen met typische ovale huizen in de oorspronkelijke stijl van Noord-Nias. De wegen op het eiland zijn slecht berijdbaar.

Reissuggesties voor Sulawesi (Celebes)

Sulawesi heeft geen luxe of komfortabele hotels zoals op Java, Bali en Sumatra voorkomen, maar het landschap is afwisselend en van een bijzondere, woeste schoonheid. Het eiland wordt grotendeels bepaald door een bergrug van noord naar zuid, waarvan vele kali's (rivieren) west- en oostwaarts naar zee stromen. Opvallend zijn de typische houten huizen op palen in de desa's langs de kust. Deze bouwwijze biedt bescherming tegen overstroming, wilde dieren en bandieten. Op de soms zeer gebrekkige wegen beweegt zich een bonte mengeling van kleurige vrachtwagens, paarden, koeien en honden.

De hoofdstad *Ujung Pandang* (het vroegere Makasar) heeft direkte luchtverbindingen met Java en Bali. Het is een typisch Indonesische stad met chaotisch verkeer van fietsers, becaks en niet zoveel auto's. Aan de noordrand van de stad is de vissershaven met een wirwar van armoedige straatjes daarachter. Vrij centraal in de stad ligt de Benteng, het vroegere Fort Rotterdam; het is in een redelijke staat en doet thans dienst als museum. Hier vlakbij is de tweede haven, waar de typische houten schepen te bewonderen zijn. In de stad is verder nog een Chinese tempel te bezichtigen en een grote kollektie schelpen. Iets buiten de stad ligt de waterval van Bantimurung, bekend door de reuzevlinders die daar voorkomen.

Van Ujung Pandang naar Tana Toraja (afb. 32). Het trajekt langs de kust tot Pare-pare en vandaar oostwaarts naar Enrekang is bijzonder fraai. Tussen Pare-pare en Enrekang wordt de weg slecht: deels een keienpad, deels opgebroken vanwege werkzaamheden. Bij Enrekang begint de indrukwekkende pasweg door de bergen (tot ca. 3400 m) langs huiveringwekkende afgronden en met slechts hier en daar enige afscherming naar *Makale,* de hoofdstad van de Toraja-streek. Het toeristisch centrum is vooral *Rantepao,* enkele kilometers ten noorden van Makale. Onderdak is in beide plaatsen te vinden. Zowel de heen- als de terugreis (eventueel per autobus) vraagt een dag; het totale trajekt is ruim 300 km.

Van Ujung Pandang naar Bulukumba. Men verlaat Ujung Pandang zuidwaarts en volgt dan de naar het oosten verlopende kustweg. Na een tocht van 4 à 5 uur zult u in *Bulukumba,* een aardige visserplaats, naar plaatselijk vervoer moeten omzien om het vrijwel ongerepte kustplaatsje *Tanalenu* te kunnen bereiken, waar nog de originele enorme prauwen worden gebouwd (zonder één spijker). Verder naar de oostpunt ligt *Bira,* schitterend gelegen tegenover het eiland Selayar. De sfeer in deze dorpen is nog zo oorspronkelijk dat men zich bijna een ontdekkingsreiziger voelt.

Voor deze tekst werden gegevens ontleend aan de Consumenten Reisgids, *vijfde jaargang nr. 4 en zesde jaargang nr. 1.*